ATITUDE EMPREENDEDORA

LARRY C. FARRELL

ATITUDE EMPREENDEDORA

SEXTANTE

Título original: *The Entrepreneurial Attitude*
Copyright © 2018 por Larry Farrell
Copyright da tradução © 2019 por GMT Editores Ltda.

Todos os direitos reservados. Nenhuma parte deste livro pode ser utilizada ou reproduzida sob quaisquer meios existentes sem autorização por escrito dos editores.

tradução: Paulo Geiger
preparo de originais: Melissa Lopes Leite
revisão: Ana Beatriz Seilhe e Raïtsa Leal
projeto gráfico e diagramação: Natali Nabekura
capa: DuatDesign
impressão e acabamento: Lis Gráfica e Editora Ltda.

CIP-BRASIL. CATALOGAÇÃO NA PUBLICAÇÃO
SINDICATO NACIONAL DOS EDITORES DE LIVROS, RJ

F253a   Farrell, Larry C.
           Atitude empreendedora / Larry C. Farrell; tradução de Paulo Geiger. Rio de Janeiro: Sextante, 2019.
           352 p.; 16 x 23 cm.

           Tradução de: The entrepreneurial attitude
           ISBN 978-85-431-0852-0

           1. Junior Achievement - História. 2. Jovens empresários. 3. Empreendedorismo. 4. Sucesso nos negócios. I. Geiger, Paulo. II. Título.

19-60241   CDD: 658.4210833
                                         CDU: 005.336-053.6

Todos os direitos reservados, no Brasil, por
GMT Editores Ltda.
Rua Voluntários da Pátria, 45 – Gr. 1.404 – Botafogo
22270-000 – Rio de Janeiro – RJ
Tel.: (21) 2538-4100 – Fax: (21) 2286-9244
E-mail: atendimento@sextante.com.br
www.sextante.com.br

SUMÁRIO

PREFÁCIO À EDIÇÃO BRASILEIRA — 11
PREFÁCIO — 13

INTRODUÇÃO ADOTANDO UMA ATITUDE EMPREENDEDORA — 16
Por que isso é tão importante para os jovens na atual economia global
    Junior Achievement: Uma ideia boa demais para não dar certo — 17
    O boom empreendedor — 18
    Grandes mitos e simples verdades — 21
    O ciclo de vida de todas as organizações — 25
    O que é a atitude empreendedora — 27
    Entrevistas com ex-alunos da JA — 28

PARTE 1 AS QUATRO PRÁTICAS FUNDAMENTAIS DOS MAIORES EMPREENDEDORES DO MUNDO — 37

CAPÍTULO 1 SENSO DE MISSÃO — 38
Como criar uma estratégia e uma cultura empreendedoras
    O "o quê" e o "como" da missão — 39
    Criando planos de negócio empreendedores ao estilo Matsushita — 41
    O "o quê" do negócio — 43
    Escolhendo mercados/produtos vencedores — 44
    Criando valores de negócio empreendedores ao estilo Watson — 50
    Mantendo os valores vivos — 53
    Entrevistas com ex-alunos da JA — 56

CAPÍTULO 2 VISÃO CLIENTE/PRODUTO 74
Meu cliente, meu produto, meu amor-próprio

A verdadeira magia de Disney	75
Amar clientes e produtos	79
Amar o cliente	79
Amar o produto	84
Crescer à moda antiga	88
Entrevistas com ex-alunos da JA	92

CAPÍTULO 3 INOVAÇÃO EM ALTA VELOCIDADE 106
A necessidade de inventar, a liberdade para agir

As duas regras de ouro da inovação em alta velocidade	107
A necessidade de inventar	109
A liberdade para agir	114
Mudando o mundo com uma boa ideia	119
Entrevistas com ex-alunos da JA	122

CAPÍTULO 4 COMPORTAMENTO AUTOMOTIVADO 136
Ame o que você faz e torne-se muito bom nisso

Alto comprometimento e alto desempenho	137
Criando comprometimento empreendedor: "amo o que faço"	141
Criando desempenho empreendedor: "sou bom no que faço"	145
O incrível poder das consequências	150
Automotivação: boa para os negócios, boa para a alma	156
Entrevistas com ex-alunos da JA	158

CAPÍTULO 5 O QUE É REALMENTE NECESSÁRIO   177
Os três requisitos
    Um pouco de dinheiro   177
    Um pouco de conhecimento   180
    Uma cultura voltada para o empreendedor   182
    Entrevistas com ex-alunos da JA   185

PARTE 2 AS SETE COMPETÊNCIAS DA JA: A ATITUDE EMPREENDEDORA EM AÇÃO   197

CAPÍTULO 6 ORIENTAÇÃO PARA UM OBJETIVO E INICIATIVA   199
Ter uma abordagem proativa
    Entrevistas com ex-alunos da JA   199

CAPÍTULO 7 LIDERANÇA E RESPONSABILIDADE   215
Assumir um projeto, um grupo ou uma tarefa
    Entrevistas com ex-alunos da JA   215

CAPÍTULO 8 CRIATIVIDADE   230
Usar a imaginação para criar e inovar
    Entrevistas com ex-alunos da JA   230

CAPÍTULO 9 TRABALHO EM EQUIPE   245
Cooperar e trabalhar com outras pessoas para alcançar um objetivo comum
    Entrevistas com ex-alunos da JA   245

CAPÍTULO 10 **PERSEVERANÇA** 262
Completar tarefas e atingir metas apesar de dificuldades e atrasos
    Entrevistas com ex-alunos da JA 262

CAPÍTULO 11 **VERSATILIDADE** 279
Observar situações e lidar de forma competente com dificuldades
    Entrevistas com ex-alunos da JA 279

CAPÍTULO 12 **AUTOEFICÁCIA** 294
Ter crença ou confiança em sua capacidade de ser bem-sucedido
    Entrevistas com ex-alunos da JA 294

CONCLUSÃO **A ATITUDE EMPREENDEDORA** 310
Fazer algo realmente importante
    Entrevistas com ex-alunos da JA 311

FORMULÁRIOS **MEU PLANO DE AÇÃO PARA UMA STARTUP EMPREENDEDORA** 331
    Formulário 1 *Você é um empreendedor! E agora?* 332
    Formulário 2 *Criando planos de negócio empreendedores* 333
    Formulário 3 *Escolhendo mercados/produtos vencedores* 334
    Formulário 4 *Chegou a hora de começar a startup* 336
    Formulário 5 *Criando valores de negócio empreendedores* 337
    Formulário 6 *Mantendo os valores vivos* 338
    Formulário 7 *Amar clientes e produtos* 339
    Formulário 8 *Crescer à moda antiga* 340

Formulário 9   *Criando inovação em alta velocidade*   341
Formulário 10 *Comportamento automotivado – promovendo comprometimento e desempenho*   342
Formulário 11 *O incrível poder das consequências*   343
Formulário 12 *O que é realmente necessário? Os três requisitos*   345
Formulário 13 *Meu plano de ação para me tornar um empreendedor*   346

AGRADECIMENTOS   347

PREFÁCIO À EDIÇÃO BRASILEIRA

O ano era 1999. O Brasil tinha acabado de reeleger FHC. Vivíamos um cenário conturbado, com a crise da Rússia, a desvalorização do câmbio no país. Eram tempos difíceis tanto no cenário interno quanto no externo.

Foi quando recebi a ligação do meu amigo André Loiferman pedindo que cedêssemos um espaço no Shopping Iguatemi de Porto Alegre para que os jovens do Programa Miniempresa, da Junior Achievement, pudessem expor os produtos que estavam desenvolvendo nas aulas.

Eu não poderia imaginar o que estava por vir. Aquele pedido me deu a chance de me aproximar de um dos programas de educação mais extraordinários que existem e que completou 100 anos em 2019. Um programa que conecta, de forma extremamente eficiente, três mundos diferentes – a escola, a empresa privada e o voluntariado – em prol do empreendedorismo juvenil.

A decisão de ceder o espaço no shopping resultaria em outra de grande impacto na minha vida: levar o programa para a minha cidade, o Rio de Janeiro. A iniciativa foi capitaneada por Wilma Araújo Santos, até então diretora executiva da JA Rio Grande do Sul e uma das pessoas mais incríveis que já conheci.

A experiência de começar do zero no Rio de Janeiro foi de muito aprendizado. Embora eu não tivesse nenhuma relação com a educação até então, o reconhecimento do trabalho de responsabilidade social realizado por gerações na minha família abriu portas e ajudou a engajar outras pessoas que alavancaram a nossa ação.

Em meio a tudo isso, tive a oportunidade de lidar diretamente com jovens estudantes, e um mundo fascinante se abriu para mim. Interagir com jovens nem sempre é uma tarefa fácil, mas a adolescência é um período da vida encantador por natureza. Incentivá-los a assumir riscos de forma calculada, engajando-se numa verdadeira vivência empresarial com começo, meio e fim, me mostrou que eu tinha um recurso poderoso nas mãos. Com ele eu poderia contribuir de forma efetiva para uma verdadeira revolução na educação brasileira – o despertar do espírito empreendedor da nossa juventude.

Nossa meta é impactar anualmente a vida de 1 milhão de jovens no Brasil pelos próximos cinco anos. Para isso, precisamos de mais empresas investindo no programa, mais voluntários e apoio dos governos, para que incentivem as secretarias de educação a incluírem no currículo das escolas os conceitos de empreendedorismo, através da nossa metodologia testada e aprovada em mais de 100 países. Meu maior sonho é que a sociedade brasileira entenda que empreendedorismo deve ser política pública de educação.

E para ajudar a tornar esse sonho realidade, tive a ideia de acrescentar na versão brasileira do livro *Atitude empreendedora*, que comemora os 100 anos dessa fantástica organização, entrevistas com as histórias de jovens brasileiros que passaram pelo programa da JA. A edição original em inglês já contava com o caso de um brasileiro que é destaque na lista das 100 personalidades que fizeram a história da JA: Pedro Englert, CEO da StartSe e grande incentivador do JA Startup, o mais novo programa da instituição.

Convido todos a compartilharem do meu grande sonho para que possamos ter uma sociedade mais próspera, com menos desigualdade, baseada em princípios éticos e que conte com o apoio das empresas privadas para multiplicar iniciativas de transformação social.

Termino agradecendo a todas as pessoas que, de alguma forma, estão inseridas neste projeto. Somos uma organização de gente do bem, que difunde a causa do empreendedorismo em todos os estados brasileiros, atingindo cerca de 350 mil jovens por ano em mais de 2 mil escolas e com o apoio de 15 mil voluntários todos os anos.

Só seremos capazes de mudar a nossa realidade com investimentos assertivos em educação. O lado bom é que o futuro está em nossas mãos.

Que sejamos, todos, multiplicadores sociais.

Mãos à obra!

– MARCELO CARVALHO
presidente do conselho diretor da JA Brasil

PREFÁCIO

Há exatamente um século, quando a Junior Achievement foi fundada, estávamos entre as primeiras organizações a reconhecer que nosso sistema educacional estava deixando de fora o empreendedorismo e outras qualificações que favorecessem a empregabilidade. Naquela época, tratava-se de um pequeno grupo de estudantes que se encontrava após as aulas escolares para aprender como conduzir um negócio. Hoje, a JA Worldwide é uma ONG global que conta com mais de 470 mil voluntários e mentores, que atendem a mais de 10 milhões de jovens em mais de 100 países a cada ano.

Seja num pequeno vilarejo no Peru ou num arranha-céu em Hong Kong, hoje a JA prepara e incentiva gente jovem para os empregos e a economia do futuro. Os estudantes da JA participam de programas que ensinam educação financeira, preparação para o mercado de trabalho e empreendedorismo. Um dos nossos principais programas voltados para as escolas permite aos estudantes criar empresas reais, com produtos reais, trabalhando em equipe de desenvolvimento de produto, marketing, operações e finanças. Ao longo do caminho, eles aprendem a dominar sete conjuntos de competências críticas: iniciativa e orientação para resultados; liderança e responsabilidade; criatividade; trabalho em equipe; perseverança; versatilidade; e, acima de tudo, autoeficácia – a capacidade de manter-se no rumo, independentemente de reveses, sem a menor dúvida de que o sucesso será alcançado.

Como ex-aluno da JA, eu me lembro do aprendizado ativo e da autoconfiança adquiridos ao construir um negócio ainda na adolescência – com produtos reais, clientes reais e lucro real. Recordo como o fato de ter um título de CEO ou de diretor financeiro de uma pequena empresa durante o ensino médio tem a capacidade de despertar ambições e mudar uma trajetória de vida. Acabei buscando uma graduação em administração de empresas e lançando iniciativas empreendedoras aos 20 e poucos anos. Meu primeiro negócio bem-sucedido foi adquirido pelo grupo Virgin, de Richard Branson, quando eu tinha entre 30 e 40 anos. Hoje a Virgin é uma apoiadora ativa da rede JA no Reino Unido e Richard Branson considera nossa instituição "um modelo maravilhoso que, ao prover uma educação altamente envolvente e relevante, baseada em projetos, está ajudando os estudantes a descobrir suas paixões, cultivar seu propósito e realizar seus sonhos".

Num giro de 360 graus, a vida me levou de volta à JA, agora num cargo de liderança. Estar presente em programas para estudantes nos quais fico conhecendo futuros empreendedores e empregadores, que estão adquirindo autoconfiança para alcançar seu sucesso econômico, é tão empoderador para mim quanto é para eles.

Um dos feitos da JA de que mais me orgulho é o grande número de mulheres jovens que começam seus negócios como resultado da experiência conosco. Enquanto as primeiras gerações de estudantes da JA eram predominantemente de homens, vemos agora aproximadamente o mesmo número de jovens homens e mulheres participando de nossos programas por todo o mundo. No ano passado, na INJAZ Young Entrepreneurs Competition (disputa da melhor miniempresa da JA do ano no Oriente Médio e norte da África), mais de 50% dos concorrentes eram mulheres.

Ao contemplar o futuro, vejo os ex-alunos da JA – que agora somam mais de 100 milhões – como uma força global, com ambições que vão além da própria recompensa financeira. Muitos iniciam negócios que atendem a uma necessidade social, solucionam um problema até então exasperante ou então melhoram o mundo à sua volta. Alguns doam tempo e dinheiro às suas comunidades. Outros dão suporte à próxima geração, voluntariando-se como tutores e mentores. Vocês verão exemplos inspiradores nas próximas páginas.

Larry Farrell procurou a JA com a ideia de escrever um livro sobre nossos ex-alunos. Ao longo dos anos, ele tem sido um consultor e parceiro de ideias, nos ajudando a desenvolver programas de treinamento em empreendendorismo. Não é surpresa, portanto, que este projeto tenha se tornado uma obra de amor de Larry. Ele pôde testemunhar o legado de seu trabalho ao conhecer algumas das pessoas impactadas pelos programas da JA. As histórias dos ex-alunos complementam o texto de Larry e oferecem lições para futuros empreendedores ao compartilhar a essência da atitude empreendedora que tenho visto nos nossos alunos e ex-alunos em todo o mundo.

Ao comemorarmos 100 anos de educação e assistência aos jovens, nós da JA reconhecemos a oportunidade que se apresenta à frente. A juventude de hoje terá mais de 20 empregos, em média, ao longo de suas carreiras, alguns envolvendo múltiplas mudanças de profissão à medida que a tecnologia e a automação avançam. Uma atitude empreendedora não serve apenas a empreendedores. Mudanças de emprego e mudanças de carreira – seja da mineração para a programação ou da contabilidade para a robótica – requerem adaptabilidade, resiliência e disposição para acreditar na própria capacidade.

É isso que a JA ensina.

– Asheesh Advani
CEO da JA Worldwide

INTRODUÇÃO
ADOTANDO UMA ATITUDE EMPREENDEDORA
Por que isso é tão importante para os jovens na atual economia global

"Se um jovem tem interesse em abrir ou conduzir um negócio, a JA é, inquestionavelmente, o melhor lugar para se começar. Não para ser o próximo Mark Cuban, mas para se tornar quem ele sonha ser."

MARK CUBAN, empresário/investidor, jurado do programa *Shark Tank*, dono do Dallas Mavericks, ex-aluno da JA Estados Unidos

Esqueça a Harvard Business School, o Instituto Europeu de Administração de Empresas (Insead) e a Escola de Gestão Tsinghua. A instituição educacional de maior relevância no mundo para o desenvolvimento de empresários bem-sucedidos, CEOs e líderes é a JA Worldwide. De Mark Cuban e Steve Case nos negócios, a Donna Shalala e David Lammy na política, passando por Sanjay Gupta na medicina e Christina Aguilera no mundo do entretenimento, você não encontrará qualquer outra organização, em qualquer lugar do planeta, que tenha produzido tantos líderes empreendedores.

Fundada em 1919 pelo presidente da AT&T e alguns de seus pares, a JA tornou-se uma das maiores organizações educacionais não governamentais do planeta, com mais de 100 milhões de alunos e ex-alunos. Alcançando mais de 10 milhões de jovens por ano em mais de 100 países, a JA ensina por ano mais estudantes sobre negócios e desenvolvimento de carreira do que qualquer outra organização educacional privada. O mais surpreendente, talvez, é que a JA não leciona as três coisas básicas (leitura, escrita e aritmética) que as escolas devem lecionar – em vez disso, instrui os jovens no ensino fundamental e médio em três áreas que nossas escolas não abrangem: empreendedorismo, preparação para o mercado de trabalho e educação financeira.

JUNIOR ACHIEVEMENT: UMA IDEIA BOA DEMAIS PARA NÃO DAR CERTO

A Junior Achievement, ou JA, como abreviamos ao longo do livro, surgiu no início do século XX nos Estados Unidos como uma dessas ideias que são boas demais para não darem certo. O pensamento dos fundadores foi: já que as escolas não ensinam aos jovens nada sobre economia, negócios ou finanças, por que não oferecemos esse conteúdo na forma de programas de educação especializada em escolas públicas e privadas, contando com pessoas capacitadas e informadas para ensinar esses temas, tudo como um presente do mundo dos negócios? Afinal, concluíram os fundadores, como nossa sobrevivência econômica e nossa prosperidade dependem do sistema econômico de livre iniciativa, por que não ensinar um pouco disso a todas as nossas crianças?

Para alguns dos primeiros apoiadores, inclusive, tratava-se de dar conta de uma necessidade educacional para amparar a economia nacional, criar muitos empregos e assegurar a prosperidade pessoal e familiar do estudante. As escolas compraram a ideia, fornecendo os estudantes e as salas de aula; empresas compraram a ideia, provendo material de ensino e instrutores voluntários; e até o governo americano fez sua parte, tratando isso tudo como uma contribuição educacional dedutível de impostos para doadores privados e corporativos. E assim nascia a maior instituição educacional não governamental do mundo. Como eu disse, uma ideia boa demais para não dar certo.

Este livro tem como foco principal o empreendedorismo, o primeiro pilar do currículo da JA. Foi escrito tendo-se em mente dois temas estreitamente conectados. Primeiro, é um "manual de como fazer" para quem aspira a ser um empreendedor; é completo, com formulários para exercícios de planejamento, tudo com base nas lições dos maiores empreendedores do mundo. Essas lições e esses formulários são compatíveis com dois programas de empreendedorismo: JA Is My Business

(JA É Meu Negócio), para estudantes do ensino fundamental; e JA Be Entrepeneurial (JA Seja Empreendedor), para estudantes do ensino médio – que minha empresa teve o privilégio de desenvolver com a equipe editorial da JA alguns anos atrás.

Segundo, o livro também foi escrito e publicado como parte da comemoração pelo centenário da JA Worldwide, sobretudo as entrevistas com muitos dos mais bem-sucedidos empreendedores que foram estudantes da JA em todo o mundo. Conduzi pessoalmente quase todas as entrevistas com esse grupo de ex-alunos incríveis e prometo que você não irá se decepcionar.

O leitor vai aprender as lições, já comprovadas, dos maiores empresários do planeta sobre como iniciar seus próprios empreendimentos – e essas lições serão enriquecidas e ganharão vida com exemplos atuais e conselhos pessoais de ex-alunos bem-sucedidos da JA de todos os continentes. Essa abordagem global e duplamente direcionada lhe dará tudo de que precisa para desenvolver uma atitude empreendedora.

O BOOM EMPREENDEDOR

A crescente popularidade do empreendedorismo global, impulsionada por figuras marcantes como Steve Jobs, Richard Branson e Oprah Winfrey, e mais recentemente Mark Cuban, Jack Ma e Elon Musk, tem dado asas à imaginação de pessoas por toda parte, especialmente dos jovens. Setenta em cada 100 jovens têm o sonho de abrir um negócio próprio. Quinze em cada 100 vão efetivamente prosseguir nessa linha nos próximos anos. Cinco terão êxito em sua primeira tentativa. Todos fazem parte da maior explosão de empreendedorismo que a humanidade já viu.

Eles sabem que as regras para a sobrevivência mudaram em nosso mundo condensado e incerto. E cada vez mais acreditam que a melhor arma para criar a própria prosperidade econômica no século XXI serão eles mesmos – seu trabalho, seu conhecimento e seu espírito empreendedor. É claro que estão certos. Seja você um estudante considerando como será o seu futuro ou alguém que já esteja trabalhando para uma empresa, uma instituição sem fins lucrativos ou mesmo o governo, adotar uma atitude empreendedora é o novo trunfo. Gostemos disso ou não, estamos todos trabalhando e vivendo na era do empreendedorismo.

A cada ano, cerca de 100 milhões de novos empresários entram em cena em todo o mundo. Qual é a causa real desse fenômeno? Eis os fatores-chave que impulsionam esse boom empreendedor sem precedentes:

- **O motor da prosperidade.** Todo economista concorda que o motor da prosperidade para qualquer país é o pequeno negócio empreendedor. Empreendedores geram a maior parte do crescimento, criam a maioria dos empregos e praticamente todos os novos produtos e serviços. Estes são fatos econômicos. Está claro que o mundo passou da era industrial para a era gerencial e então para a atual era empreendedora. Hoje, economistas, políticos, pensadores da área dos negócios e até a imprensa, todos concordam que o empreendedorismo é a melhor ferramenta para criar prosperidade individual, familiar e nacional.
- **Cerca de 80% de todos os novos empregos.** Como o principal fator de sucesso para todas as economias é sua capacidade de criar empregos e sabemos que 80% de todos os novos empregos são criados por empreendedores, a maioria dos governos hoje financia programas e dá incentivos para o crescimento das empresas. Da China à Irlanda do Norte, do Brasil à cidade de Nova York, governos e líderes políticos estão repensando as teorias de desenvolvimento econômico do século passado e apostando principalmente no desenvolvimento empreendedor. Tudo isso está impulsionando ainda mais esse boom.
- **O mercado global.** Felizmente para o empreendedor, estamos mesmo vivendo num mercado global. Se alguém em sua cidade aparecer hoje com um bom produto, amanhã poderá comercializar esse produto na Alemanha, na Inglaterra, nos Estados Unidos e até na China. Poderá vender em qualquer parte do mundo. Se seus avós começaram um pequeno negócio 60 anos atrás e apresentaram um bom produto, seu mercado estava limitado à sua cidade. Nem passaria pela cabeça deles vendê-lo internacionalmente. Agora você pode estar em qualquer parte do mundo com um custo muito menor do que costumava ser. Por vivermos numa economia verdadei-

ramente global, esse comércio é muito fácil e barato, o que beneficia e muito o empreendedor.

- **Enormes nichos de mercado.** Os empreendedores de hoje também têm sorte por haver nichos de mercado em toda a economia global – e as organizações maiores são grandes demais para sequer pensar neles. Imagine uma gigante farmacêutica como a Glaxo ou a Merck. Elas não podem se dar o trabalho de pesquisar um produto que tem um mercado de "apenas" 25 milhões ou mesmo 50 milhões de dólares. É pequeno demais para elas e os estudos necessários são muito caros para tão pouco retorno. Só lhes interessa pesquisar produtos para doenças de grande incidência. Assim, surge uma enorme oportunidade para as pequenas empresas do ramo farmacêutico. É por isso que existem agora centenas delas espalhadas pelo mundo trabalhando nesse nicho de 25 milhões de dólares. Claro que seria um grande negócio para a maioria de nós – um mercado desse tamanho sem a concorrência dos maiores participantes.

- **Capital disponível para startups.** O mundo está inundado de capital para empreendedorismo. Como o custo médio para iniciar um negócio nos Estados Unidos é de apenas 15 mil dólares, os novos empreendedores não têm dificuldade em conseguir dinheiro para abrir uma startup. Levando-se em conta as poupanças pessoais (que ainda é a fonte número um para financiamento de startups), os 300 bilhões de dólares disponíveis em firmas de capital de risco e investidores-anjos e os fundos governamentais para negócios com bilhões a emprestar, o dinheiro está ao alcance da maioria dos novos empreendedores. E, é claro, sempre há a possibilidade de mobilizar os primeiros clientes para ajudar no financiamento. Assim, o dinheiro prontamente disponível para financiar empreendedores com boas ideias continua a alimentar o boom.

- **O maior risco de todos.** A maioria dos empreendedores diz que o grande risco hoje é ser funcionário de uma grande empresa. Os fatos confirmam isso. Durante os últimos 30 anos, grandes corporações reduziram seu tamanho e transferiram milhões de empregos com altos salários para países onde o custo seria menor. Assim, não ter a confiança e o conhecimento para cuidar de seu próprio bem-estar econômico e o de sua família – e esperar que seu empregador lhe

forneça um emprego vitalício, grandes benefícios e uma boa aposentadoria – pode realmente ser o maior risco de todos.
- **Meritocracia irrevogável.** O último e mais importante ponto é que o empreendedorismo é definitivamente uma meritocracia. Para ele não importa seu gênero, sua cor de pele, seu país de origem, quem são seus pais ou qual a sua formação acadêmica. Se você inventar uma boa ideia para um produto ou serviço, nada poderá detê-lo! É por isso que o empreendedorismo é mais importante para pessoas pobres do que para pessoas ricas. A classe alta – e mesmo a classe média – tem opções na vida. Seus filhos têm opções. Mas pessoas pobres não. O empreendedorismo pode oferecer essas opções aos níveis mais desfavorecidos da sociedade. Tenha uma boa ideia, esteja disposto a trabalhar por ela e nada poderá impedi-lo.

Agora, uma pergunta ainda pode estar na sua mente: "O que exatamente eu faria como empreendedor? E como montaria um negócio? O que devo fazer para me preparar e no que devo me concentrar depois que tiver começado?" Bem, continue lendo este livro. Temos as respostas para você. Aprender tudo isso talvez não faça de você o próximo Warren Buffet, Oprah Winfrey, Richard Branson ou Jack Ma, mas nestas páginas você encontrará quais deverão ser os primeiros passos para adotar uma atitude empreendedora.

GRANDES MITOS E SIMPLES VERDADES

"Risco? Que risco? Eu comecei a Microsoft com apenas 700 dólares."
BILL GATES, cofundador da Microsoft

Chegou a hora de desfazer de uma vez por todas os mitos remanescentes do passado sobre empreendedores e substituí-los pelas simples verdades de hoje. O fato é que milhões de novos negócios estão abastecendo economias por todo o mundo a cada ano. As pessoas por trás dessas startups vêm de todos os setores e profissões. A maioria nunca planejou ser empreendedor. Isso acontece quase sempre por conta das circunstâncias, como ser muito pobre, estar frustrado com a ordem atual das coisas ou ser demitido – o motivo número um para as pessoas se tornarem empreendedoras e chefes de si mesmas. E sim, também pode acontecer quando aparece no caminho uma oportunidade inesperada e você simplesmente a aproveita. Mesmo assim, são quase sempre homens e mulheres comuns que se encontram numa situação extraordinária.

É importante ter tudo isso em mente se você estiver mesmo pensando em se tornar um empreendedor, já que a mídia nos bombardeia o tempo todo com mitos sobre empreendedorismo. Eis alguns dos mitos mais prejudiciais sobre essas pessoas que criam e constroem negócios.

Mito número 1

A pessoa não aprende a ser um empreendedor; ela já nasce sabendo. Está nos genes. (Este é o mito mais comum do empreendedorismo.)

A VERDADE

Se você realmente acredita nisso, é porque nunca visitou a Alemanha Oriental quando era um país comunista. Conheça Claus Schroeder, fundador de um negócio de transporte marítimo em contêineres em Hamburgo, e veja o que ele tem a dizer sobre as consequências dos 45 anos de um paralisante comunismo.

Com o fim da Guerra Fria, a Alemanha herdou 20 milhões de alemães orientais que, até então numa realidade socialista, não pareciam saber o que era um dia árduo de trabalho. No início da década de 1990, Claus expandiu seu negócio para a região que tinha sido comunista. Motivado tanto por patriotismo quanto pela possibilidade de crescimento, sua decisão se transformou num pesadelo:

> É simplesmente inacreditável. Não consigo crer que eles sejam alemães. Não têm noção do que é trabalho. Se o navio-contêiner não estiver atracado nas docas quando chegarem lá de manhã, eles irão embora para casa. O navio atraca 30 minutos atrasado para descarregar e fica lá até o dia seguinte. Ninguém pensa, ninguém age e ninguém se importa. Temo que toda essa geração esteja perdida. Talvez seus filhos e netos sejam diferentes.

A Alemanha Ocidental tinha pessoas automotivadas e produtivas que transformaram seu país de uma ruína total na terceira economia mais rica do mundo. A Alemanha Oriental, por sua vez, contava com trabalhadores sem inspiração e improdutivos, à espera de auxílios do governo – e todos eles compartilhavam a mesma origem, os mesmos avós. Nada mais tenho a dizer.

Mito número 2
Eles assumem grandes riscos. São aventureiros.

A VERDADE
Pergunte a Bill Gates, que arriscou 700 dólares para iniciar a Microsoft. Ou a Steve Jobs, que arriscou 1.350 dólares para começar a Apple. Ou a Richard Branson, que arriscou 4 libras esterlinas (sim, 4 libras!) para fundar a Virgin. O fato é que todo empreendedor que conheci acredita que o maior risco hoje é deixar o seu futuro nas mãos de uma série de chefes de corporações que têm os próprios interesses. E uma vez tendo começado, muitos empreendedores agem com moderação total. Lembre-se de que é o dinheiro deles mesmos que estão arriscando. A realidade é que os executivos de grandes organizações assumem regularmente riscos maiores com o dinheiro dos acionistas do que os empreendedores assumem com o próprio dinheiro.

Mito número 3
Todos eles inventaram alguma coisa na garagem de casa quando tinham 15 anos, usam roupas estranhas no trabalho e falam um linguajar cheio de termos tecnológicos. Eles são esquisitos e bem diferentes de mim e de você. (Esta é a "teoria do nerd" do empreendedorismo.)

A VERDADE
As estatísticas dizem que o empreendedor médio tem de 35 a 45 anos, mais de 10 anos de experiência numa grande empresa, formação acadêmica e QI medianos e, ao contrário do mito popular, um perfil psicológico surpreendentemente normal. Vestem-se e falam como você e eu, e se parecem muito conosco – um grupo bastante comum.

Mito número 4
Seu objetivo supremo é ser um milionário. Fazem o que fazem pura e simplesmente pelo dinheiro.

A VERDADE
As pesquisas negam esse mito com veemência. De fato, poucos empreendedores chegam a ganhar valores compatíveis com aqueles pagos atualmente a CEOs de grandes corporações. A verdadeira obsessão do empreendedor é seguir seu próprio senso de missão. O dinheiro é o combustível necessário para isso. Os capitalistas de risco, sagazes avaliadores do quociente empreendedor das pessoas, são capazes de localizar num instante os tipos que só querem enriquecer e fazem de tudo para evitá-los. Como me disse uma vez Ed Penhoet, grande empreendedor da área de biotecnologia: "Pessoas que querem abrir uma empresa apenas para ficar ricas... Está aí a receita certa para o desastre."

Mito número 5
Empreendedores são pessoas inescrupulosas, sempre prontas para enganar pessoas tolas. Lendo nas entrelinhas, o que este mito realmente diz é que grandes e conhecidas corporações e seus executivos engravatados são mais confiáveis do que empreendedores.

A VERDADE
Esse mito perde força toda vez que um executivo de uma grande corporação vai para a cadeia. E em comparação com alguns CEOs bastante conhecidos, com seus salários que chegam a 10 milhões de dólares por ano mesmo quando seus funcionários e os acionistas estão na pior, os empreendedores não parecem ser tão gananciosos. Com os escândalos corporativos de Volkswagen, Toshiba e Wells Fargo gravados em nossa memória, os Soichiro Hondas, Richard Bransons e Sam Waltons da vida parecem santos virtuosos.

Mito número 6
O caminho a seguir é obter um MBA (mestrado em administração de negócios). No curso vão ensiná-lo a ser um empreendedor.

A VERDADE

Economize seu dinheiro suado e faça algo útil, como aprender a criar um produto ou serviço do qual o mundo necessita – como ainda fazem 99% dos empreendedores do mundo. As "fábricas" de mestrados em administração de negócios prometem transformar você no próximo Steve Jobs, mas se esquecem de mencionar como o próprio Steve Jobs descreveu o estilo de gestores que ele contratou na Apple: "Uma vez contratamos um bando de gerentes com MBA. OK, eles sabiam *gerenciar*, mas não eram capazes de *fazer* nada." Moral da história? Até você aprender a *fazer* alguma coisa, como inventar um ótimo produto ou projetar um excelente serviço, não perca seu tempo e seu dinheiro com um MBA.

Assim, apesar dos mitos, a verdade é que os novos empreendedores somos nós e outras "pessoas comuns". E as coisas que eles e você terão que fazer como novos empreendedores não são afinal tão estranhas e complicadas assim. De fato, criar e desenvolver uma empresa pode ser considerado, cada vez mais, uma simples questão de bom senso.

O CICLO DE VIDA DE TODAS AS ORGANIZAÇÕES

> "A noção de que quanto maior melhor mostrou ser outro mito do século XX. Larry Farrell acabou de explicar por quê."
>
> PETER DRUCKER, o pai da administração moderna (Conferência de CEOs da *Bloomberg Businessweek*, em Taiwan)

Não é todo dia que alguém apresenta uma crítica ao maior pensador da área de gestão. Mais raro ainda é o especialista mundial concordar com suas conclusões divergentes. Mas foi o que aconteceu na primeira vez em que me encontrei com o grande Peter Drucker.

Nós dois estávamos nos apresentando numa conferência da *Bloomberg Businessweek* em Taiwan quando ele deu ao meu trabalho o maior endosso já recebido. Falou a respeito de nossa pesquisa sobre o ciclo de vida das organizações, que descreve quatro fases que as empresas atravessam no decorrer do tempo: startup, grande crescimento, declínio e, por fim, sobrevivência. Basta dizer que Peter Drucker conhecia o passado e enxergava o futuro. Ele "exaltou" o espírito empreendedor como a força motriz por trás de todo crescimento econômico e toda prosperidade e "endossou" minha modesta conclusão na pesquisa, de que os grandes negócios inevitavelmente ficam grandes demais, mergulham numa irremediável burocracia, depois, com o tempo, perdem o espírito empreendedor que os impulsionou no início e finalmente definham.

Todos os jovens empreendedores devem entender o futuro ciclo de vida de sua startup para evitá-lo ou pelo menos postergar sua ocorrência. A figura I.1 é o gráfico do ciclo de vida de uma organização, ao qual Drucker se referiu.

Figura I.1 **O ciclo de vida de todas as organizações**

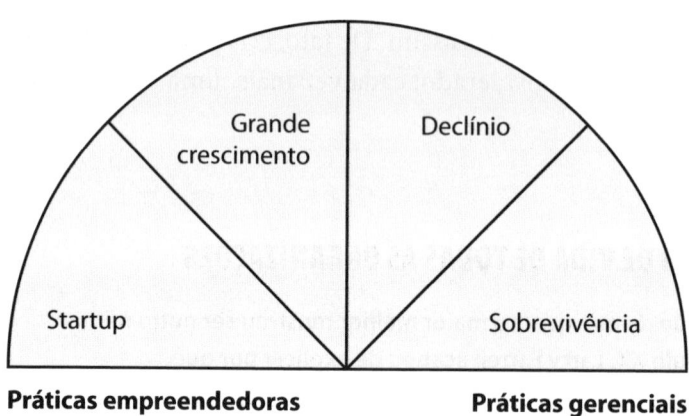

Todas as empresas começam com uma abundância de espírito empreendedor, inspirando tanto o dono quanto os funcionários. Práticas empreendedoras básicas abastecem a startup e a impelem para uma fase de grande crescimento. Durante os períodos de startup e de grande crescimento, todos estão focados em umas poucas noções fundamentais, como a de fazer bons produtos que o consumidor vai comprar porque esta é a única maneira de gerar dinheiro. O crescimento daí resultante determinará o tamanho. E o passar do tempo trará novos líderes, quase sempre gestores profissionais.

Essas sutis mudanças no tamanho e na liderança produzem um novo conjunto de objetivos. Planejamento, otimização e controle do negócio passam a ser a nova ordem. Gerenciar isso e aquilo torna-se mais importante do que fazer isso e vender aquilo. As funções melhor remuneradas passam a ser as de gerenciamento de outros gestores. Reuniões, relatórios e burocracia irrompem em todas as frentes. E, aos poucos, ficam perdidos nesse rearranjo os impulsos empreendedores simples e básicos que deram início a tudo.

A evidência que dá suporte a essa ideia do ciclo de vida é clara. Desde a primeira lista das 500 maiores companhias segundo a revista *Fortune*, publicada em 1955, 75% já saíram completamente do radar. Assim, fica nítido também que superar esse ciclo de vida é bastante difícil. A pergunta para o futuro empreendedor é: o que cria o grande crescimento empreendedor no início e por que todas as empresas o perdem e passam do crescimento ao declínio?

O QUE É A ATITUDE EMPREENDEDORA

"A condução de um negócio bem-sucedido consiste em fazer as coisas de um modo bem simples, com regularidade, e nunca se descuidar de fazê-las."
WILLIAM HESKETH LEVER, fundador da Lever Brothers (Unilever)

Quais são essas *coisas* que precisamos fazer de modo simples, com regularidade? Você não vai encontrá-las no lado gerencial do ciclo. Não são coisas que escolas de negócios ensinam ou que consultores de gestão pregam. Se quiser descobrir quais são os fundamentos de uma empresa, essas coisas simples praticadas obsessivamente, você terá que olhar para a fase empreendedora do negócio. Ali estarão as lições dos maiores empresários da história, desde mestres do passado como Lever, Matsushita, Watson e Disney, aos ícones mais recentes como Honda, Walton, Jobs e Branson, e até os magos atuais do empreendedorismo Elon Musk, Lito Rodriguez, Jack Ma e Oprah Winfrey. E neste livro você encontrará todas essas lições.

Os capítulos seguintes descrevem, em detalhe, as práticas fundamentais dos maiores empreendedores do mundo – todas apresentadas com exemplos reais de ex-alunos da JA vindos dos mais diversos países.

> Preencha agora o Formulário 1, na seção de formulários no final do livro. Todos os formulários foram desenvolvidos para lhe oferecer um caminho, capítulo a capítulo, para uma ação futura. Ao completá-los, você terá seu próprio plano de ação para uma startup – para se tornar um empreendedor. E poderá descobrir que os formulários vão se tornar a parte mais valiosa e prática do livro inteiro quando embarcar em sua futura empresa.
> **Formulário 1:** Você é um empreendedor! E agora?

ENTREVISTAS COM EX-ALUNOS DA JA

BRIAN SIDORSKY
Empreendedor serial – varejo de móveis, imóveis, desenvolvimento imobiliário –, ex-aluno da JA Canadá

> Eu poderia ser o garoto-propaganda da JA.

Minha experiência na JA
A JA permitiu que eu realizasse coisas das quais nem tinha ouvido falar. O conceito de "aprender fazendo", a criação de um negócio, a construção de relacionamentos, o processo de vendas, tudo isso foi essencial para o meu sucesso. Por intermédio da JA, tornei-me parte de uma equipe e depois aprendi a liderá-la. A instituição mudou a vida daquele adolescente com pouca autoestima. Eu me dei conta do meu potencial e descobri que quase tudo é possível.

Eu tinha 15 anos quando conheci a JA. Estava no ensino médio, era um péssimo aluno e tinha repetido o sexto ano. Vim de uma família muito pobre. Meu pai era viciado em jogo, nunca ganhou muito dinheiro, nunca pagou o aluguel no prazo, por isso nós nos mudávamos muito. Então tive sorte quando ouvi falar da JA, que ofereceria um curso após o horário da escola para 15 a 20 adolescentes. Arrecadamos alguns dólares em troca de participação em nossa futura miniempresa da JA. Com esse capital de giro, abrimos a empresa e fizemos nossos primeiros produtos: tabuleiros para assar biscoitos. Nós os embalávamos, etiquetávamos e saíamos para vendê-los de porta em porta.

Nesse meio-tempo, meu pai foi demitido e abriu uma pequena loja de móveis usados. Eu trabalhava nos fundos, consertando cadeiras de cozinha e remontando coisas. Na verdade, não entendíamos nada de compra e venda. Um dia eu estava na loja e meu pai permitiu que eu atendesse um casal jovem. Comecei fazendo algumas das perguntas de venda que tinha aprendido na JA para descobrir do que estavam precisando, superar possíveis objeções, etc. Resultado: vendi ao casal móveis para mobiliar a casa inteira. O processo de vendas da JA funcionava mesmo!

No segundo ano do programa da JA, eu já era vice-presidente. No terceiro ano, o presidente. Fiz também um quarto ano. E, depois de terminar a escola, voltei para um quinto ano como consultor. Agora é hora de retribuir, com juros compostos. Estou trabalhando com a JA Worldwide no que estamos chamando de Universidade JA e já começamos a elaborar uma grade curricular.

Minha carreira/Meus negócios

Da JA fui diretamente para meu negócio próprio e, após alguns anos de trabalho duro e muita luta, criei a maior varejista de móveis e eletrodomésticos do sul da província de Alberta. Depois fundei uma grande companhia de incorporação imobiliária, algo que nunca sonhara ser possível. A aplicação do que aprendi na JA me deu a capacidade e os instrumentos para alcançar todos os objetivos que eu tinha estabelecido.

Eu poderia ser o garoto-propaganda da JA. Trabalhei a vida toda, 18 horas por dia, sete dias por semana. Morei nos fundos da minha primeira loja de móveis. Comecei praticamente sem dinheiro, mas vendi minha primeira empresa aos 35 anos por 5 milhões de dólares. Depois disso, voltei aos negócios: incorporação imobiliária, loteamentos, shoppings, uma porção de coisas diferentes, no Canadá. Desde 1981, eu peguei aqueles 5 milhões e os transformei em 700 milhões. Hoje continuo envolvido no dia a dia de todas as minhas empresas e no ano passado tivemos nosso melhor ano. Na verdade, todas elas têm sido extensões da minha experiência na JA. Os princípios fundamentais são os mesmos que aprendi na instituição.

Meus conselhos aos jovens
- Primeiro, você nunca vai aprender tudo. Precisa ter o espírito de um eterno estudante. Vai descobrir que, quanto mais você sabe, mais não sabe, e que quanto mais você aprende, mais conquista. É um ciclo de aprender e conquistar.
- Segundo, vá além do necessário. Faça mais do que aquilo pelo qual está sendo pago. Esteja no próprio negócio ou trabalhando para outra pessoa, procure fazer aquele esforço a mais. Isso sempre compensa.
- Terceiro, e talvez o mais importante, é saber o que você quer fazer da vida. Com isso, terá pelo menos uma chance de ser bem-sucedido. Por exemplo, eu queria ter a maior loja de móveis de Calgary. Não sabia como fazer isso, mas sabia o que queria. Para ter sucesso, os jovens precisam primeiro saber o que querem e serem capazes de descrevê-lo e visualizá-lo; depois poderão descobrir *como* chegar lá.
- Finalmente, jovens, se vocês entrarem para a JA, terão a oportunidade de sua vida para aprender todo o básico. Lá vocês apren-

dem fazendo: trocando ideias, criando um produto de verdade, batendo de porta em porta para vendê-lo, arriscando-se a encontrar muita rejeição, superando objeções e, por fim, obtendo o pedido de compra. A coisa mais importante a aprender na vida é: consiga sempre fechar o pedido!

SHAIKHA HESSA AL KHALIFA
Fundadora e diretora executiva da INJAZ Bahrein, ex-aluna da JA Reino Unido

> A INJAZ Bahrein é como uma filha para mim e não posso abandoná-la. Tenho muita paixão por isso porque acredito que podemos mudar a vida das pessoas.

Minha experiência na JA

Conheci a Junior Achievement – ou melhor, Young Enterprise, como chamamos no Reino Unido – quando estudava no colégio interno em Gloucestershire. Acabei sabendo do curso porque a escola exigia que realizássemos atividades extracurriculares. Para ser honesta, não estava muito interessada, pois, como queria ser médica, estava mais inclinada à área de ciências. Mas achava importante dizer "sim" a novas oportunidades, além de aproveitar para socializar com meus amigos e aprender outras maneiras de pensar.

Assim, aos 16 anos juntei-me ao Programa Miniempresa da JA. Uma vez por semana nos reuníamos com um voluntário da JA que nos falava sobre como montar um negócio. Minha empresa era formada por seis garotas, e eu era a contadora, porque gostava de matemática. Criamos uma firma que imprimia artigos de papelaria e cartões de visita para outras companhias do programa. Tudo era novidade para nós: criar e implementar uma estratégia, saber onde manufaturar nossos produtos, aprender sobre produção e marketing, trabalhar em equipe, etc., e realmente curtimos isso. Eu ansiava pela vinda do voluntário a cada semana e prestava atenção no que ele dizia, pois era algo muito diferente do que havia na escola. Na JA aprendi que poderia ser empreendedora e criativa, algo que não poderia ser nos outros estudos acadêmicos.

Após o estágio como contadora no programa da JA, eu me dei conta de que havia muitas outras carreiras fora das ciências. Eu queria algo mais prático, mais "mão na massa". Comecei a sentir que, afinal, não tinha vocação para ser médica. Eu me formei em administração de empresas na Escola de Economia de Londres em 1998 e fiz o mestrado em política social em 2002. Basicamente, cursar aquele programa da JA aos 16 anos abriu meus olhos, dando-me uma oportunidade para considerar outras disciplinas.

Minha carreira/Meus negócios

Voltei para a casa da minha família, no Bahrein, e comecei a trabalhar no Conselho Supremo para Mulheres, que o rei Hamad bin Isa Al Khalifa havia criado em 2001 como uma junta consultiva para questões de gênero. Ele também tinha estabelecido o primeiro parlamento no Bahrein e, assim, foi uma época muito dinâmica, com várias mudanças legislativas projetadas para melhorar a vida da população. Eu era jovem e cheia de ideias, e foi também um ótimo momento para começar minha carreira profissional.

Minha família me educou para trabalhar. Meu avô, que foi o governante antes do rei atual, tinha muito orgulho da minha conquista acadêmica. Ele sempre dizia que eu poderia me sair tão bem quanto qualquer rapaz. E minha mãe tinha um negócio próprio.

Em 2004, tive uma experiência que me motivou a tomar uma atitude. Eu estava com Sua Alteza Real, a princesa Sabeeka (esposa do atual rei), visitando a Universidade do Bahrein, onde ela deu uma palestra sobre como as reformas no mercado de trabalho estavam incentivando jovens a se juntar à força de trabalho, em particular as mulheres com graduação universitária. Quando estávamos saindo, ouvi as garotas comentarem: "Vamos ter uma graduação universitária, mas não há cargos governamentais suficientes." Eu me virei e disse: "Bem, por que vocês não abrem um negócio próprio em vez de ficarem em casa esperando?" Todas responderam que não sabiam como fazer isso. Então eu perguntei: "O que querem dizer? Não sabem como abrir uma empresa? Vocês podem aprender. Qualquer um pode começar um negócio." E foi nesse momento que passei a compreender a diferença; eu acreditava saber como ter um negócio, mas elas não. Não eram capazes de imaginar isso, portanto iam ficar esperando um emprego.

Percebi que tinha confiança para abrir minha empresa porque já fizera isso no programa da JA. Compreendi também que tinha recebido uma educação de fato boa, algo a que a maioria das minhas compatriotas não teria acesso. E pertenço à família real, o que obviamente me concede vantagens que elas não têm. Assim, comecei a pensar em como eu era privilegiada e em como precisava encontrar uma forma de dar a outras pessoas pelo menos um pouco do que tinha experimentado. Por ser membro da família real, eu tenho um senso de patriotismo, acho que devemos sempre retribuir ao nosso povo. Dar dinheiro é um jeito, ter boas políticas de governo é outro, mas eu queria retribuir com algo especial aos jovens que não tiveram as oportunidades educacionais que eu tive – e o programa da Young Entrerprise surgiu na minha mente.

Fui pesquisar na internet e descobri que a instituição era parte de uma organização mundial chamada JA. Vi que havia um escritório na Jordânia, então liguei para Amã e disse a eles: "Estou ligando do Bahrein. Sou uma graduada da Young Enterprise e acho que vocês deveriam criar uma Young Enterprise ou JA aqui." Eles primeiro me agradeceram por ter ligado, mas me disseram que o Bahrein era um país pequeno, não era uma prioridade para eles, etc. Mas insisti e expliquei: "Vejam bem. Eu me disponho a fazer tudo. Apenas me digam o que fazer e eu farei." Eles viram que eu estava interessada de verdade e enfim concordaram. "Se você conseguir marcar uma reunião com o ministro da Educação, nós iremos ao Bahrein para discutir a questão." Fiz a minha parte, eles também e em 2005 a INJAZ Bahrein era realidade.

A INJAZ Bahrein é como uma filha para mim e não posso abandoná-la. Tenho muita paixão por isso porque acredito que podemos mudar a vida das pessoas. Estamos aqui para inspirar e preparar estudantes para terem sucesso na economia global. Essa é nossa missão e é para isso que vivemos.

Meus objetivos para a INJAZ Bahrein

Hoje recebemos 20 mil estudantes por ano nos programas da JA em nosso pequeno país. É incrível: em 10 anos preparamos 120 mil jovens. Temos um dos mais altos índices de penetração na população estudantil comparado com o de qualquer outro país da JA no mundo, e agora queremos ser globais. Queremos que nossos estudantes sintam que a JA é uma organização internacional. Queremos que visitem outras regiões na Europa, Ásia e Américas. Queremos algum tipo de plataforma de mídia na qual os alunos possam se encontrar, falar sobre empreendedorismo e se conectar. É assim que quero ver nosso avanço.

MICHEL DE WOLF
Reitor da Louvain School of Management, membro do conselho diretor da JA Worldwide, ex-aluno da JA Bélgica

> Nossa principal oportunidade é usar os fantásticos recursos da JA para desenvolver aptidões para negócios, conhecimento financeiro e empreendedorismo em regiões do mundo nas quais a instituição pode significar, para muitos jovens, a saída da pobreza.

Minha experiência na JA

Em 1978, o segundo ano da JA na Bélgica, li uma reportagem dizendo que na JA era possível simular uma empresa: criar um produto, vendê-lo, fazer os registros financeiros e assim por diante. Descobri como participar do programa, me inscrevi e então me tornei um *achiever* (como chamam os alunos), um miniempreendedor. Éramos uma equipe de 15 jovens, com idade entre 17 e 18 anos, que não se conheciam.

Primeiro tivemos uma sessão de brainstorming para escolher o que iríamos produzir. Decidimos que nosso produto seria um carrinho de bebê. Achávamos que a maioria dos carrinhos de bebê eram baixos demais para os adultos, e assim construímos um mais alto, de modo que a maioria das pessoas não precisasse se curvar tanto. Na verdade, não foi uma boa ideia. Tentamos fazê-lo de plástico, mas ficou frágil demais e quebrou. Depois, mudamos para alumínio, mas fizemos isso tarde demais, porque o programa da JA só durava um ano escolar. Nossa empresa não foi um sucesso financeiro, mas, mesmo assim, aprendemos muito.

Primeiro, aprendemos bastante sobre trabalho em equipe. Entendemos que receber críticas é o melhor caminho para ter novas ideias e trabalhar juntos. Naquela época, a regra na JA da Bélgica era os ex-*achievers* tornarem-se consultores juniores da geração seguinte de estudantes. Assim, ao longo de 40 anos, fui consultor júnior, voluntário da JA, membro da diretoria da JA para a Bélgica francófona, membro da diretoria da JA Europa e agora estou na diretoria da JA Worldwide.

Minhas metas para a JA Worldwide

Agora que estou no conselho diretor da JA Worldwide, vejo como nossa principal oportunidade usar os fantásticos recursos da JA para desenvolver aptidões para negócios, conhecimento financeiro e empreendedorismo em regiões do mundo nas quais a instituição pode significar, para muitos jovens, a saída da pobreza. Com isso, refiro-me primordialmente à Ásia-Pacífico, à África e à América Latina – áreas onde um imenso número de jovens precisa desenvolver o próprio espírito empreendedor.

PARTE 1
AS QUATRO PRÁTICAS FUNDAMENTAIS DOS MAIORES EMPREENDEDORES DO MUNDO

"Tem sido minha vocação realizar e criar coisas que darão prazer às pessoas de maneiras novas e incríveis. Ao fazer isso, eu agrado e satisfaço a mim mesmo."
WALT DISNEY, fundador da Walt Disney Company

A Parte 1 deste livro descreve as quatro práticas fundamentais dos empreendedores mais bem-sucedidos e como elas podem ser aplicadas por qualquer um, em qualquer organização, em qualquer setor. As entrevistas com ex-alunos da JA constituem exemplos vívidos de cada uma das quatro práticas.

CAPÍTULO 1
SENSO DE MISSÃO
Como criar uma estratégia e uma cultura empreendedoras

"Desde o meu primeiro dia como empreendedor, senti que a única missão que vale a pena perseguir nos negócios é a de melhorar a vida das pessoas... Acima de tudo, você quer criar algo do qual possa se orgulhar."
RICHARD BRANSON, fundador do Virgin Group

Você diria que a missão do empreendedor é tão nobre quanto acredita Richard Branson? O fato é que os empreendedores acreditam mesmo que estão fazendo algo importante para seus clientes, funcionários e, é claro, para si mesmos. Eles têm o que chamamos de "senso de missão". No entanto, esse propósito elevado é rapidamente traduzido para duas questões muito práticas: *o quê* é a estratégia nos negócios (quais produtos, para quais clientes) e *como* temos que operar (em quais fatores ou valores operacionais temos que focar) para realizar a estratégia? Para empreendedores lendários como Matsushita e Watson, e mestres contemporâneos como Richard Branson, essas palavras simples representam as duas perguntas mais importantes do negócio. O "o quê" e o "como" dos empreendedores é a versão mais despojada daquilo que a turma do MBA chama de estratégia corporativa e cultura corporativa.

O empreendedor vive e morre por suas respostas ao *o quê* e ao *como* – e elas estão inextricavelmente conectadas. Quando seus valores operacionais dão suporte direto à sua estratégia de produto e de marketing, atenção! É esse o modo mais poderoso já inventado para motivar um grupo de indivíduos a atingir um propósito comum. É por isso que ter um poderoso senso de missão é a primeira prática dos maiores empreendedores do mundo.

O "O QUÊ" E O "COMO" DA MISSÃO

Se você perguntar a empreendedores "Qual é o seu senso de missão?", talvez eles olhem para você como se estivesse louco – ou pensem que você é um consultor de gestão. Empreendedores não estão familiarizados com esse jargão. Estão familiarizados, isso sim, com *o que* estão fazendo e com *como* operam para fazê-lo.

Quando você pensa em ter sucesso numa missão – seja ela de negócios, militar, política, etc. –, precisa ter estas duas coisas bem claras: *o que* é a missão e *como* fazer para cumpri-la. Em outras palavras, a estratégia (*o quê*) do negócio e a cultura (*como*), são os aspectos principais de um negócio. Se as palavras "estratégia" e "cultura" soam um tanto grandiosas para descrever sua primeira startup, chame de "plano" e "valores". Ser muito bom nas duas coisas é uma característica que todos os grandes empreendedores compartilham.

Claro que o plano de qualquer negócio pode ser inteligente ou obtuso. E os valores que dão suporte a esse plano podem ser fortes ou fracos. O gráfico na Figura 1.1, numa escala de 1 a 10, ilustra as quatro posições em que você pode estar:

Figura 1.1 **Senso de missão**

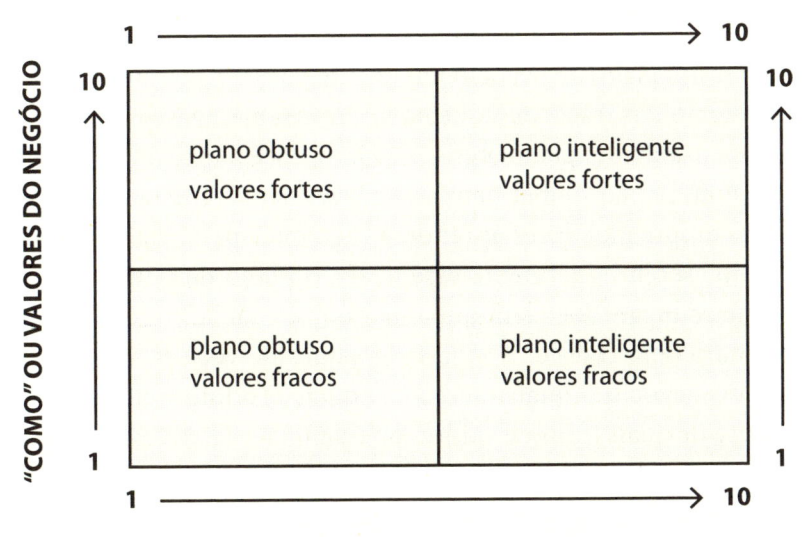

	1 → 10	
"COMO" OU VALORES DO NEGÓCIO 10	plano obtuso valores fortes	plano inteligente valores fortes
1	plano obtuso valores fracos	plano inteligente valores fracos
	1 → 10	
	"O QUÊ" OU PLANOS DE NEGÓCIO	

- **Plano inteligente/valores fortes (10-10).** Este é o território de Matsushita e Watson (IBM) – você sabe exatamente o que fazer e como fazê-lo. Tem os produtos e os mercados certos, todos fortemente apoiados pelos valores operacionais corretos. É onde você quer que o negócio esteja.
- **Plano inteligente/valores fracos (10-1).** Você sabe o que fazer, mas não sabe como ou não é tão bom em fazê-lo. Escolheu os produtos certos e os mercados certos, mas seus valores operacionais são fracos demais para realizar seu plano. Você precisa começar a focar operacionalmente as coisas certas para melhorar o negócio e fazê-lo crescer.
- **Plano obtuso/valores fracos (1-1).** Você não sabe o que fazer e não sabe como fazer. Uma situação realmente ruim – a falência é um risco se você não conseguir melhorar tanto o "o quê" quanto o "como" do negócio.
- **Plano obtuso/valores fortes (1-10).** Você não sabe o que fazer, mas sabe como fazer. Em outras palavras, você é muito bom, operacionalmente, em fazer as coisas erradas. Precisa começar a fazer os produtos certos para os mercados certos – o mais depressa possível!

Quer você seja a General Electric ou um microempreendedor trabalhando sozinho, ser bom nas duas coisas é um grande desafio. Não adianta ter um plano de negócio inteligente, mas um conjunto de valores operacionais fraco, desconectado. Inversamente, valores fortes não compensarão um plano obtuso. E, claro, você não se manterá por muito tempo se não souber nem o que fazer nem como fazer.

Novos empreendedores aprendem logo que apesar de o "o quê" e o "como" serem igualmente essenciais, o plano de negócio vem em primeiro lugar. Você tem que saber o que está fazendo antes de determinar como fazê-lo. A realidade é que, até você estabelecer o "o quê" do negócio – quais mercados, quais produtos, etc. –, você não saberá de quais tipos de valores operacionais vai necessitar nem quais serão as prioridades.

Por exemplo, se está abrindo uma companhia aérea doméstica, é melhor que a segurança esteja no topo de sua lista de valores. Não há modo mais rápido de levar uma companhia aérea à falência do que ter alguns acidentes aparecendo no noticiário. Por outro lado, se sua startup estiver na área de software, em que o ciclo de vida de um produto é de menos de seis meses, é provável que inovação e velocidade sejam os valores nos quais deverá se concentrar. Na verdade, o único propósito de desenvolver um conjunto de valores da empresa é estar totalmente focado e operacionalmente apto naquelas poucas coisas que vão assegurar que você realize seu plano de negócio.

Talvez o mestre do século XXI no desenvolvimento de planos de negócio inteligentes, simples e bem-sucedidos tenha sido o fundador da Matsushita Electric, no Japão. Eis como Konosuke Matsushita começou, nos idos de 1918.

CRIANDO PLANOS DE NEGÓCIO EMPREENDEDORES AO ESTILO MATSUSHITA

"Nosso dever como industriais é prover utensílios e comodidades ao público e tornar mais rica e feliz a vida de todos que os utilizam."
KONOSUKE MATSUSHITA, fundador da Matsushita Electric (fundada em 1918, um ano apenas antes da JA)

Não existem atividades mais excessivamente difundidas e exercidas nos negócios do que a estratégia e o planejamento corporativos. Por alguma razão, esse aspecto um tanto passivo de uma empresa gerou mais livros, técnicas, diagramas e consultorias do que qualquer outro. E nos cursos de negócios todo futuro empreendedor é advertido de que o passo mais importante ao se abrir uma empresa é escrever um grande plano de negócio. Claro que ninguém se dá o trabalho de lembrar aos estudantes e aos milhões de outros jovens aspirantes a empreendedores que nenhum grande empreendedor, de Konosuke Matsushita e Thomas Watson a Bill Gates e Richard Branson, começou um negócio dessa maneira.

Felizmente, há um modo simples de fazer um plano de negócio: o do empreendedor à moda antiga. Comecemos com o empreendedor do

Japão mais reverenciado de todos os tempos, Konosuke Matsushita, fundador da Matsushita Electric e das marcas Panasonic e National. (A companhia foi renomeada Panasonic Corporation em 2008.)

Konosuke Matsushita era um jovem vendedor em Osaka. Em 1918, investiu as economias de toda a vida, 100 ienes (cerca de 50 dólares), em tomadas elétricas importadas da Grã-Bretanha. Estava animado e focado em vender a primeira remessa e comprar mais. Tinha certeza de que esse tipo de produto venderia muito bem na nova era da eletricidade. Ele estava enganado. Nenhuma das lojas para as quais ligou estava interessada em estocar aquelas tomadas. Na verdade, o resultado foi tão ruim que ele faliu. Assim, o primeiro empreendimento do grande Matsushita foi um fiasco. E no Japão, naquela época, fracassar num negócio era um dos atos mais vergonhosos que se podia cometer. Ele então fez algo que poucos profissionais de venda fazem – e mudou sua vida para sempre.

Matsushita entrou em contato com todos os lojistas que não tinham comprado seu produto e lhes perguntou: "Você compraria essa tomada se eu trocasse quais aspectos dela?" Muitos lojistas deram sugestões, como aumentar ou diminuir o tamanho, mudar a cor, fazer isso ou aquilo. Ele assimilou as sugestões e começou a mexer nas tomadas em casa. Até criou alguns protótipos seus, do zero. Voltou ao mercado com as versões customizadas e tentou novamente. E mais uma vez. E mais uma. Ficou repetindo sua rotina de perguntar a clientes potenciais como seria o produto que eles comprariam. Foi esse processo de idas e vindas ouvindo o cliente e propondo soluções estratégicas que produziu a maravilhosa invenção de Konosuke Matsushita: o soquete em Y. Com isso, ele começou a ganhar clientes e a incipiente Matsushita Electric desempenhou um papel crucial na explosão da indústria de aparelhos elétricos no Japão. Agora, uma única linha elétrica para uma casa poderia conectar dois aparelhos ao mesmo tempo – um ventilador elétrico e um rádio ou um fogareiro, etc. E, como hoje sabemos, assim surgia o maior produtor mundial de produtos elétricos e eletrônicos. Foi também uma lição de estratégia corporativa que a Matsushita Electric nunca esqueceu.

Em 1932, cerca de 14 anos após a criação da empresa, Konosuke Matsushita fez mais uma vez algo que a maioria dos profissionais de vendas (e grandes empresários) nunca faz: começou a pensar em como pôr no papel os princípios empresariais que ele praticava. O resultado veio cinco anos depois: um livreto muito fino, com 23 páginas, com sua filosofia de gerenciamento. Essas 23 páginas contêm tanta sabedoria empresarial quanto bibliotecas inteiras de faculdades de administração. Oferecem um modelo filosófico e estratégico que pode ser incorporado por qualquer empresa e que se resume a fazer produtos dos quais o mercado realmente precisa. Deveria ser leitura obrigatória em todo curso de MBA.

Durante 100 anos, o "o quê" do negócio da Matsushita consistiu em conhecer, muito especificamente, *quais consumidores* queriam *quais produtos*. Fazer isso melhor e com mais consistência do que seus concorrentes tem sido a vantagem competitiva definitiva da Matsushita Electric e suas famosas marcas, como Panasonic e National. Ao agir assim, Konosuke Matsushita elevou o planejamento da relação cliente/produto do nível fantasioso para a certeza quase total, e tudo isso graças àquelas tomadas não vendidas lá em 1918.

O "O QUÊ" DO NEGÓCIO

Espera-se que sua estratégia ou seu plano de negócio lhe digam o que você está fazendo, por isso é preciso ser claro quanto ao que está incluído no "o quê". A seguir, estão as cinco perguntas mais importantes às quais todo aspirante a empreendedor deve responder. Extraídas do livreto de Matsushita, são as questões que definem o "o quê". Se você é capaz de responder cada uma destas perguntas com confiança, está em pleno domínio de seu futuro negócio e suas chances de sucesso são boas. Se não é capaz de respondê-las, você não tem um plano utilizável nem um negócio com o qual se preocupar no futuro.

- **O que eu realmente gosto de fazer?** Por quais produtos ou serviços eu tenho paixão? Em que área ou setor de produtos e serviços estou interessado?
- **O que faço muito bem?** Quais produtos/serviços eu seria capaz de fazer ou fornecer? De que conhecimento adicional precisarei? Esses

produtos e serviços serão melhores ou mais baratos do que os dos meus concorrentes?
- **Identifico alguma necessidade não satisfeita pelo mercado? Quais são?** Quais delas demandam produtos ou serviços que eu gostaria de fazer ou poderia fazer bem?
- **Quais capacitações eu preciso ter?** Quais habilidades e recursos operacionais são necessários para fazer e vender nossos produtos e atender nossos clientes?
- **De que fluxo de caixa vou precisar?** Posso pagar por tudo isso? De onde virá o dinheiro e para onde irá? (Lembre-se de que seus primeiros clientes serão parte crucial do fluxo de caixa de sua startup.)

Como você pôde notar, a maioria das perguntas é sobre produtos e clientes. São perguntas objetivas que têm a intenção de manter seus pés no chão. Talvez haja outras coisas a considerar, mas lhe garanto o seguinte: essas perguntas devem ser respondidas por todo empreendedor bem-sucedido. Se não for capaz de responder a elas agora, faça a você mesmo e à sua família um grande favor: não abandone o seu emprego ainda.

ESCOLHENDO MERCADOS/PRODUTOS VENCEDORES

Não importa se seu processo de planejamento é formal ou informal, leva seis meses ou 10 anos, usa fluxos de caixa descontados ou números rabiscados num guardanapo: o que você deve ter muito bem definidos são "quais produtos" e "quais clientes". Então, de que maneira você fará isso? Primeiro de tudo, onde buscar ideias de mercado e de produtos? Depois, como decidir entre elas, quais escolher? Que critérios devem orientar suas escolhas? Existem regras a seguir na escolha de clientes/mercados e produtos/serviços? Você está agora cara a cara com as questões mais relevantes para todo empreendimento: quais produtos e serviços vai oferecer e a quem vai oferecê-los? Você pode ler centenas de pesquisas e contratar inúmeros consultores para ajudar a descobrir, mas no fim existem três coisas que você mesmo terá que fazer. E elas são:

- **Manter-se focado nos produtos.** Quais são as coisas que você gosta de fazer? Quais são as coisas que faz bem? Responder a essas duas perguntas constitui a principal maneira pela qual os empreendedores de sucesso identificam o tipo de negócio que vão começar. Assim, se não quer perder sua maior fonte de ideias empreendedoras, concentre-se nos possíveis produtos e serviços – aqueles pelos quais tem paixão e aqueles que entende.
- **Manter-se focado nos clientes.** Pense em cada segmento de mercado do qual conhece alguma coisa, seja como cliente ou apenas como observador. Quais necessidades você percebe que não estão sendo atendidas ou estão sendo atendidas de maneira insatisfatória? Examinar isso cuidadosamente pode ser uma rica fonte de ideias de negócio para empreendedores. E faça uma pesquisa simples: os mercados que você está considerando estão crescendo, declinando, cheios de concorrentes de peso ou maduros para receber produtos/serviços melhores e mais baratos?
- **Saber quais são os critérios que contam.** Só existem dois critérios cruciais na escolha de mercados e produtos. São eles: *necessidade do mercado* e *posição competitiva*. A informação que os empreendedores querem e da qual mais precisam é o conhecimento íntimo das necessidades do mercado e uma avaliação efetiva de sua provável posição competitiva contra os melhores concorrentes no setor. Esses dois critérios são sempre os que mais contam.

Ao avaliar produtos e mercados para sua startup, você precisa ter as respostas para esta pergunta simples: "Em que medida meu mercado é bom e em que medida meu produto é bom?" A necessidade do mercado pode ir de enorme a absolutamente irrisória. E a posição competitiva do seu produto pode estar em qualquer ponto entre a melhor do mundo e a pior possível. Para simplificar, vamos usar os termos *grande* e *pequena* para dimensionar a necessidade do mercado, e *alta* e *baixa* para a posição competitiva.

A melhor história que ilustra o poder desses dois critérios aconteceu comigo enquanto estava num desses temíveis voos longos, sentado ao lado de um empreendedor. Essas pessoas têm a fama de falar sem parar sobre suas empresas, mas de vez em quando você dá sorte e aprende algo realmente valioso. Esta foi uma dessas vezes. Eu viajava de Estocolmo para Nova York e o cientista sueco na poltrona ao lado já estava me contando a história de sua vida: "Fui diretor de pesquisa e desenvolvimento da Squibb Pharmaceutical. Depois de ver durante muitos anos a Squibb rejeitar tantos bons produtos porque a necessidade do mercado não era grande o suficiente para eles, eu saí para começar meu pequeno negócio de produtos médicos." A conversa estava ficando mais interessante. Ele continuou, ilustrando uma ótima aplicação empreendedora da ideia de necessidade do mercado/posição competitiva.

Segundo o relato dele, na indústria da assistência médica todos sabem que existem centenas de pequenas necessidades não atendidas nos mercados médico e farmacêutico. Companhias gigantes, como sua ex-empregadora, não podem se dar ao luxo de levá-las em conta. Um mercado "minúsculo" de 25 milhões de dólares não merece um segundo olhar de Squibb, Merck, Glaxo ou Sanofi. Como disse meu companheiro de voo, seu primeiro produto, fraldas geriátricas, foi moleza. Havia uma necessidade pequena porém real no mercado e ninguém estava produzindo fraldas feitas especialmente para idosos. Ele alugou espaço numa instalação de pesquisa médica, aperfeiçoou seu projeto, contratou a produção e a distribuição, e teve seu primeiro produto de sucesso. E concordou que isso se enquadra perfeitamente no canto superior esquerdo da matriz Necessidade do mercado/Posição competitiva apresentada na Figura 1.2, na página seguinte: pequena necessidade do mercado/alta posição competitiva.

Isso levou a toda uma discussão sobre sua perspectiva ampla para a invenção de produtos para diferentes tipos de mercados, primeiro como um pequeno dente numa engrenagem gigantesca como a Squibb e agora como "grande engrenagem" em seu próprio pequeno negócio. Enquanto descrevia as variadas possibilidades de mercados e produtos na indústria farmacêutica, ele categorizava cada uma. Graças ao meu colega de voo, podemos completar a explicação da matriz Necessidade do mercado/Posição competitiva com exemplos da área médica. A Figura 1.2 mostra o quadro das escolhas vencedoras, com explicações completas.

Figura 1.2 **Escolhas vencedoras**

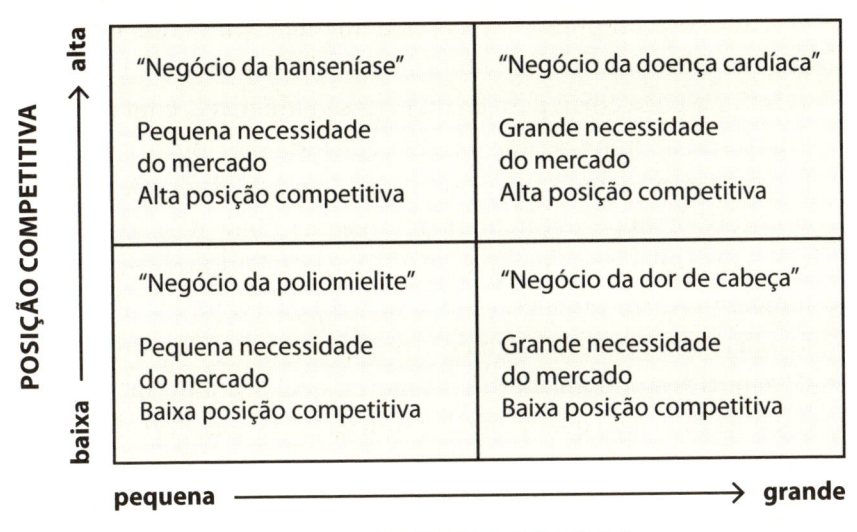

	NECESSIDADE DO MERCADO	
POSIÇÃO COMPETITIVA — alta	"Negócio da hanseníase" Pequena necessidade do mercado Alta posição competitiva	"Negócio da doença cardíaca" Grande necessidade do mercado Alta posição competitiva
POSIÇÃO COMPETITIVA — baixa	"Negócio da poliomielite" Pequena necessidade do mercado Baixa posição competitiva	"Negócio da dor de cabeça" Grande necessidade do mercado Baixa posição competitiva
	pequena ———————→ grande	

- **O "negócio da hanseníase".** Para começar, como explicou nosso empreendedor sueco, o mundo está cheio de necessidades médicas limitadas para as quais não existem produtos ou só existem produtos de baixa qualidade. Vejamos o caso da hanseníase. Trata-se de uma doença terrível com um número relativamente pequeno de casos – e sem cura. E por que não há cura? Porque é um mercado pequeno, que se encontra principalmente em países pobres, e empresas como Merck e Glaxo não trabalham com pequenas grandezas. Mas suponha que você e sua equipe façam uma pesquisa revolucionária e descubram a cura. Seria um exemplo clássico de um produto com pequena necessidade do mercado/alta posição competitiva. A categoria "negócio da hanseníase" é um lugar-comum para empreendedores. Eles podem se sair muito bem nesse nicho de negócios.
- **O "negócio da dor de cabeça".** E quanto ao lado oposto do "negócio da hanseníase"? Pense na maior seção de exposição de remédios de qualquer farmácia. Isso mesmo, é a seção de analgésicos. Parece que o mundo inteiro está sofrendo de enxaqueca, gripe e várias dores e algias. Existem dezenas de marcas e centenas de

variações. Todas prometem as mesmas coisas e têm pomposos e semelhantes princípios ativos. Observei recentemente que, na verdade, os componentes são exatamente os mesmos em dois produtos da mesma companhia. Verifique você mesmo. Excedrin extraforte e Excedrin para enxaqueca são idênticos, com 65 miligramas de cafeína em cada um. Por que toda essa loucura de marketing? Porque o mercado é imenso e o "negócio da dor de cabeça" se encaixa com perfeição no quadrante da grande necessidade do mercado/baixa posição competitiva na matriz. Empreendedores também podem prosperar nessa área se estiverem prontos para competir em preço no segmento mais barato do mercado.

- **O "negócio da poliomielite".** Um lugar no qual nenhum empreendedor quer estar é no quadrante da pequena necessidade do mercado/baixa posição competitiva. Mas existem aqui muitas necessidades médicas reconhecíveis – na maioria, doenças que há alguns anos foram praticamente erradicadas, como a poliomielite, a varíola e a escarlatina. São mercados que estão mortos ou morrendo e, mesmo se não estivessem, as patentes dos produtos, que são antigos, expiraram e qualquer um poderia estar no mercado amanhã oferecendo uma cura de baixo custo. A arena do "negócio da poliomielite" não é um lugar para startups empreendedoras ágeis. Aqui há pouco dinheiro para os empreendedores. Se você alguma vez se achar nesse quadrante, sua melhor jogada provavelmente será a de assumir suas perdas e encerrar o negócio. Há poucos aspectos positivos nesta esfera de produto/mercado.

- **O "negócio da doença cardíaca".** E finalmente chegamos ao lugar com que sonha a maioria dos empreendedores e das grandes companhias – o quadrante da grande necessidade do mercado/alta posição competitiva. A causa número um de mortes no mundo, tanto para homens quanto para mulheres, ainda é a doença cardíaca. Tem havido avanços no tratamento de todo tipo de problemas cardíacos, mas ainda não há cura à vista. E se você e seu grupo de empreendedores/cientistas descobrirem o coração artificial perfeito, sem risco de rejeição? Você poderia dar a seus clientes uma garantia vitalícia para seu coração perfeito. Assim, o seu "negócio da doença cardíaca" iria se elevar ao nível das conquistas da roda, da eletricidade, dos carros, dos computadores, da penicilina, como um dos produtos verdadeiramente revolucionários da história. Empreendedores poderiam obter sucesso com isso? Com certeza. O sucesso está quase garantido – com uma restrição. Você pode ser bem-sucedido demais. Obter sucesso demasiado irá, no fim, assegurar que você tenha hordas de concorrentes invejosos. Portanto, esteja preparado para o calor de uma competição intensa.

Além de ajudá-lo a escolher mercados/produtos vencedores e fazer decolar sua iniciativa empreendedora, os dois critérios – necessidade do mercado e posição competitiva – continuarão a ser importantes à medida que você crescer. Eles sempre lhe dirão que tipo de ações deve tomar para melhorar seus negócios. Por exemplo, se você está no quadrante de pequena necessidade do mercado/alta posição competitiva, precisa encontrar mais clientes para seu ótimo produto. Assim, o foco em marketing, distribuição, exportação, etc. seria essencial para seu crescimento. Por outro lado, se você está no quadrante da grande necessidade do mercado/baixa posição competitiva, tem que melhorar a competitividade do seu produto – aumentar a qualidade, baixar custos e criar novas maneiras de entregá-lo aos clientes pode ser o caminho para gerar mais crescimento.

Agora você deve ter um plano claro de qual produto oferecerá para quais mercados. A única coisa existente entre você e o sucesso é quão bem você será capaz de fazer isso. É aqui que a cultura corporativa e o poder dos valores que a impulsionam precisam se conectar à missão do seu negócio. Para entender a cultura corporativa, de onde veio a ideia original e como ela faz a empresa crescer, só há uma pessoa a quem recorrer: Thomas J. Watson, o grande empreendedor americano que fundou a maior companhia do século XX, a IBM.

CRIANDO VALORES DE NEGÓCIO EMPREENDEDORES AO ESTILO WATSON

"As crenças que moldam as grandes organizações emanam frequentemente do caráter, das experiências e das convicções de uma só pessoa. Mais do que acontece com a maioria das empresas, a IBM é o reflexo de um único indivíduo: meu pai, T. J. Watson."

THOMAS J. WATSON JR., presidente da IBM (fundada em 1914, cinco anos antes da JA)

Se o planejamento é a mais superutilizada prática gerencial dos negócios, a definição e a preservação de uma cultura ou dos valores da companhia é certamente a mais subutilizada. Várias décadas atrás, a questão da cultura corporativa entrou em cena. Toda empresa que se prezasse precisava ter uma declaração de missão escrita e pôsteres em toda parte proclamando seus valores. Um grande número de bons gestores acreditava efetivamente que os valores do negócio eram coisas que eles visualizavam numa reunião de equipe e então colavam em todas as paredes, para depois poderem voltar ao seu trabalho "de verdade" e nunca mais pensarem nisso de novo.

Na verdade, a versão empreendedora dessa história começa com Thomas J. Watson Sr., o fundador da IBM e pai da ideia de que organizações têm culturas e são definidas por um conjunto de valores ou, como ele os chamava, crenças. É claro que Watson não reconheceria aquilo em que sua ideia simples foi transformada por modernos gurus da gestão. Para começar, ele nunca usou as palavras *cultura corporativa*. Nunca escreveu uma declaração de missão da IBM. Certamente não encheu as paredes do escritório com pôsteres listando os valores da companhia. E, o mais expressivo de tudo, nunca registrou em lugar algum sua filosofia de negócios. Só sabemos que ele tinha uma "filosofia de negócios" porque seu filho proferiu, na Universidade Columbia em 1963, um discurso em homenagem à vida de seu pai que foi impresso para os estudantes. O discurso apostilado, escrito quase meio século após a fundação da IBM, é o único registro do grande tratado de Watson sobre "as crenças que moldam grandes organizações".[1]

O que Thomas Watson efetivamente fez, porém, foi profundo. Ele concluiu que, se a IBM identificasse e dominasse muito bem os poucos fatores operacionais específicos e mais cruciais para a realização de sua estratégia ou plano de negócio, ela poderia dar conta do plano ano após ano, nos períodos bons e nos ruins. Os fatores operacionais cruciais que ele identificou são hoje conhecidos como Crenças da IBM. Quando Watson fundou a IBM em 1914, tratou de instilar imediatamente em todos os funcionários o agora famoso conjunto de crenças: um excepcional atendimento ao cliente, respeito por cada funcionário e desempenho de excelência mesmo nas menores tarefas. A história demonstra como essas crenças – ou valores – serviram bem à IBM durante mais de 100 anos. Sem dúvida fizeram dela a companhia mais lucrativa no mundo durante todo o século XX.

Podemos tirar duas lições da história de Watson. Primeira: a única razão para conceber valores essenciais para suas operações, ou o "como" do negócio, é assegurar que você cumpra a estratégia, ou o "o quê" do negócio. Segunda: compor lindas declarações de missão e pôr seus valores em placas nas paredes não substitui o ato de vivê-las efetiva e diariamente. O legado inteiro de Watson é claro: se você tiver que escolher um único fator essencial na longa marcha da IBM rumo à grandeza, será o fato de ter sido a melhor do mundo em executar o pouco fundamental para a realização de sua estratégia de negócio.

Por fim, os valores específicos que você eleger para sua empresa precisam ser testados pelo critério da simplicidade e do pragmatismo. Os dois mais importantes e os únicos obrigatórios da lista são vantagem competitiva e comprometimento pessoal. Ao definir os valores

---

[1] A McGraw-Hill Book Company obteve esse discurso e publicou um maravilhoso livreto de 33 páginas, intitulado *A Business and Its Beliefs: The Ideas That Helped Build IBM* (Um negócio e suas crenças: as ideias que ajudaram a construir a IBM). Esse livreto é um bom complemento para o de Matsushita, com suas 23 páginas, já mencionado neste capítulo. Tenho a sorte de possuir exemplares dessas duas obras-primas, que tiveram suas edições esgotadas.

essenciais que serão os mais poderosos no suporte de sua estratégia e plano de negócio, considere o seguinte:

- **Como posso aumentar minha vantagem competitiva?** Para o empreendedor, isso não é um exercício de sonhar com lemas e faixas para pregar nas paredes do escritório. É a tarefa absolutamente séria de identificar quais são esses poucos valores, ou fatores operacionais, nos quais você precisa ter excelência para poder realizar sua estratégia de produto/mercado. E uma vez tendo determinado quais são esses, dois, três ou quatro fatores críticos, eles devem se tornar os *valores* do seu negócio. Os valores certos para sua futura empresa podem vir de uma ampla variedade de possibilidades: inovação, agilidade, controle de custos, distribuição global, qualidade do produto, atendimento ao cliente, tratamento dos funcionários, etc.
- **Como posso obter o comprometimento de todos?** Tornar-se o melhor do mundo nesses poucos valores e nessas práticas que são mais cruciais para sua competitividade requer um incondicional comprometimento seu, como líder, e de toda a sua força de trabalho. Você vai precisar reforçar, de todos os modos possíveis, esses valores em seu pessoal – e até deixar claro que transgressões serão motivo para demissão. Esse duro processo é o modo empreendedor de dar vida aos valores do negócio numa organização e a melhor maneira já inventada de fazer com que grupos de pessoas tão diversas se concentrem num objetivo comum.
- **Mostre pelo exemplo, não apenas com palavras.** O seu comportamento é mais eloquente do que as suas palavras – sempre. Não espere que seus clientes, fornecedores e futuros funcionários levem os valores de sua empresa a sério se você mesmo não agir de acordo com eles.
- **Poucas e boas.** Em quantas coisas você pode ser o melhor? Duas ou três, se tiver sorte? Talvez numa só. Mas a boa notícia é que basta isso. Você não está tentando ser perfeito para todas as pessoas. Está tentando ser o melhor do mundo numa coisa: fornecer seu produto ou seu serviço aos seus clientes, e ponto final.
- **Nunca faça concessões.** Esta é a parte difícil. Você não pode simplesmente sair alterando seus princípios porque teve um dia ruim,

ou mesmo um trimestre ruim. Infelizmente, concessões costumam ser mais formadoras de hábitos do que princípios. Uma concessão no momento errado pode reverter anos de esforços para manter princípios. Por isso, nunca quer dizer nunca.

Valores de negócio empreendedores constituem, de fato, as armas mais poderosas para vencer a concorrência e assegurar o cumprimento do plano de negócio para seu produto/mercado. Criá-los, porém, é a parte mais fácil – mantê-los enquanto os anos passam e sua empresa cresce é que é difícil. A seguir, uma consideração final sobre o assunto.

MANTENDO OS VALORES VIVOS

"Uma filosofia não é só pregada, mas também praticada nos mais altos níveis de uma empresa... princípios sólidos aplicados com vigor."
CHARLES FORTE, fundador da Trusthouse Forte Hotels

A criação de uma cultura e de valores empreendedores pode ser um desafio. No entanto, mais desafiador ainda é mantê-los vivos durante décadas. Em muitas empresas, slogans e mudanças de prioridades acabam substituindo a cultura original. As convicções profundamente enraizadas e os exemplos pessoais inspiradores do grupo fundador desaparecem com o tempo. A cultura corporativa pode ser, e com frequência é, trivializada a ponto de ficar irreconhecível. Tudo isso contradiz o estilo prático de liderança pelo exemplo. Grandes empreendedores como Watson, Matsushita e Richard Branson mantiveram as culturas de suas corporações durante décadas ao serem eles mesmos o melhor exemplo desses valores.

Certamente é mais fácil falar que fazer. Aprendi observando Charles Forte, 85 anos, fundador do que era na época a maior cadeia de hotéis da Europa, como é duro e frustrante ser o último modelo empreendedor da companhia. A energia que ele e outros grandes empreendedores tiveram que mobilizar para sustentar seus valores e suas culturas originais foi impressionante. Ele me relatou que passava metade do tempo tentando manter vivo o espírito empreendedor na empresa e a outra metade refutando todas as mais recentes teorias e tendências de gestão que sua equipe de liderança trazia dos MBAs. O que conforta é saber que, se você trabalhar duro o bastante e por tempo suficiente para manter seus valores, acaba ficando muito bom nisso.

    É claro que você precisa fazer o negócio andar antes de começar a se preocupar em mantê-lo vivo. Mas no espírito de "melhor prevenir do que remediar", uma consideração final sobre como manter os valores do seu negócio pode ser valiosa. Aquilo que você determinar como valores essenciais do seu negócio têm que permanecer em vigor dia após dia, ano após ano, a fim de sustentar seu crescimento no futuro. Se seus valores forem realmente aqueles "poucos fatores operacionais específicos e mais cruciais para a realização e sua estratégia ou plano de negócio", deixá-los morrer é um risco que não se pode correr.

    A seguir, para futura referência, os três fatores que mais influenciam a tarefa de manter vivos seus valores empresariais. Se esses influenciadores culturais suportarem e reforçarem os valores de sua companhia, pode ter certeza de que permanecerão vivos. Se não derem suporte, ou ainda pior, se os subverterem, seus valores poderão se perder rapidamente – e, com eles, o melhor seguro que você poderia ter para a continuidade de seus sonhos empreendedores.

- **Seu comportamento diário.** Talvez Charles Forte tivesse razão. O mundo não é justo. O fundador está sob os holofotes a cada minuto de cada dia. Seu comportamento pessoal diário estabelecerá o padrão para toda a empresa. Seu mais insignificante hábito será motivo de intenso interesse de funcionários, clientes, fornecedores e até investidores. Assim, surpreenda a todos e comporte-se efetivamente, o tempo todo, como o melhor exemplo dos valores de sua companhia. Se o atendimento ao cliente é o valor essencial, melhor ser o primeiro da fila para demonstrar dedicação aos consumidores. Se a qualidade do produto é o valor, você deve ser aquele que nunca, jamais, permite que uma porcaria qualquer saia por sua porta. Pode não parecer justo, mas este é um preço que a maioria dos empreendedores paga de boa vontade, pois o fator isolado mais poderoso para manter vivos os valores de qualquer empresa é o comportamento diário de seu fundador.

- **Os rituais e as práticas que você segue.** Todo mundo sabe que o código de conduta ou mesmo a declaração de missão pendurada na parede não necessariamente refletem a cultura da empresa. Os verdadeiros valores revelam-se de forma efetiva em rituais e práticas correntes das operações diárias. Por exemplo, a declaração de missão diz que inovação é um valor essencial, mas você costuma falar sobre isso, organiza seminários sobre criatividade ou mesmo tem um programa ativo para sugestões de novas ideias? Você declara que os funcionários são seu ativo mais importante, mas como eles são efetivamente tratados no trabalho? E qual é a reação quando se perde um cliente? Todos dão de ombros ou até fazem o impossível para recuperá-lo? É nesse nível que a cultura de uma organização vive ou morre. Deixar de reforçar seus valores no ritmo diário do negócio é uma falha prejudicial. É como destruir, dia após dia, aquelas mesmas coisas que você disse que lhe dariam enorme vantagem competitiva no mercado.

- **O que você recompensa e o que você penaliza.** "O que devo fazer para ser promovido por aqui? E o que me faria ser demitido?" As respostas para essas eternas perguntas de funcionários vão direcionar e estabelecer os verdadeiros valores da empresa – para todos. Manter os valores vivos depende em grande medida de quais ações serão recompensadas e quais serão penalizadas. Digamos, por exemplo, que a "dedicação total ao cliente" seja o grande valor de sua organização. O funcionário X é amplamente reconhecido como o melhor no atendimento, aquele que faz qualquer coisa para manter os clientes satisfeitos. O funcionário Y, por sua vez, detesta lidar com pessoas, e todos sabem disso. No final do ano, X e Y ganham um tapinha nas costas e o aumento geral de 8%. Isso significa dar adeus para a "dedicação total ao cliente" como valor corporativo. Considerar os valores no sistema de recompensa e penalização da empresa é a prática mais vezes transgredida justamente por aqueles que tentam mantê-los vivos.

A esta altura deve estar claro que ter um senso empreendedor de missão não é um bicho de sete cabeças. É uma questão simples e direta:

criar planos simples, escolher mercados e produtos que você conhece e que de fato lhe interessam, determinar quais são os poucos e cruciais valores necessários para dar suporte a seu planejamento de mercado/produto e depois manter esses valores vivos anos após ano. Assim, seja você alguém que sonha ser empreendedor, alguém que esteja apenas começando ou um dos poucos fascinados que já estão no caminho certo, é absolutamente crucial lembrar que ter um poderoso senso de missão para seu negócio é a *prática empreendedora número um*.

> Complete os seguintes formulários no final deste livro:
> **Formulário 2:** Criando planos de negócio empreendedores
> **Formulário 3:** Escolhendo mercados/produtos vencedores
> **Formulário 4:** Chegou a hora de começar a startup
> **Formulário 5:** Criando valores de negócio empreendedores
> **Formulário 6:** Mantendo os valores vivos

ENTREVISTAS COM EX-ALUNOS DA JA

STEVE CASE
Fundador do America Online (AOL), ex-aluno da JA Estados Unidos

> Nossa meta era ter os Estados Unidos e o mundo on-line.

Minha experiência na JA

Eu era adolescente em Honolulu, no Havaí, quando ouvi falar do programa da JA e me inscrevi. Trata-se de um ótimo programa, que oferece às pessoas uma primeira experiência de negócios. Acredito que muitos jovens nunca tinham ouvido as palavras *empreendedorismo* ou *startup* antes de chegarem ali. Sei que a JA mudou e ampliou seus programas, dando mais acesso a diferentes tipos de pessoas com aptidões e níveis de interesse variados, e acho que a mudança foi para melhor.

Minha carreira/Meus negócios

Quando estudava no ensino médio e na faculdade, eu sabia que queria fazer algo ligado ao empreendedorismo. Primeiro, criei uma porção de diferentes negócios, envolvendo música, cartões comemorativos e até uma barraca de refrescos. Depois, na faculdade, fiquei interessado no que agora conhecemos como internet. Lembro-me de ter lido um livro de Alvin Toffler quando era veterano na faculdade, por volta de 1980, intitulado *A terceira onda*. Toffler estava se referindo essencialmente à internet, embora na época não lhe atribuísse esse nome. Eu me vi fascinado por aquilo e soube que era com o que eu queria trabalhar, mas quando me graduei não tinha como procurar por empresas de internet, pois elas ainda não existiam, e também não havia bem uma cultura de startups atraindo recém-formados.

Assim, acabei indo trabalhar para duas grandes companhias: Procter & Gamble, em Cincinnati, por algum tempo, e depois PepsiCo e sua divisão da Pizza Hut, em Wichita, no Kansas. Em 1983, me mudei para Washington a fim de fazer parte de uma startup que, infelizmente, faliu, mas foi com duas pessoas que conheci lá que acabei lançando a America Online em 1985. Isso foi há mais de 30 anos – e nossa meta era ter os Estados Unidos e o mundo on-line. Na época, apenas 3% das pessoas estavam on-line, e esses 3% ficavam on-line em média uma hora por semana, portanto eu sabia que aquilo ia levar algum tempo. Na verdade levou uma década até realmente ganharmos impulso.

Passamos por várias fases. Uma delas foi quando conseguimos que os fabricantes de PC montassem os computadores já com modems. Outra foi quando a World Wide Web surgiu como uma plataforma mais ampla e a terceira foi quando fomos capazes de reduzir significativamente o custo da comunicação. Quando começamos, a conexão custava 10 dólares por hora, e tivemos que reduzir isso a centavos por hora e depois chegamos a um valor para uso ilimitado. Precisávamos tornar a AOL mais fácil de usar, mais útil, mais divertida e, por fim, mais barata – transformar um negócio de nicho em um negócio de massas, a tendência dominante. Por isso levamos 10 anos. Como disse, apenas 3% da população estava on-line, e ninguém se incomodava. Foi a primeira onda. Mas no final dessa primeira onda, mais ou menos em 2000, todo mundo estava on-line e não poderia viver sem isso. Mais tarde, fizemos a fusão com a Time Warner, que fechou em 2001. Eu então deixei de ser o CEO e alguns anos depois saí da diretoria. Essa foi a minha experiência com a AOL.

Nos últimos 15 anos, fiz outras coisas. Minhas atividades atualmente incluem a Revolution (nossa companhia de investimentos), uma operação de capital de risco chamada Revolution Ventures e uma empresa já com crescimento estável (*late stage*) chamada Revolution Growth. Temos também uma iniciativa chamada Rise of the Rest, que está promovendo disputas regionais nas quais as startups se apresentam e competem por um investimento. Realizamos competições e excursões de ônibus por todo o país para estimular ecossistemas empreendedores. Estamos preocupados com o fato de que, no ano passado, 78% de todo o capital de risco foi para três estados: Califórnia, Nova York e Massachusetts. Como então apoiar empreendedores nos outros 47 estados? A Fundação Case, dirigida pela minha esposa, é voltada para um empreendedorismo inclusivo e está tentando equilibrar o jogo de modo que todos em toda parte tenham a oportunidade do sonho americano.

Para mim, é uma espécie de evolução passar dos primeiros 15 anos como empreendedor aos 15 últimos anos mais como um investidor, mentor e divulgador do empreendedorismo.

Meus conselhos aos jovens
- É importante ser curioso e flexível, tentar imaginar como as coisas podem mudar no futuro e procurar se posicionar para estar onde tudo está acontecendo. Também é importante ter alguma noção das áreas nas quais está interessado, ou pelas quais está apaixonado, e em quais você tem alguma competência.
- Grandes empreendedores ligam os pontos de maneiras interessantes, imaginam novas possibilidades criativas e enxergam coisas que outras pessoas não veem. Esse conjunto de aptidões é crucial.
- O empreendedorismo é um esporte de equipe. Assim, é importante reunir a equipe certa, que compartilha uma paixão pelo que você está tentando realizar e que tem uma mistura complementar de competências e um mix diversificado de perspectivas. Se você tiver a equipe certa, tudo é possível. Se não tiver, nada é possível.
- Penso também que as parcerias são fundamentais. Não se trata apenas do que você faz, do produto que fabrica, do serviço que cria. Trata-se também de como ser parceiro ou colaborar com outras pessoas e empresas capazes de pegar sua ideia e lhe dar vida e impulso, o que não seria possível se você tentasse fazer isso sozinho.
- Por fim, estamos envolvidos em alguns programas para indivíduos que estão saindo da pobreza, e a questão é sempre como lhes expor a negócios, orientação e algumas das aptidões necessárias, além de descobrir maneiras de lhes conferir acesso a capital para uma startup, para que pelo menos possam fazer uma tentativa. O tipo de coisa que a JA procura fazer também.

MURILLO SABINO
Fundador do Projeto RUAS e da Socialfix, ex-aluno da JA Brasil

> O que mais me fascinou foi entender o princípio de uma organização no sentido de ter um propósito, uma meta coletiva, ver um conjunto de pessoas interagirem para gerar até algo maior que a soma das partes.

Minha experiência na JA

Meu contato com a JA aconteceu no segundo ano do ensino médio. Entrei no Programa Miniempresa em 2005 e montamos um negócio de bijuterias, a Be You (só depois descobrimos que a expressão correta é *Be Yourself*, "seja você mesmo" em inglês). Foi a primeira vez que me envolvi visceralmente com alguma coisa. Quando houve a eleição para presidente, fiquei em segundo lugar: foram 20 votos para meu amigo e 19 para mim. Os mentores, que vinham da Ipiranga, diante do meu engajamento e desse resultado, resolveram abrir uma exceção e permitiram que eu também estivesse na diretoria e participasse das reuniões. Fui o maior vendedor da Be You e foi uma experiência fantástica.

Ali comecei a entender os fundamentos de um negócio. Vendemos ações da empresa por uns 25 reais e no final devolvemos 108 reais de dividendos para os acionistas. O que mais me fascinou foi entender o princípio de uma organização no sentido de ter um propósito, uma meta coletiva, ver um conjunto de pessoas interagirem por meio de um processo para gerar algo maior do que elas conseguiriam entregar sozinhas e até algo maior que a soma das partes.

O que levei dessa experiência foi essa noção do potencial coletivo e meu primeiro contato verdadeiro com o que chamo de *flow*, ou fluxo, aquele estado absoluto de presença, animação, engajamento e energia, em que você mergulha de cabeça numa atividade sem ver a hora passar.

Cultivo até hoje um carinho tremendo pela miniempresa e sempre fazia questão de mencionar a experiência em seleções de estágio e trabalho – e, ultimamente, também em entrevistas para a mídia.

Minha carreira/Meus negócios

Quando terminei o ensino médio e o programa da JA, procurei uma carreira que me habilitasse a empreender, porque estava muito claro que era aquilo que eu queria. Acabei me formando em engenharia de produção na PUC-Rio, mas nunca exerci essa carreira. O que ficou do curso foi o raciocínio mais lógico que adquiri estudando cálculo, física, etc., o que influenciou meu modo de pensar, que se tornou mais processual.

Eu me conectei bastante com os mentores da Ipiranga durante o programa da JA e mantive contato com uma delas. Uns cinco anos depois, quando eu estava na faculdade, essa mentora, que na época trabalhava numa multinacional de bebidas, lembrou-se de mim e me chamou para o processo seletivo de estágio. Passei e fiz um estágio muito proveitoso, no qual dei meus primeiros passos num ambiente de maior responsabilidade.

Nessa época tive meu segundo contato com o estado de *flow* que senti tocando a miniempresa. Foi quando cofundei a Atlética de Engenharia da PUC-Rio, uma associação de estudantes para disputas esportivas entre as faculdades que existe até hoje. Fui o primeiro presidente. Comecei a enxergar um padrão: eu conseguia me conectar com meu potencial máximo quando estava empreendendo.

Quando me formei na faculdade, saí também do estágio e da Atlética. Fiquei com mais tempo livre e muitas ideias na cabeça. Assim, depois de falar com as atléticas do curso de comunicação social e com uma empresa organizadora de jogos esportivos, voltei a empreender e criamos os Jucs – Jogos Universitários de Comunicação Social. Eu passava de cliente – como parte da Atlética – a fornecedor – como organizador do evento. Continuo sócio dos Jogos até hoje.

Nesse meio-tempo resolvi fazer um programa de trainee para desenvolver conhecimentos e habilidades a fim de me preparar melhor para empreender. Passei no processo seletivo daquela mesma empresa onde estagiei e fiquei por dois anos. Atuei em diversas áreas: primeiro operações, depois *shopper marketing*, depois finanças, onde quis ficar mais tempo por entender que seria mais importante para o longo prazo.

Foi nesse momento que decidi participar de um projeto de um amigo que atendia pessoas em situação de rua. Essa experiência fez florescer em mim uma nova paixão, o lado social. Depois que saí do programa de trainee, passei a dedicar tempo integral ao projeto, que agora tinha nome: Projeto RUAS – Ronda Urbana de Amigos Solidários –, ONG com a missão de promover o bem-estar e a cidadania da população em situação de rua com informação e estímulo por meio dos residentes dos bairros em seu entorno. Nesse momento, entendi que juntaria a minha paixão com o sentido que encontrei no mundo. E a partir daí passei a me entender como empreendedor social.

Em junho de 2016, aplicamos o RUAS num processo de *fellowship* da The Unschool of Design em São Paulo. No mesmo ano passamos para um programa do governo americano chamado Young Leaders of Americas Initiative e em 2017 fui um dos 11 jovens selecionados para uma mesa-redonda com o ex-presidente americano Barack Obama que ocorreu em São Paulo e na qual foi discutido o tema empreendedorismo de base comunitária. Em 2018 fomos convidados pelo governo alemão para representar o voluntariado brasileiro num programa de uma semana de duração sobre como fazer parte da mudança da sociedade com foco no trabalho voluntário. E ainda neste ano o RUAS passou para o Programa VOA, da Ambev, no qual nos aprimoramos em estratégia e gestão.

Hoje me reposicionei no RUAS, que anda com as próprias pernas. Faço parte somente do conselho. Criei um curso voltado para inovação em estratégias e gestão para organizações de impacto social, que se desdobrou em consultorias. Também desenvolvi uma linha de pesquisa que investiga como empresas podem ao mesmo tempo ganhar dinheiro e impactar socialmente. Em breve espero que isso se torne um produto da minha consultoria também.

Meus conselhos aos jovens
- Não "busquem" o seu propósito. Cultivem UM propósito. Ele será a união entre o que atrai sua curiosidade, o que você faz muito bem e do que o mundo está precisando para ser um lugar melhor.
- Medite. Hoje a grande maioria dos empreendedores de alta performance usa a meditação como ferramenta fundamental em sua rotina. Explore essa valência em aplicativos como Headspace, Calm (em inglês) ou Medite.se.
- Meu último conselho tem relação direta com o primeiro. Identifique em quais momentos você entra em estado de *flow*. É quando você atinge seu pico de performance, e potencialmente se conecta com aquilo que gosta de fazer. Ele se caracteriza por um esquecimento da sensação temporal e uma alta concentração, mas com sensação de leveza. Você pode encontrar esse estado em várias atividades e inclusive, no futuro, se induzir a esse estado.

MONICA RIVERA
Fundadora da Madersolda,
ex-aluna da JA Colômbia

> O sucesso não vem por milagre. Eu bati em portas, dediquei tempo a planejar meu futuro, trabalhei muito duro, e agora estou vivendo a vida que esperava viver.

Minha experiência na JA

Entrei no programa JA Colombia Mujeres Emprendedoras em 2014. Tinha 25 anos e era recém-casada. Quando me inscrevi, queria alcançar a independência financeira e criar um futuro para a família que eu queria ter. O programa me deu os instrumentos para consolidar a ideia de negócios que eu tinha na época. Também me motivou a continuar estudando para obter as aptidões necessárias para alcançar meus objetivos – e demonstrar às pessoas que uma mulher que sabe o que quer pode ser uma empreendedora bem-sucedida. Com a experiência do curso, comecei a projetar minha imagem pessoal e a do meu negócio como uma exitosa e feliz experiência de vida. Tudo isso exigiu alguns sacrifícios e muito esforço, mas os resultados me mostraram que valeram muito a pena.

Antes do programa eu tinha apenas o diploma do ensino médio. Mas me dei conta de que a função em minha empresa exigiria outro perfil e mais conhecimento. Eu tinha a força natural que caracteriza a maioria das mulheres, mas depois de conseguir consolidar minha ideia de negócio, eu precisava estudar mais. Hoje tenho diploma de tecnóloga em serviço ao consumidor e vendas.

Minha carreira/Meus negócios

Meu negócio é a Madersolda, uma empresa dedicada à fabricação de móveis de madeira para residências e escritórios. Concebemos o negócio de modo que meu marido forneceria a força de trabalho e eu gerenciaria o lado do pessoal, inclusive vendas e atendimento. Decidi arriscar tudo porque tinha certeza de que nosso negócio seria capaz de se tornar uma boa fonte de renda e de economias. E depois de aprender a calcular receita e custos, eu soube que poderíamos fabricar um produto que venderia bem e criaria alguns empregos, o que seria bom para toda a nossa comunidade.

Hoje temos fábrica própria e formalizamos a empresa. Com a demanda por nossos produtos, empregamos três pessoas, a quem oferecemos estabilidade e todos os benefícios que a lei garante aos trabalhadores. Fico orgulhosa de saber que, graças ao nosso negócio, outras famílias podem ter uma qualidade de vida melhor. Meu negócio já fez três anos – e está crescendo bem!

Meus conselhos aos jovens
- Aos jovens que ainda não sabem o que fazer da vida, meu primeiro conselho é achar um modo de estudar, para que possam ser pessoas úteis e competitivas.
- Se você tiver objetivos claros e bem fundamentados, é muito mais provável que seus sonhos se tornem realidade. Pouco adianta sonhar se não se faz nada de prático para materializar esses sonhos.
- O sucesso não vem por milagre. Eu bati em portas, dediquei tempo a planejar meu futuro, trabalhei muito duro, e agora estou vivendo a vida que esperava viver. Claro que não realizei todos os meus objetivos e continuo me esforçando para alcançá-los. Mas acordo todo dia sabendo que tudo que tenho eu conquistei e que tenho que continuar cuidando disso.
- Finalmente, uma coisa que me ajudou muito como pessoa e empreendedora: eu convenci a mim mesma de que, se eu acreditasse que poderia fazer tal coisa, teria sucesso. Às vezes arrisquei ser diferente e ousada, mas minha crença em mim mesma se tornou minha marca pessoal.

SERGEY BORISOV
Fundador da Apps4all, da Apps4Ads e da Ads4All, ex-aluno da JA Rússia

> Trabalhar com o grupo me mostrou como empreendedores podem resolver os problemas dos seus negócios.

Minha experiência na JA
Minha experiência no Programa Miniempresa da JA foi muito boa. Nossa equipe era ótima e entusiasmada. Trabalhar com o grupo me mostrou como empreendedores podem resolver os problemas dos seus negócios. Depois do programa, meu amigo e eu fizemos o sonho da JA tornar-se realidade fundando nosso próprio negócio. A principal coisa que aprendi foi que o empreendedorismo é o melhor caminho para se ter sucesso – ele efetivamente mudou minha vida.

Minha carreira/Meus negócios
Hoje sou uma espécie de empreendedor serial. Acredito que todos os empreendedores tentam resolver problemas buscando novas maneiras de fazer as coisas. É isso que estou fazendo atualmente. Ainda estou tentando encontrar o principal negócio da minha vida, mesmo já possuindo diversas companhias, todas na área de marketing e TI. Por exemplo, a Apps4All começou em 2011 e é a maior comunidade on-line de desenvolvedores de aplicativos na Rússia. Por intermédio dela trabalhamos com empresas da lista das 500 maiores da *Fortune*, como IBM, Samsung, LG, Google, Intel, HP e outras. Nós as ajudamos a acessar nossa comunidade de desenvolvedores e melhorar suas relações com eles.

Temos também a App4Ads, uma agência de marketing digital. Na Rússia, nossa agência digital é bastante bem-sucedida; trabalhamos com grandes empresas e atualmente estamos entre as 72 maiores entre 1.200 agências da Federação Russa – apesar de a agência só existir há dois anos. Um de nossos novos clientes é a maior companhia de pôquer on-line do mundo e eles têm grandes planos para o mercado russo. Já contam com cerca de 8 mil pessoas jogando pôquer on-line com prêmios enormes, cerca de 20 milhões de dólares para os vencedores. Estamos orgulhosos por estarem trabalhando com nossa agência para fazer publicidade de sua marca por toda a Rússia.

A Ads4All é uma empresa russa, é claro, que tentamos lançar nos Estados Unidos no ano passado. Fomos ao Vale do Silício para planejar a startup, mas não obtivemos sucesso porque nossa organização e nossa plataforma não estavam realmente prontas. Porém, como bons empreendedores, estamos planejando lançar uma nova startup no ano que vem, em São Francisco. Temos agora uma firma registrada nos Estados Unidos e estamos ansiosos por começar a trabalhar no enorme mercado americano. Aprendi na JA que há sempre novas oportunidades no mundo. Assim, como dizemos na Rússia, "mantenha seu nariz ao vento" e você descobrirá essas oportunidades.

Meus conselhos aos jovens

- A partir do momento que se cria algo, os principais fatores para o sucesso são o comprometimento com a ideia e sua execução. Uma boa ideia não vai funcionar sem uma boa execução.
- O segundo conselho é sempre tentar algo novo – não se agarre a uma só ideia, que pode não ser bem-sucedida ou não estar no lugar certo no momento certo. Se sentir que a situação não está tão boa, tente uma nova oportunidade, e um dia vai encontrar o negócio da sua vida, que lhe dará satisfação e, é claro, lucro.
- Por fim, Larry, vejo que você está no Arizona. Acredite ou não, já estive aí. Na verdade passei uma semana inteira num mosteiro ortodoxo no deserto. Era um lugar incrível e foi uma poderosa e interessante experiência para mim. Eu a recomendo a todos.

TITUS MBOKO
Fundador da Grain Solutions,
ex-aluno da JA Zimbábue

> Fundei a Grain Solutions com a missão de reduzir a fome e a pobreza da população rural pobre.

Minha experiência na JA

Por ter crescido em áreas rurais, acreditava que os programas da JA ofereciam a melhor oportunidade para que pessoas com o meu contexto compreendessem os princípios dos negócios e da economia. Os programas simulavam a rotina das empresas, e para mim foi a maneira correta de ser lenta mas cuidadosamente introduzido nessa realidade. De cara me prepararam para ser um empregado versátil, que compreendia como o negócio funcionava da produção às vendas e à gerência financeira. Logo descobri um mundo inteiramente novo de empreendedorismo. A partir dessa experiência, formei mais tarde minha pequena porém crescente empresa ao longo da cadeia produtiva do agronegócio. O sólido terreno estabelecido pelos programas da JA me deram a força e a capacidade para levar adiante minha própria iniciativa empreendedora.

Minha carreira/Meus negócios

Por ter sido criado por camponeses e agricultores, no início rejeitei uma carreira na agricultura, principalmente porque tinha testemunhado o esforço dos meus pais apenas para que eu cursasse o ensino médio. Assim, quando minha irmã, mais tarde, assumiu a responsabilidade de pagar meus estudos na universidade, decidi cursar contabilidade. Graduei-me na Universidade do Zimbábue com distinção e trabalhei para algumas organizações em muitos setores da economia durante sete anos. Mas comecei a pensar que meu futuro deveria ser na agricultura. Quando me tornei gerente financeiro de um agronegócio, percebi que havia muitos ativos de valor que poderiam ser criados, acrescentados e fornecidos ao longo da cadeia de valor agrícola. Aprendi também que camponeses agricultores (pequenos fazendeiros) eram responsáveis por mais de 70% da produção de alimentos na África, e que muito mais poderia ser feito pela agroindústria para tirá-los da pobreza – social e economicamente.

Fundei a Grain Solutions com a missão de reduzir a fome e a pobreza da população rural pobre. Em 2013, decidi abdicar do mundo corporativo para me tornar um empreendedor em tempo integral e abri a empresa para comercializar grãos, adquirindo a produção de pequenos fazendeiros para revender a grandes processadores de produtos agrícolas. No decorrer dos anos, o negócio cresceu e passou a incluir transporte e logística, bem como produção de ração por meio de uma parceria com um agronegócio indiano.

O fato de trabalhar no setor do agronegócio permite que eu cause impacto na vida de muita gente que está na base da pirâmide socioeconômica – participando do desafio que será alimentar 9 bilhões de pessoas em 2050, quando o mundo vai precisar produzir 70% mais alimentos para evitar a fome. Todos têm que trabalhar duro para melhorar a produção de alimentos, a nutrição e a garantia de renda para a população rural pobre, mas a ideia de gente jovem promovendo uma revolução na agricultura realmente me entusiasma. O futuro pertence à juventude do mundo, e segundo a Organização das Nações Unidas para Agricultura e Alimentação, a indústria agrícola é 11 vezes mais eficaz do que qualquer outra atividade na redução da pobreza na África subsaariana. Assim, optei por trabalhar nesse setor por causa da incrível métrica do impacto que ele produz.

Como me formei em contabilidade, na verdade lancei-me no agronegócio sem as necessárias qualificações. No entanto, minha experiência com a JA desenvolveu em mim as aptidões para construir um negócio independentemente da formação acadêmica. Grande parte do sucesso da Grain Solutions vem do treinamento rigoroso e meticuloso que recebi no programa da JA.

Meus conselhos aos jovens
- Aos jovens eu diria que a inovação e a tecnologia impulsionam e fazem avançar qualquer negócio. Portanto, a juventude deveria abraçar a tecnologia e buscar continuamente novos e inovadores modos de empreender. A inovação cria maneiras novas, mais baratas, mais limpas e mais disruptivas de fazer as coisas.
- Além disso, investir em colaborações, parcerias e empreendimentos conjuntos ajuda a incrementar a escala e o tamanho do negócio e a criar valor agregado para consumidores e partes interessadas.
- Por fim, os jovens deveriam participar de programas como os da JA para aprender sobre empreendedorismo e inovação. Isso fomentará a atitude empreendedora desde cedo.

MUNJAL SHAH
Fundador da Health IQ,
ex-aluno da JA Estados Unidos

Penso que na vida nem sempre você descobre qual é sua missão – às vezes ela descobre você, e é preciso estar aberto para ela.

Minha experiência na JA
Fiz um dos programas da JA quando cursava o ensino médio. Foi uma experiência maravilhosa. Fui o CEO da minha miniempresa.

Nossa equipe era toda do primeiro ano, e ficamos em segundo lugar entre todas as equipes. Fabricamos pequenas cornucópias, objetos que vendíamos como grinaldas que se põem nas portas. Eram coladas com flores de plástico e todo tipo de coisas. Acho que o custo para fazê-las era de 5 dólares cada uma, e vendíamos por 20, então estávamos nos saindo muito bem.

O programa foi na Cupertino High School, a antiga escola de Steve Jobs, aliás. Eu hoje não apenas moro no Vale do Silício como sou uma das raras pessoas que realmente cresceu lá, ouvindo falar de todos os famosos empreendedores. Lembro-me de ter comparecido ao jantar anual da JA no Hotel Fairmount, quando fizeram com que os CEOs das miniempresas se sentassem ao lado de CEOs reais, das grandes corporações. Eu fiquei ao lado de David Packard, da Hewlett-Packard, que estava sendo homenageado naquela noite. Acabei fazendo um discurso para os 500 convidados, o que foi muito inspirador. Também fui à convenção nacional da JA naquele verão, e tudo isso foi uma experiência maravilhosa para mim.

Sempre pensei em abrir uma empresa um dia. Eu já tinha o conceito dela em mente, mas não havia começado nada antes da experiência na JA. O principal aprendizado para mim foi sobre liderança. Precisei dirigir uma pequena equipe de cinco ou seis garotos. Foi uma grande oportunidade de trabalhar com uma pessoa de marketing, uma de finanças, de vender produtos e ainda ter lucro. O programa da JA tornou meu conceito de empreendedorismo uma realidade e consolidou tudo para mim.

Minha carreira/Meus negócios

Sou um empreendedor serial. Até agora fundei três empresas. A primeira chamava-se Andale. Fornecia ferramentas para pessoas venderem coisas no eBay. Eu a dirigi dos meus 26 anos até vendê-la, cerca de cinco anos depois. Foi uma venda complicada, e ela acabou no Alibaba, o gigante chinês do varejo on-line. Minha segunda empresa foi a Like.com, que usava visão computacional para buscar fotografias e obter a cor, o formato e o padrão de uma imagem, e a partir dela construímos um mecanismo para compra de roupas, sapatos, bolsas, relógios, etc. Vendemos a companhia para o Google por mais de 100 milhões de dólares em 2010.

O início da minha terceira empresa foi um pouco diferente. Um dia após ter vendido a Like.com ao Google – eu tinha 37 anos –, comecei a ter dores no peito e acabei na emergência de um hospital. Assim, no auge da minha carreira de empreendedor, depois de chegar ao grande dia do pagamento, pelo qual tinha trabalhado toda a minha vida, fui parar no hospital. Não chegou a ser um infarto, mas foi grave. Depois disso, perdi uns 20 quilos, adotei hábitos saudáveis, comecei a correr em maratonas e decidi que meu próximo negócio ofereceria algo útil na área da saúde. Chama-se Health IQ. Criamos um teste de QI de saúde que mede seu nível de consciência e quão responsável você é em relação à própria saúde. Usamos isso para baratear o custo do seguro de vida para pessoas que se cuidam – enaltecendo-as e recompensando-as, contrariando o método usual de repreender e penalizar indivíduos não saudáveis.

Passei a década passada construindo essa terceira empresa. Ela tornou-se a obra da minha vida. Todos dizem que você deveria fazer algo pelo qual tem verdadeira paixão, e agora concordo de verdade com isso. Minha única ressalva é que, como não tinha realmente me sentido assim até agora, penso que na vida nem sempre você descobre qual é sua missão – às vezes ela descobre você, e é preciso estar aberto para ela. Seja como for, é sempre muito estimulante estar fazendo algo em que se acredita.

Meus conselhos aos jovens

- Existe um poder real na ação de explorar toda a sua vida para ser o empreendedor que você quer ser e, depois, simplesmente prestar atenção e escutar. Ouça o mercado, seus clientes – ouvir pode mudar toda a direção do negócio, como aconteceu comigo.

- Não fique ansioso para descobrir sua missão no primeiro dia. Ela pode vir e achar você. Não é necessário ligar os pontos logo no início. À medida que avançar, você enxergará o grande esquema que lhe for destinado e tudo fará sentido.
- Trabalhe com as melhores pessoas que puder encontrar. Não faça concessões quanto à qualidade dos profissionais com quem trabalhar. Ressaltar isso nunca será demais. Isso funcionou comigo. Meus cofundadores e parceiros têm sido absolutamente incríveis para meus negócios.
- Finalmente, como podia me dar ao luxo de uma licença, fiz um curso de um mês na Second City Chicago, a famosa escola para comediantes. Eu não era incrivelmente engraçado, veja bem, mas sempre quis tentar isso. Acredito que o humor pode ser uma aptidão muito útil. Você será capaz de ir mais longe com o humor do que com muitas outras habilidades de liderança. Poderá orientar pessoas com leveza, passar mensagens difíceis com mais tato, desfazer tensões em reuniões – é simplesmente um superpoder!

CAPÍTULO 2
VISÃO CLIENTE/PRODUTO
Meu cliente, meu produto, meu amor-próprio

"O computador é a ferramenta mais notável que já construímos... mas o mais importante é colocá-lo nas mãos do maior número de pessoas possível."

STEVE JOBS, fundador da Apple Computer, da NeXT Inc. e da Pixar

Nessa famosa citação, Steve Jobs não estava falando sobre como gerenciar, ou sobre a mais recente técnica de marketing, nem mesmo sobre como fazer a Apple crescer. Ele era obcecado com as duas ideias mais fundamentais numa empresa: clientes e produto. Disse que a única coisa mais importante do que fazer computadores era ter clientes satisfeitos efetivamente os usando. Em sua trajetória a Apple acabou chegando à lista *Fortune 500* mais rapidamente do que qualquer outra companhia na história, e hoje é a companhia de maior valor do mundo.

Qual foi o grande segredo? Jobs tinha uma grande visão. Uma visão da "mais notável ferramenta já construída". Mas depois ele diz que "o mais importante" é que ela seja usada em todo escritório, em toda casa e por toda criança em toda sala de aula. Como nenhum outro fabricante de computadores, Jobs compreendeu as necessidades de usuários "leigos", que não entendiam nada de informática. Foi por isso que a Apple fez computadores baratos, fáceis e divertidos de usar. Jobs era um especialista tanto em produtos quanto em clientes – a visão clássica de um empreendedor.

A lição mais importante de Jobs e de outros grandes empreendedores é que no fundo eles são artesãos. Têm uma visão única integrada de clientes e produtos. Não lhes atribuem funções distintas. Sabem que ambos precisam sobreviver. Estão, na verdade, obcecados em fazer produtos que os consumidores irão comprar. O truque é tornar-se um apaixonado especialista em seus próprios produtos e clientes. Afinal, essas são as duas palavras mais importante nos negócios.

E por falar em empreendedores com visão de excelência de cliente/produto, voltemos nossa atenção para o principal candidato a esse título em todo o século XX: Walter Elias Disney.

A VERDADEIRA MAGIA DE DISNEY

"Tem sido minha vocação realizar e criar coisas
que darão prazer às pessoas."

WALT DISNEY, fundador da The Walt Disney Company

Sem contar o nosso exemplo de abertura, de Steve Jobs, percorra qualquer lista de empreendedores famosos. Pense nos antigos, como Thomas Watson, Karl Benz e Konosuke Matsushita. Ou em rostos novos como Richard Branson da Virgin, Jeff Bezos da Amazon ou Sergey Brin e Larry Page do Google (que eram grandes fãs de Jobs, aliás). Todos compartilham uma paixão por produzir coisas que sejam exatamente como os clientes precisam e querem. É uma aptidão rara, quando você pensa nas centenas de negócios com os quais lidou que não parecem compreender esse conceito simples. E nunca houve um exemplo melhor de uma visão aguçada da noção cliente/produto do que a de Walt Disney.

Disney exprimiu isso bem na citação que abre esta seção. Quando disse "realizar e criar coisas que darão prazer às pessoas", ele não estava pensando na mais recente teoria de gestão ou em oferecer outra opção para compra de ações. Estava pensando nas duas ideias mais importantes numa empresa: produtos e clientes. Assim, a verdadeira magia de Disney é clara. Como Steve Jobs, ele era um especialista em produto *e* um especialista em clientes ao mesmo tempo. Um cientista *e* um homem de vendas. Quem demonstra ter um belo equilíbrio entre esses dois elementos básicos de um negócio é o que chamamos de Empreendedor ao estilo Disney. Como poderia ser diferente? Bem, infelizmente pode ser diferente e com frequência é. Há pelo menos três outras possibilidades. Você as reconhecerá na Figura 2.1. Nós as chamamos de o Cientista, o Vendedor e o Burocrata.

Figura 2.1 **A magia de Disney**

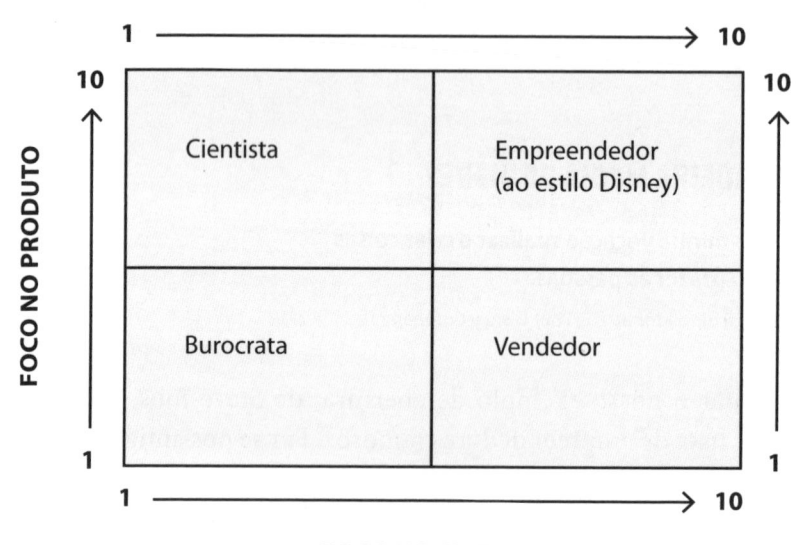

	FOCO NO CLIENTE 1 → 10	
FOCO NO PRODUTO 10	Cientista	Empreendedor (ao estilo Disney)
1	Burocrata	Vendedor

- **O Cientista.** Você já se deparou com gente, ou mesmo empresas inteiras, que estão tão fixadas em sua tecnologia ou seu produto que se esquecem de que os estão criando (ou criaram) para que outra pessoa os use? Chamamos isso de *síndrome do cientista* – ou de amar o produto e odiar o cliente. No mundo de Disney, seria um cineasta que gosta de fazer filmes, mas não se incomoda se ninguém pagar para assisti-los. No mundo de Steve Jobs, é o cientista de computação que constrói a máquina mais sofisticada do mundo, mas que precisa que você seja um Einstein para descobrir como usá-la. Isso é mais comum do que se pensa. Vai desde produtos "não amigáveis" para o usuário até produtos que ninguém consegue usar, e até a inclusão de tantos penduricalhos num produto que ninguém tem dinheiro para adquiri-los. O cientista frequentemente manifesta um desdém peculiar para a necessidade de vender o produto e satisfazer os clientes. Não é bem esse o foco necessário para fazer seu novo negócio crescer. A solução? Volte a se concentrar no lado do cliente e tente se lembrar de que são eles que pagam o seu salário.

- **O Vendedor.** Será possível amar seu cliente mas odiar seu produto? Pode apostar que sim. A maioria de nós depara com a *síndrome do vendedor* diariamente. É o vendedor profissional que ama vender, mas não dá a mínima para o que está vendendo. Carros no ano passado, computadores este ano, pacotes de viagens no próximo. O fato é que a maioria dos vendedores sabe como vender. São exaustivamente treinados para isso. E este é o problema. Eles sabem 10 vezes mais sobre técnicas de venda do que sobre seu produto. A reclamação número um que clientes fazem de vendedores hoje em dia não é que eles não sabem como vender – é que não sabem explicar o maldito produto! A substituição da competência por cortesia é uma variante comum desse tema. É aquela voz sempre cortês ao telefone que nunca resolve o problema com a sua conta. Ou o sorridente agente da companhia aérea anunciando que sua mala foi parar no Paquistão. A verdade é que ninguém quer lidar com um vendedor. Querem os verdadeiros especialistas em produto e serviço, que realmente se importam com o produto e sabem como fazê-lo funcionar. Para o empresário na iminência de cair na armadilha do vendedor, esqueça a ideia de mais marketing e treinamento em vendas e comece a investir mais tempo em se tornar um especialista no produto.

- **O Burocrata.** Se você odeia tanto o seu produto quanto o seu cliente, considere a opção de trabalhar para o governo ou para uma grande companhia. Você nunca vai se dar bem como empreendedor, mas será um perfeito burocrata. A *síndrome do burocrata* é tão comum que você é capaz de pensar que é a força motriz na maioria das grandes organizações com as quais lidamos. Os burocratas demonstram ter zero entusiasmo por clientes ou produtos. Têm pouco interesse até em estar perto das pessoas que fabricam os produtos e das que os vendem aos clientes. É uma situação que parece maluca, mas talvez a falha não seja totalmente deles. Há muitos "bons funcionários" que nunca viram um cliente ou tocaram no produto da empresa. Infelizmente, a maioria dos burocratas passa 40 anos em seus cubículos fazendo circular papéis e e-mails, e rezando para que o relógio marque logo o fim do expediente. Nesse sistema, eles desconhecem a satisfação de trabalhar com clientes ou produtos – as duas coisas de fato excitantes em qualquer negócio. Então talvez estejam entediados com razão. Como novo empreendedor, você poderia pensar que não deve se preocupar com a *síndrome do burocrata* até ser muito maior e estar há muitos anos no negócio. Mas fique sabendo que não é bem assim. Qualquer empresa com três ou mais funcionários pode se tornar uma furiosa burocracia. Para manter-se vigilante quanto a isso, assegure-se de que você e *todos* os seus futuros funcionários estejam intimamente envolvidos tanto com clientes quanto com produtos.

- **O Empreendedor ao estilo Disney.** E que tal amar o cliente *e* amar o produto? De todas as características do comportamento empreendedor, esse duplo foco é o que melhor ilumina a diferença entre empreendedores e gestores profissionais. Como os artesãos de tempos antigos, empreendedores estão intimamente envolvidos tanto em fazer produtos quanto em vendê-los aos clientes. Essa visão empreendedora produz reconhecimento, expertise e até respeito tanto por clientes quanto por produtos. Produz também grande vantagem competitiva no mercado.

  É claro que empreendedores estão próximos de seus produtos. Estão intensamente interessados no design, na fabricação e no uso do produto/serviço. Para eles é uma questão pessoal. Ficam envergonhados quando a qualidade é ruim e se orgulham quando é boa. Amam o que produzem e não escondem isso. São, claramente, especialistas em produto.

  Empreendedores também estão muito próximos de seus clientes. Precisam estar. Sabem que seu salário depende disso. Ouvem seus consumidores com atenção não porque alguém lhes sugeriu que o fizessem, mas para colher qualquer nova ideia que melhore seu produto ou serviço. Se um cliente não está satisfeito, é uma grande crise. Se está satisfeito, ganham o dia. São, claramente, especialistas em cliente.

AMAR CLIENTES E PRODUTOS

Pense nisto: Steve Jobs foi um grande cientista ou um grande vendedor? Walt Disney foi um gênio em produtos ou um gênio em marketing? E quanto a Soichiro Honda? Ele apenas amava carros ou compreendeu que o mundo queria automóveis menores, mais eficientes e mais confiáveis? Ray Kroc, do McDonalds, teve um grande conceito de produto ou um grande conceito de clientes? A verdade é que todos os grandes empreendedores são as duas coisas – especialistas em produto e especialistas em cliente. No nosso jargão, eles amam seus clientes e seus produtos.

Nem o MBA mais caro do mundo será capaz de dar a você essa paixão empreendedora. O ditado atemporal do empreendedor diz tudo: "Meu cliente, meu produto, meu amor-próprio." Desenvolver uma paixão por clientes e produtos é a força motriz dos grandes empreendedores em todo o mundo. Eles vão dormir pensando nisso. Sonham com isso. Acordam pensando nisso. São obcecados de verdade. E é assim que as coisas devem ser para você e sua startup. Existem centenas de ações que você pode tomar para criar essa paixão e incuti-la em cada funcionário que contratar. Aqui estão algumas das maneiras mais comuns pelas quais os empreendedores conseguem fazer isso.

AMAR O CLIENTE

"Prometo e declaro solenemente que toda vez que um cliente chegar a 3 metros de mim, vou sorrir, olhá-lo nos olhos e cumprimentá-lo, eu juro por Sam."

Juramento do Funcionário do Walmart

Em 2001, um ano de recessão, o Walmart, aquele varejista da pequena Bentonville, no Arkansas, tornou-se a maior companhia da história menos de 40 anos após sua fundação. Com vendas de 219 bilhões de dólares, a incrível cadeia de lojas "amigáveis" ultrapassou a galope todos os concorrentes para chegar ao topo.

Dezesseis anos depois, e tendo passado por uma recessão muito pior, ainda é a primeira do mundo em receita, que em 2017 somou impressionantes 482 bilhões de dólares, com sólidos lucros de 14,7 bilhões. No entanto, há mais: o Walmart, aproximando-se dos 60 anos de existência, ainda cobre menos da metade do mercado dos Estados Unidos e apenas uma fração do mercado varejista global – tanto nas lojas físicas quanto na internet. Partiu de uma loja em 1962 para as 11.500 atuais, empregando o incrível número de 2,3 milhões de pessoas, e ainda está no começo. Por mais espantoso que pareça, trata-se de uma empresa que tem muito espaço para crescer.

Como aconteceu tudo isso? Como pôde um varejista de produtos baratos do Arkansas transformar-se no maior negócio de todos os tempos? Foi graças a seus soberbos sistemas de informação e rigoroso controle de compras – ele de fato tenta oferecer aos clientes os menores preços na cidade. No entanto, esta não pode ser a razão principal. Afinal, Target, K-Mart, Costco e dezenas de redes de varejo de baixo preço também oferecem atualmente aos consumidores preços muito competitivos. O que eu e, suspeito, muitos milhões de outros consumidores gostamos no Walmart é que é a única grande rede que faz os consumidores se sentirem bem-vindos de verdade. Como no famoso juramento do funcionário do Walmart, citado no início desta seção, tudo e todos nas lojas estão dizendo: "Nós amamos nossos clientes!"

Para começar, lá existe o cargo oficial de "Saudador de Pessoas". A ideia, proposta por um funcionário, é que visitar uma loja do Walmart seja como visitar a casa de um amigo. Assim, em cada porta de cada loja tem alguém para cumprimentar cada visitante. Essencialmente, o que eles fazem é sorrir, dizer oi, entregar um carrinho de compras e desejar uma boa visita. Cada uma das 11.500 grandes lojas tem que ter oito ou mais desses saudadores para cobrir todas as portas em todos os turnos. Isso significa cerca de 92 mil funcionários a postos fazendo nada além de cumprimentar os clientes que entram nas lojas. Não vendem, não suprem as prateleiras, não atendem no caixa, nem mesmo ajudam na limpeza. Apenas dizem "oi" e "bem-vindo ao Walmart". Sem dúvida a primeira coisa que qualquer consultor contratado para aumentar a eficiência ou cortar custos faria no Walmart seria se livrar desses empregos "não produtivos" – e de uma só tacada estaria eliminando a vantagem competitiva número um do Walmart.

Como demonstrou Sam Walton ao longo de toda a sua vida, a abordagem empreendedora em relação aos clientes deve girar em torno do cuidado e da consideração com eles. Como empreendedor emergente, você também deveria ter muita motivação para amar e respeitar seus clientes. No entanto, sua maior dificuldade pode ser a de instilar o mesmo comportamento em seus funcionários. O bom mesmo em tudo isso é que cada minuto que você dedicar a esse desafio na hora de contratar pessoas resultará em dinheiro no banco. Nada do que você possa fazer será mais valioso do que assegurar que você e seu pessoal "amam seus clientes", como faz o Walmart. De todas as maneiras que existem para fazer isso, aqui estão quatro das mais importantes:

- **Conhecer seu produto.** Atualmente, a maior reclamação sobre o pessoal de marketing e vendas é que eles na verdade não entendem os próprios produtos. Afinal, como é que você poderá cuidar de seus clientes se não souber como seu produto funciona, como consertá-lo quando quebrar e como extrair dele o máximo para facilitar a vida do usuário? Que mensagem estará passando aos clientes se não for capaz sequer de explicar como e por que seu produto vai resolver o problema deles?

    Há também uma consideração muito prática. Ninguém mais quer lidar com um vendedor. Pense na última vez em que você escolheu um médico. Ou quis comprar um carro. Ou precisou de ajuda externa para resolver um problema do negócio. Quem você quis procurar? Alguém de vendas? Claro que não. Você quis um especialista no produto/serviço – alguém que de fato conhecesse todas as técnicas para resolver seu problema.

    Veja o caso de Ray Kroc, vendedor itinerante de máquinas de fazer milkshake, que se apaixonou pelos produtos de um de seus clientes – os irmãos McDonald, no sul da Califórnia. Kroc não conseguia acreditar que uma simples loja McDonalds tivesse encomendado oito de seus *multimixers*, capazes de fazer 48 milkshakes de uma vez, e foi constatar isso pessoalmente. Acabou transformando o negócio em uma franquia, e o resto é história. E tudo começou com um vendedor que ficou fanático por um produto. Como Ray Kroc gostava de dizer: "Você tem que ver a beleza que há num hambúrguer." A ideia por trás dessas palavras poderia ser também a estratégia vencedora de vendas e atendimento para sua própria empresa.

- **Responder imediatamente.** Hoje em dia, a maior reclamação sobre o pessoal do atendimento ao público é que eles estão tão ocupados com outras coisas que você tem que esperar, esperar e esperar mais um pouco. Pense em qual foi a última vez que você precisou de uma resposta rápida de um suporte técnico, ou tentou encontrar um funcionário numa megaloja de departamentos, ou ficou na fila do atendimento ao consumidor num aeroporto, ou tratou por e-mail com sua operadora de cartão de crédito para corrigir um erro na cobrança, ou tentou renovar sua carteira de motorista na hora do almoço. A impressão é de que o pessoal do atendimento conhece todos os truques que existem para evitar atendê-lo sem demora. Seja qual for o motivo desse comportamento, a mensagem passada ao cliente é cristalina: "Tenho algo mais importante a fazer do que servi-lo."

  Claro, tudo isso são muito boas notícias para você como novo empreendedor, pois é um lembrete constante do que *não* fazer. Responder imediatamente aos clientes é uma das maiores armas já inventadas para ganhar da concorrência. Por isso Sam Walton insistiu em que todo funcionário fizesse o juramento do Walmart. Foi também por isso que ele pôs os saudadores em cada loja. Não é muito científico, mas é o tipo de resposta imediata ao cliente que fez do Walmart o varejista de mais rápido crescimento na história e a maior companhia no mundo na atualidade. E pode fazer maravilhas por você também – se não for por outro motivo, será pelo fato de ser o único lugar na cidade em que se faz isso.

- **Ser cortês e competente.** "Quando atendemos o telefone, somos muito corteses. Esta é a boa notícia. A má notícia é que não atendemos o telefone." Estas foram as famosas últimas palavras de Ramon Cruz, ex-CEO da Philippine Airlines, lamentando o péssimo sistema telefônico em Manila. O que ele estava dizendo na realidade era que cortesia sem competência não leva a lugar nenhum. Ser a mais cortês companhia aérea do mundo não vai compensar problemas crônicos de bagagem perdida e de sistemas de reserva que não funcionam. O oposto também é verdadeiro. Competência sem cortesia tampouco conduzirá você ao círculo dos vencedores. A Lufthansa pode levar você e sua bagagem para onde você está indo, sem atrasos, todas as vezes, mas a tripulação em geral não tem boa reputação no atendimento ao passageiro.

Empreendedores deveriam ter uma enorme vantagem nessa área. A cortesia parece ser mais sincera quando vem das pessoas que dirigem o próprio negócio. Quando agradecem ao cliente por ter feito uma compra, sente-se que estão sendo verdadeiros. E se o produto não funcionar, eles assumem isso pessoalmente – e sabem o que fazer para consertá-lo. Esse comportamento de duplo alcance, tão raro nas maiores organizações e nas instituições do governo, é outra área na qual empreendedores e suas startups podem ter uma vantagem intrínseca sobre as burocracias do mundo. A mensagem empreendedora é clara: mesmo um pouco de cortesia e de competência lhe dará uma enorme margem competitiva porque você será a única empresa provendo as duas coisas. Trate apenas de não perder essa margem quando crescer.

- **Manter para sempre os clientes atuais.** Thomas Watson, o fundador da IBM, gostava de dizer: "O cliente mais importante que jamais teremos é aquele que já temos hoje." A mensagem é óbvia: não perca seus atuais clientes. E desde o início ele não só falou como agiu assim. A IBM tinha um sistema de comissão por venda que penalizava vendedores que perdiam clientes existentes. Essa é uma poderosa maneira de difundir a mensagem de "amar o cliente".

A perspectiva mais importante de vendas futuras está no cliente atual, sempre. E com os custos estratosféricos de marketing quando se adquire um novo negócio, todo o lucro do ano provavelmente virá de sua atual base de clientes. Perder só um ou dois dos clientes atuais pode constituir um desastre irremediável, a ser evitado a todo custo. Portanto, a tarefa de marketing mais importante em qualquer negócio é revender para esses clientes atuais e expandir sua base.

Esse não é um argumento contra novos negócios – apenas um olhar de bom senso sobre como fazer crescer sua receita e seus lucros. Repetir um negócio literalmente o manterá vivo. Assegure que "manter para sempre seus clientes atuais" seja sua prioridade número um em vendas e serviços enquanto estiver fazendo seu negócio crescer.

Todas as sugestões anteriores podem ajudá-lo a empregar as mesmas práticas empresariais de "amar seu cliente" empregadas por Jobs, Disney, Walton, Kroc, Watson, entre outros. Essas medidas simples são poderosas ferramentas de marketing e vendas.

AMAR O PRODUTO

"O nome dela é Mercedes."

GOTTLIEB DAIMLER, cofundador da Daimler Benz Company

Karl Benz foi o "homem do produto" de uma das maiores equipes na história dos negócios. Ele inventou o motor a gasolina de dois tempos e foi na verdade o gênio do produto por trás do primeiro automóvel comercialmente viável. Historiadores põem sua contribuição no mesmo nível da eletricidade, dos antibióticos, dos computadores e da viagem espacial, como um dos mais profundos avanços científicos e tecnológicos do século XX. Isso, é claro, fez dele o sócio perfeito para Gottlieb Daimler, o "homem do cliente" da equipe e o primeiro dos grandes vendedores de carros.

Se você tiver que reduzir tudo isso ao elemento único mais crucial em qualquer startup de sucesso, pense na capacidade que o empreendedor tem de inventar uma ratoeira melhor. A ratoeira pode assumir a forma de um produto revolucionário, um novo serviço inovador ou mesmo uma nova versão aprimorada de uma ratoeira existente. Mas aí está a pegadinha: o juiz que decidirá quanto valem seus esforços serão os clientes, não você. Assim, mais uma vez, a junção do cientista com o homem de vendas que existem dentro de você e de sua equipe é o que se requer para produzir projetos vencedores. Diretamente da cartilha do empreendedor, aqui estão quatro das mais básicas práticas para amar seus produtos:

- **Conhecer seu cliente.** Gottlieb Daimler costuma ser enaltecido como um grande fabricante de motores e carros. Mas na realidade ele era quase fanático por querer saber o que seu cliente queria. Foi Daimler, mais do que seu sócio e gênio técnico Karl Benz, quem compreendeu que conhecer o cliente é o primeiro e essencial passo para a produção de grandes produtos. Ele tinha competência técnica, é claro, mas foi antes de mais nada um homem de vendas, que simplesmente amava seu produto. Fritz Nallinger, o biógrafo alemão de Daimler e de Benz, escreveu: "Daimler era possuído pela ideia de equipar todo veículo imaginável com os motores de Benz."

Para Daimler, o objetivo primordial de fabricar carros era satisfazer – e até impressionar – o cliente. Inclusive o nome da marca Mercedes foi escolhido para agradar a um cliente. No início da década de 1900, o maior distribuidor dos automóveis Daimler estava em Viena, na Áustria. O comerciante ameaçou mudar para outro fornecedor, da França, e assim Daimler foi apressadamente para Viena e prometeu-lhe que a companhia faria *qualquer coisa* para mantê-lo. Como piada, o comerciante lhe disse que só ficaria com Daimler se a companhia pusesse o nome de sua filha de 11 anos no capô. E qual era seu nome? Você adivinhou: "O nome dela é Mercedes"... e o resto é história. É pouco provável que algum cliente lhe peça para colocar o nome da filha dele em seu produto, mas o que você faria se pedisse? Espera-se que algo sensato, como fez Daimler.

Nunca houve uma grande companhia, como Apple Computer, Daimler-Benz ou Matsushita Electric, que não tenha dado a seus clientes o produto que queriam. Saber com precisão o que seus clientes querem e depois de fato entregar isso a eles é o passo primordial para se tornar uma empresa com produtos de primeira classe.

- **Sentir orgulho à moda antiga.** Obviamente, empreendedores têm um forte senso de propriedade pessoal dos produtos que fazem e dos serviços que prestam. Isso cria um orgulho empreendedor à moda antiga, o que representa enorme vantagem em relação a seus concorrentes. A questão importante para empreendedores é: será que conseguirão transmitir esse orgulho para seus funcionários?

Durante nossa entrevista com Tetsuo Chino, o presidente e fundador da Honda USA e amigo de toda a vida de Soichiro Honda, contou-me uma das histórias favoritas do Sr. Honda, sobre um operário aposentado da empresa que ganhou notoriedade por ficar lustrando as partes cromadas de todo Honda que via estacionado nas ruas de

Tóquio. Quando questionado pela imprensa local sobre os motivos para estar fazendo algo tão estranho, a resposta do idoso aposentado foi épica: "Porque não suporto ver um Honda sujo." Este pode ser considerado o exemplo definitivo desse orgulho à moda antiga de seu produto – e uma prova de que grandes companhias são capazes de incuti-lo em seu pessoal. No entanto, isso demanda esforço. Uma de suas tarefas mais importantes e desafiadoras como empreendedor será assegurar que seus funcionários adquiram algum nível de orgulho empresarial de sua empresa e de seus produtos.

Há várias técnicas úteis disponíveis para trazer de volta o orgulho dos funcionários por seu trabalho: autonomia no emprego, qualidade de vida no trabalho, reuniões presenciais com clientes para ouvir seus comentários positivos e negativos e é claro que sempre ajuda se os trabalhadores tiverem alguma propriedade e participação no negócio. Se você não puder fazer isso em alguma medida, correrá o risco de eliminar o orgulho que seus funcionários têm do trabalho – e muito possivelmente o crescimento de sua empresa no futuro.

- **Fazer melhor do que o concorrente.** Charles Forte, um imigrante italiano no Reino Unido, expandiu a Trusthouse Forte de uma loja de doces na Oxford Street, no centro de Londres, para mais de 900 hotéis e 93 mil funcionários em todo o mundo. Quando me encontrei com ele pela primeira vez, vários anos atrás, ele me deu a melhor definição de "fazer melhor" que já ouvi. Forte contou que quando seus gerentes propunham abrir um hotel numa nova cidade ou país, ele lhes fazia apenas três perguntas simples:

1. Podemos ter um hotel mais barato e melhor do que os concorrentes?
2. Se não puder ser mais barato e melhor, pelo menos melhor?
3. Se não melhor, pelo menos mais barato?

Se não recebesse um vigoroso sim como resposta a pelo menos uma dessas três perguntas, a conversa terminava aí. Esse sistema simples pareceu funcionar muito bem ao longo dos anos em que ele construiu a maior rede de hotéis da Europa a partir do zero.

A maioria dos empreendedores, como Charles Forte, não liga muito para conceitos como Six Sigma, TQM, Kaizen, Lean Manufacturing e o certificado ISO 9000. Com muita frequência a conexão que falta entre as teorias e as técnicas de qualidade é a palavra *competitivo*. Empreendedores ganham a vida vencendo a concorrência e, como disse Charles Forte, você só pode ganhar da concorrência de três maneiras: qualidade maior, custos menores ou as duas coisas.

Na moderna era empreendedora, na qual o ciclo de vida de produtos e serviços pode ser de seis meses ou menos, podemos ter que acrescentar uma pergunta às da lista de Forte: você será capaz, em seu novo empreendimento, de *fazê-lo mais rápido*? E isso nos leva à próxima prática empreendedora para amar o produto.

- **Fazê-lo mais rápido do que o concorrente.** Ross Perot, destacado empreendedor do Texas, acertou na mosca nesse aspecto. Após vender a Electronic Data Systems (EDS) para a General Motors por 2 bilhões de dólares à vista e entrar para o conselho diretor da GM como seu maior acionista, ele ficou espantado com a lentidão com que tudo andava naquela que era, na época, a maior companhia do mundo. Depois de seis meses na diretoria, ele veio a público com sua famosa reclamação: "Eu não entendo isso. Precisamos de quatro anos para vencer a Segunda Guerra Mundial, mas essas pessoas levam sete anos para produzir um novo Buick."

Em campos como a eletrônica e a criação de software, nos quais os ciclos de vida do produto podem ser curtos, de até apenas seis meses, a vantagem competitiva de *fazê-lo mais rápido* é bem conhecida. Mas, em nossa economia global, *fazê-lo mais rápido* será uma questão cada vez mais crucial para todas as companhias. Como me disse o Dr. Ed Penhoet, o grande empreendedor da biotecnologia: "Toda a indústria da biotecnologia tem se tornado uma verdadeira corrida de cavalos. Os ganhadores são os que cruzam a linha de chegada com produtos aprovados pelo governo." Assim, de Big Macs a iPhones e a descoberta da cura do câncer, os vencedores serão os que "cruzarem primeiro a linha de chegada".

Todas essas ideias podem ajudá-lo a empregar as práticas empreendedoras de Daimler, Honda, Forte, Perot e Penhoet. Em certo sentido, quase não importa quais serão as ações específicas que você adotará para "amar o cliente" e "amar o produto". É quase impossível que um investimento de tempo nessas ideias dê errado. Assim, eis um pensamento final e muito importante sobre o poder que há em focar em clientes e produtos: chamamos isso de fazer crescer seu negócio à moda antiga.

CRESCER À MODA ANTIGA

"Àquela altura minha mente começou a ficar enlouquecida com todas as possibilidades."

BUEL MESSER, fundador da Messer Landscaping

Fornecer mais produtos para vender a mais clientes costumava ser a maneira pela qual todas as empresas cresciam. Hoje em dia, porém, parece haver muitas maneiras de crescer. Fusões e aquisições, alianças estratégicas, levar regulamentos contábeis ao limite, ser socorrido pelo governo e até fraudes descaradas (pense em Volkswagen, Toshiba, Bernie Madoff, etc.) são alguns dos meios contemporâneos favoritos.

O crescimento à moda antiga é mais fácil de entender. Tudo que você precisa fazer é produzir mais produtos e vender para mais clientes. Para fazer isso, você não precisa de especialistas em fusões e aquisições, consultores estratégicos, banqueiros de investimento, contadores ou advogados. No entanto, tem que saber a resposta para uma pergunta muito importante: onde exatamente estão minhas melhores oportunidades de crescimento?

Felizmente, temos a resposta, que foi inspirada por Buel Messer, o fundador da Messer Landscaping no estado americano da Virgínia e uma das personalidades empreendedoras mais inesquecíveis que conheci. Para quem não sabe, ele nasceu muito pobre e cego (com uma atrofia óptica que o deixou com 5% de visão em apenas um dos olhos), tornou-se um astro em luta livre e atletismo na faculdade e começou sua carreira como professor. Depois tomou a pior decisão de sua vida e tentou a sorte roubando gado para ganhar alguns dólares a mais. Foi apanhado e parou na prisão. Depois de pagar sua dívida com a sociedade, trabalhou duro para redimir sua imagem e sua reputação. Mais tarde, fundou e dirigiu uma empresa de paisagismo de muito sucesso. Naturalmente, eu quis saber como conseguiu isso e fui me encontrar com ele. No fim da entrevista não consegui resistir a lhe fazer esta inquietante pergunta: "Como é que um homem cego rouba gado?" Sua resposta: "Não muito bem, por isso fui pego – e assim entrei no paisagismo." Sendo um mestre na maneira simples de pensar um negócio, com o tempo ficou óbvio para Messer que a razão mais importante para se concentrar em clientes e produtos é que eles são a chave para todo crescimento futuro do negócio.

O que vem em seguida é a análise de senso comum feita por Buel Messer sobre as (apenas) quatro maneiras de fazer crescer sua companhia – com uma apresentação gráfica na Figura 2.2, seguida de descrições completas.

Figura 2.2 **Crescer à moda antiga**

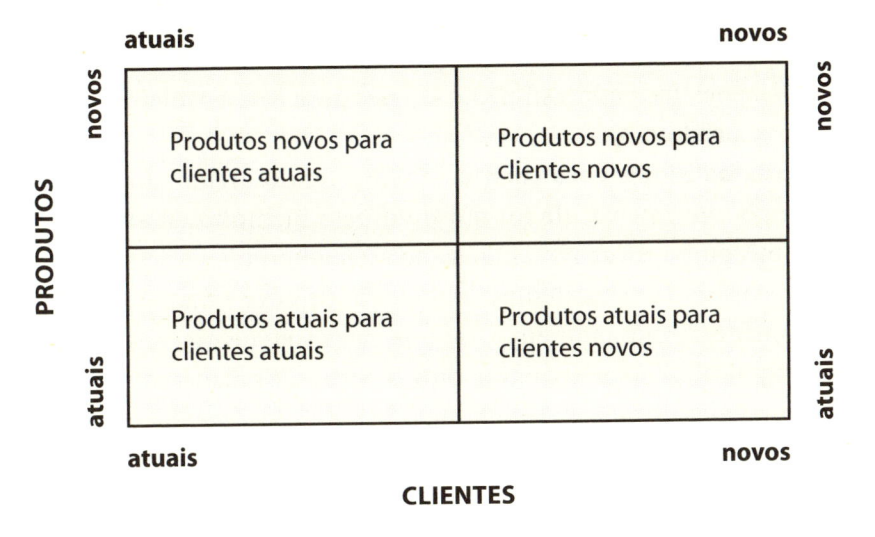

	CLIENTES atuais	CLIENTES novos
PRODUTOS novos	Produtos novos para clientes atuais	Produtos novos para clientes novos
PRODUTOS atuais	Produtos atuais para clientes atuais	Produtos atuais para clientes novos

- **Produtos atuais para clientes atuais.** Depois de ser solto da prisão, no inverno de 1980, Messer começou a reconstruir sua vida limpando neve com seus filhos pequenos. Ele tinha um pequeno grupo de clientes agendados para a temporada. Rapidamente deu-se conta de que, naquele negócio, sua receita seria determinada por quantas vezes ele conseguisse fornecer o mesmo serviço ao mesmo grupo de clientes. Não é preciso ser um gênio para concluir que, quanto mais nevasse, mais dinheiro ele ganharia. Messer descobriu a primeira maneira de fazer crescer qualquer negócio: vender produtos atuais para clientes atuais com maior frequência. Gerar crescimento dessa maneira, que iria posteriormente atingir um limite, exige uma tremenda quantidade de atenção ao serviço em curso e à venda a clientes já existentes.

- **Produtos novos para clientes atuais.** Em março de 1981, o negócio da limpeza de neve acabou, e Messer pensou em como poderia ganhar a vida durante o verão. Como tinha desenvolvido um bom relacionamento com seus clientes para a remoção de neve, perguntou a alguns se poderia cortar a grama deles durante o verão. Eles gostavam de seu trabalho, confiavam nele e logo concordaram em empregá-lo para o verão. Assim, Messer descobriu que outra maneira de crescer era vender um novo serviço a clientes satisfeitos já existentes. Crescer dessa maneira, produzindo constantemente produtos novos e aprimorados para seus clientes atuais, requer, tipicamente, foco e investimento em pesquisa e desenvolvimento de novos produtos.

- **Produtos atuais para clientes novos.** Tendo arrumado serviço para o ano inteiro, ele foi mordido pelo bichinho da expansão. Começou a buscar novas áreas de mercado onde pudesse oferecer seus serviços existentes de remoção de neve e manutenção de gramados. Anunciou em jornais e, para sua alegria, começou a conquistar clientes novos em outras partes da cidade e até em comunidades vizinhas. Messer estava praticando o método mais comum para o crescimento de qualquer negócio: oferecer produtos já existentes para clientes novos. Crescer dessa maneira envolve, tipicamente, expansão geográfica, novos canais de distribuição, exportação e assim por diante. Exige uma dose pesada de marketing e vendas.

- **Produtos novos para clientes novos.** Por fim, Messer chegou ao auge e tornou-se um paisagista completo. Isso significa que ele desenvolve produtos e serviços completamente novos para clientes completamente novos. Dirigir três fazendas, arborizar grandes áreas, comprar equipamento de terraplenagem e dezenas de caminhões está muito longe de apenas possuir uma pá para neve e um cortador de grama. Da mesma forma, participar de licitações para projetos de muitos milhões de dólares para escritórios governamentais e sedes de corporações dificilmente pode ser considerado o mesmo que fazer amizade com alguns proprietários de casas em sua vizinhança. O que Messer fez, é claro, foi usar a quarta maneira de fazer seus negócios crescerem: oferecendo produtos novos a clientes novos. Esse caminho de crescimento, semelhante na maior parte dos aspectos a começar de fato um novo negócio, exige um foco intenso tanto no desenvolvimento de um produto novo quanto em marketing e vendas para clientes novos.

Ao buscar todas as maneiras possíveis de ampliar seu negócio, será que Messer pensou uma única vez em fusões, aquisições, alianças estratégicas ou elaboradas técnicas de contabilidade? Claro que não. Messer e praticamente todos os empreendedores ampliam seus negócios à moda antiga: fazendo mais produtos e vendendo para mais clientes. Como agora sabemos que há quatro maneiras possíveis de fazer isso, não parece ser muito complicado.

> Estes formulários, que estão no final do livro, são destinados a registrar suas primeiras sessões de brainstorming sobre amar clientes e produtos, e crescer à moda antiga.
> **Formulário 7:** Amar clientes e produtos
> **Formulário 8:** Crescer à moda antiga

ENTREVISTAS COM EX-ALUNOS DA JA

KAROLI HINDRIKS
Fundadora e CEO da Jobbatical, membro do conselho diretor da JA Europa, ex-aluna da JA Estônia

> Confirmaram que era mesmo uma ideia singular capaz de ser patenteada, e assim me tornei a pessoa mais jovem da Estônia a receber uma patente.

Minha experiência na JA

Sou de uma cidade pequena da Estônia. Estudava numa escola pública mediana, nada sofisticada. Na verdade, tudo na minha vida era muito mediano. Mas a escola me deu a oportunidade de escolher um curso extra, em arte ou em economia – e eu escolhi economia. Não tinha o sonho de me tornar uma empreendedora e não entendia nada de economia. Era apenas uma adolescente comum de uma pequena cidade na Europa Oriental.

Durante meu segundo ano no programa da JA, criamos uma empresa só de estudantes. A primeira coisa que fizemos foi eleger um presidente. Fui até o quadro e escrevi os nomes que cada um sugeria, contamos os votos e de repente vi que eu era a presidente! Não compreendi por que tinham me escolhido, mas fiquei muito inspirada por ter sido eleita. Depois tivemos que decidir o que iríamos fazer. Foram muitas sessões de brainstorming. Era outubro e escurecia cedo. Subitamente tive a ideia de que poderíamos usar os mesmos tecidos refletores das roupas esportivas e criar pequenos e estilosos apliques para prender na roupa ou no chapéu como um acessório descolado – e que poderia também ser usado como um item de segurança à noite, em ruas ou estradas. A ideia foi aprovada e partimos para a produção. Fabricamos e vendemos acessórios refletores para afixar na roupa, no cinto ou no cachecol. Também tínhamos uma versão para aplicar no tecido do boné.

Há um outro lado nesta história. Quando fui para casa e contei aos meus pais sobre a minha ideia, eles poderiam ter dito "Isso é bobagem, vá estudar". Mas meu pai disse: "Que grande ideia! Acho que você deveria patenteá-la." Assim, no dia seguinte fui ao escritório de patentes da minha cidadezinha. Como nunca tinham visto por lá uma garota tão jovem, ficaram tão empolgados com aquela situação que fizeram a pesquisa de patentes de graça. Confirmaram que era mesmo uma ideia singular capaz de ser patenteada, e assim me tornei a pessoa mais jovem da Estônia a receber uma patente.

Começamos o negócio e todos estavam bastante entusiasmados. Procuramos patrocinadores, como a Opal e a Ford, dizendo que colocaríamos as logomarcas deles nos apliques refletores, e foi assim que obtivemos os primeiros clientes. Vendemos muito. Claro que o fato de eu ser a mais jovem inventora da Estônia ajudou no marketing. Tivemos intensa cobertura na imprensa. Finalmente, na primavera, nossa empresa de estudantes venceu a competição da JA na Estônia. Ficamos muito orgulhosos por nossa conquista.

Aprendi muita coisa com a experiência na JA. Vi que uma garota de 16 anos numa cidadezinha da Estônia podia fazer a diferença. Não precisava ter um Ph.D. e vir de uma cidade grande para ter sucesso. O programa da JA foi minha inspiração, mas minha família também me deu muito apoio. Se meus pais tivessem me dito para esquecer tudo aquilo, que eu tinha que me graduar, que eu era só uma mulher, não estaria onde estou hoje. Assim, acho que a combinação da JA com o apoio dos meus pais é que foi realmente importante.

Minha carreira/Meus negócios

Minha vida começou num mundo cheio de fronteiras, na União Soviética. Não tínhamos conhecimento nem compreensão da realidade lá fora. Ironicamente, a missão da minha empresa, Jobbatical, é ajudar a construir um mundo sem fronteiras. Quando meu país se tornou independente, na década de 1990, começamos a receber informações pela mídia, e fiquei realmente inspirada ao assistir à televisão americana e saber mais sobre as escolas de lá e todas as liberdades usufruídas. Estudar nos Estados Unidos passou a ser o meu sonho. Logo consegui uma bolsa e pude fazer o último ano da escola em New Hampshire. Eu consegui me integrar à vida e à cultura locais. Um dia, sentada numa cafeteria, fiquei refletindo sobre minha experiência e sobre como eu tinha mudado. Foi a primeira vez que pensei que, se todos vivessem nem que fosse só um ano em outro país, poderíamos ter um mundo melhor.

Voltei para a Estônia e resolvi começar meu próprio negócio, com base em minha empresa de estudantes da JA. Vendemos centenas de milhares de apliques refletores nos Países Bálticos e também na Escandinávia e na Europa central. Eu só tinha 18 anos e, claro, cometi erros, mas foi uma boa experiência de aprendizado. Depois ajudei a lançar a MTV na Estônia, como sua primeira CEO. Posteriormente contribuí para estabelecer os canais da National Geographic e da Fox. Ao todo, trabalhei cerca de sete anos na televisão estoniana.

Depois do trabalho na televisão, enquanto pensava nos amigos que fiz nos Estados Unidos, eu me dei conta de que minhas amizades baseavam-se mais em interesses comuns do que em localização geográfica. Na época, eu estava disposta a ir para outro país e trabalhar lá por algum tempo. Esses foram meus primeiros pensamentos sobre a criação de um negócio que facilitasse o trabalho e a vida das pessoas em qualquer parte do mundo. Foi assim que tive minha primeira ideia para a Jobbatical. Pesquisei no Google o termo "jobbatical", combinação de *"job"* (que em inglês significa trabalho, emprego) e *"sabbatical"* (sabático), descobri que ninguém usava esse nome e assim criei uma palavra nova que refletia o que seria meu novo negócio.

Lançamos o negócio em 2014 e tivemos nossa primeira rodada para levantar capital com investidores-anjos. Fui a segunda mulher na Estônia a levantar capital de risco. Depois, em 2016, a Union Square Ventures, uma das principais firmas de capital de risco nos Estados Unidos, levantou 2 milhões de dólares em capital para nós. Fomos seu primeiro investimento na Europa Oriental.

A Jobbatical está voltada primordialmente para o mercado de talentos tecnológicos. Fazemos negócios no mundo inteiro a partir de Tallinn, mas nos concentramos no Sudeste Asiático e em alguns países europeus. Os maiores grupos de talentos estão vindo hoje dos Estados Unidos, do Brasil, da Índia e das Filipinas. Nesse momento, o Sudeste Asiático parecer ter as maiores demandas e possibilidades de empregos. Tenho agora na Jobbatical uma equipe de 24 pessoas de 10 nacionalidades diferentes e estamos trabalhando em 38 países.

Somos um mercado para empregos que transcendem fronteiras. Para empresas que estão contratando mas não conseguem achar talentos locais temos uma plataforma que ajuda a encontrar pessoas internacionalmente. E para indivíduos que querem mudar para o exterior, temos uma plataforma que lhes facilita encontrar emprego fora de seu país. Nosso serviço é conectar pessoas a empregos no mundo inteiro. Queremos fazer com que a contratação além das fronteiras seja tão fácil quanto a contratação local.

Meus conselhos aos jovens

- A primeira coisa é ficar muito focado e tornar-se exímio em dizer não. Eu sempre pergunto a mim mesma: essa ideia nova ajuda minha empresa? Se não ajudar, só digo não. Algumas pessoas pensam que tenho uma atitude negativa, mas isso me mantém concentrada no meu negócio.
- Se alguém lhe disser que você não pode fazer certa coisa, não o leve muito a sério. Acredite em seu potencial, quer esteja começando uma carreira ou uma empresa. É claro que sua carreira e sua vida terão altos e baixos e você poderá ter alguma dúvida quanto a si mesmo. Mas não se preocupe. Apenas considere essas dúvidas um jeito normal de aprender coisas.

- Hoje você tem que aprender a como aprender coisas novas. Na Jobbatical, por exemplo, em todo lugar que operamos as empresas estão buscando desenvolvedores de aplicativos. É um emprego que nem existia 12 anos atrás, quando começamos. Eu digo aos jovens que eles precisam aprender a aprender, pois não temos ideia de quais serão os empregos dos quais vamos precisar amanhã.

EDWARD LEE
Fundador da COL Financial, membro do conselho diretor da JA Ásia-Pacífico, ex-aluno da JA Filipinas

Gostamos de dizer para nossa base de clientes: "Podem imaginar as maiores e melhores corporações nas Filipinas todas trabalhando para vocês?"

Minha experiência na JA

Em 1972 eu ingressei na JA nas Filipinas. Nunca gostei muito da escola, então procurava outras coisas para fazer. Fiquei interessado pelo programa da JA porque era uma atividade extraclasse, numa base voluntária. No primeiro dia, organizamos a miniempresa e fui eleito presidente. Éramos uma equipe cheia de confiança e tínhamos um bom grupo de mentores para nos ajudar a organizar o negócio. Eu tinha apenas 17 anos, e acho que, quando você é apresentado ao empreendedorismo muito jovem, aprende uma porção de coisas que os livros não ensinam. Acredito que aprendi como me tornar um empreendedor a partir daquela primeira experiência na JA.

A JA tem outro benefício importante. Apesar de eu não ter sido muito bom em estudos acadêmicos, meus pais nunca me disseram que eu era burro, que não conseguiria fazer isso ou daquilo. Sempre fui incentivado. Eu me sentia amado e inspirado. Mas talvez algumas famílias não sejam capazes de fazer isso por seus filhos por vários motivos, como por terem que trabalhar muito ou por estarem se esforçando de outras maneiras. Assim, um dos principais benefícios da JA é dar aos estudantes a confiança e os valores que os ajudarão pelo resto de suas vidas – além daquilo que suas famílias são ou não são capazes de também lhes dar.

Um de nossos mentores nos convidou a visitar seu escritório, e nas paredes havia muitos gráficos com movimentação de ações. Eu perguntei a ele o que era tudo aquilo e ele me deu algumas explicações e um livro sobre ações. Foi meu primeiro contato com o mercado acionário e devo agradecer à JA por despertar meu interesse no negócio que hoje pratico.

Minha carreira/Meus negócios

Em 1978 eu me casei e estava trabalhando para uma empresa de computadores. Pensei que já era hora de começar a montar meu próprio negócio. Juntei-me a dois dos meus melhores amigos e cada um entrou com 3 mil dólares para criar uma empresa de papel de parede. Com o tempo, continuamos a acrescentar diferentes produtos e serviços, até chegarmos à corretagem de ações, que se tornou, é claro, nossa atividade mais importante. Desde que entrara em contato lá atrás, na JA, com o mercado de ações, meu interesse só aumentou. Devo acrescentar que 39 anos depois ainda estou com meus dois sócios originais, os quais, acreditem ou não, estavam no mesmo programa da JA tantos anos antes.

Estabelecemos o negócio de corretagem em 1986, e como também estávamos no ramo de computadores, criamos a primeira plataforma de software para comércio de ações nas Filipinas. O nome da companhia era CitisecOnline, agora abreviado para COL. Fomos pioneiros na Ásia com o comércio on-line, e aqui nas Filipinas nos dirigimos ao mercado de massas, não ao investidor sofisticado. Assim, tivemos que educar as pessoas para o mercado de ações, transmitir conhecimentos básicos de finanças e explicar para investidores individuais filipinos como funcionava o mercado. Recomendamos investimentos de longo prazo em nossos fundos compostos exclusivamente de companhias filipinas *blue-chip*, como SM Investiments, Ayala Corporation e Jollibee Foods. Ressaltamos que todas as companhias nesses fundos são dirigidas por famílias, que continuarão o negócio por gerações. Gostamos de dizer para nossa base de clientes: "Podem imaginar todas as maiores e melhores corporações nas Filipinas trabalhando para vocês?"

Quando começamos, tínhamos 272 clientes, e hoje abrimos entre 20 mil e 30 mil contas novas por ano. Nós nos tornamos a maior corretora de valores digital das Filipinas. Mais de 95% de nossos clientes são filipinos e, como eu disse, nos especializamos em ações nacionais bem conhecidas, não em ações no mercado global. Somos muito dedicados ao mercado local, e ainda hoje menos de 1% do nosso povo investe no mercado de ações – assim, temos muito espaço para crescer.

Meus conselhos aos jovens
- Primeiro, você precisa construir bons relacionamentos.
- Segundo, tem que ter integridade.
- Terceiro, deve ter a capacidade de evoluir.
- Quarto, precisa ter um forte conhecimento de finanças.
- E, por fim, tem que sonhar grande – com um propósito real.

FERNANDO TAMAYO
Fundador da Yaqua e do Fighter Club, ex-aluno da JA Peru

As pessoas disseram: "Você está louco? Por que está fazendo isso – vendendo água – e doando todos os lucros?"

Minha experiência na JA

Tudo começou com minha motivação no ensino médio para aprender o que era uma empresa. Eu tinha 15 anos quando meu professor disse que nossa escola iria participar da competição nacional do Programa Miniempresa da JA. Cerca de 15 amigos meus e eu nos reunimos e chamamos nossa empresa de Innova Peru. Eu era o trabalhador número três. Não era o presidente ou o diretor financeiro – era apenas o número três na linha de produção, fazendo o nosso produto. Não tinha uma posição de liderança, mas estava gostando muito. Na verdade, no ensino médio eu era muito tímido e minha experiência na JA fez com que eu tentasse me destacar um pouco mais. Funcionou. Quando começou a feira que encerrava a competição, eu estava lá vendendo nossos produtos no estande. Não vencemos, mas a experiência me deu as ferramentas para ter certeza de que poderia ser bem-sucedido em minhas futuras atividades empresariais.

Então, sim, o programa da JA teve um grande impacto em mim. Por exemplo, aprendi que cada pessoa importa. Eu era apenas o operário número três na linha de produção, mas minha contribuição era importante para a empresa. Também aprendi muito sobre vendas. Entendi que não se trata apenas dos produtos, mas do valor que se atribui a eles – e da história que se usa para apresentá-los ao cliente.

Minha carreira/Meus negócios

Hoje tenho dois negócios, e a companhia de água engarrafada Yaqua é o maior deles. Trata-se de um empreendimento social, que vende mais de 300 mil garrafas de água por mês, com 100% dos lucros investidos em projetos de infraestrutura para desenvolvimento de fornecimento de água limpa em comunidades rurais no Peru. É grande a necessidade. Existem 8 milhões de peruanos que não têm acesso a água potável. Comecei a Yaqua quando tinha 21 anos, mas levei dois anos para conseguir o dinheiro para o investimento, as alianças e as parcerias.

As pessoas disseram: "Você está louco? Por que está fazendo isso – vendendo água – e doando todos os lucros?" Estou muito orgulhoso do que estamos fazendo e o negócio está indo muito bem.

No ano passado, fundei outra empresa de caráter social chamada Fighter Club. Meu cofundador é Jonathan Maicelo, boxeador campeão da categoria peso-leve da América Latina, e temos uma parceria com a Everlast, a companhia líder mundial em equipamentos de boxe. O Fighter Club é uma cadeia de ginásios de treinamento para jovens que vivem em comunidades vulneráveis e que correm o risco de se tornarem criminosos. Nós lhes oferecemos bolsas para treinarem boxe e artes marciais, a fim de que adquiram personalidade e caráter para dizer não às drogas e a uma vida de crime.

Meus conselhos aos jovens

- Primeiro, vivam o problema que vocês querem solucionar. Algumas pessoas querem começar uma empresa social, mas não compreendem, necessariamente, o problema que querem atacar. Eu sempre digo, por exemplo, que se você quiser ajudar deficientes visuais, deveria pelo menos tentar viver um dia como se fosse cego. Isso lhe dará um comprometimento maior e uma compreensão melhor do problema.
- O segundo conselho é: não leve muito a sério todas as respostas negativas que obtiver para suas ideias. Por exemplo, muitas pes-

soas me disseram que minha ideia não daria certo e só iria causar confusão no mercado de água engarrafada no Peru. É bom lembrar que chegamos à Lua mesmo quando todos diziam que isso nunca poderia acontecer.

TANG KENG HONG
Fundador da ImageFarm Productions, ex-aluno da JA Malásia

> É claro que você tem que amar o que faz, mas também precisa ter certeza de que o que você ama irá acrescentar valor ao seu trabalho ou ao seu produto.

Minha experiência na JA

Eu estava no grupo pioneiro quando a JA começou na Malásia, em 1991. Na verdade, quando me inscrevi no programa, aos 18 anos, não tinha ideia de onde estava entrando. Mas pensei que seria uma boa oportunidade para aprender sobre negócios.

Antes do programa da JA meu inglês não era muito bom. Todas as minhas aulas eram em chinês, mas no programa da JA tínhamos que falar inglês durante nossas apresentações e com os mentores externos. Assim, o primeiro benefício foi meu inglês ter melhorado. O outro benefício importante foi ter aumentado meu nível de confiança em mim mesmo. De repente, estávamos aprendendo uma porção de coisas sobre negócios que nossos colegas na escola não sabiam. E talvez não coubesse registrar isso aqui, mas também conheci minha mulher no programa da JA. Logo, é mais um motivo para eu ter boas lembranças.

Hoje ainda mantemos contato com a JA Malásia porque todos os anos a ImageFarm, nossa empresa de produção de vídeos, faz para ela um documentário. A JA tem escritórios em Kuala Lumpur e em Penang, onde está sediada minha empresa.

Minha carreira/Meus negócios

Sempre me interessei por fotografia e em criar belas imagens. Comecei a ganhar dinheiro usando minha câmera aos 13 anos. Quando tínhamos alguma atividade na escola ou em família, eu pegava a câmera e começava a clicar. Eu mesmo revelava minhas fotos e as vendia por pouco dinheiro às pessoas que estiveram presentes. Assim, após me graduar na Universidade da Malásia, decidi dar uma chance à fotografia. Tornei-me fotógrafo comercial em 1998. Mas em 2001, com um sócio, decidi entrar em meu negócio atual de produção de vídeos. Fotografia, vídeo e produção de vídeo são a paixão da minha vida. Hoje fazemos produção de vídeo profissional para grandes companhias e governos em toda a Ásia, e documentários para emissoras de TV da Ásia e da Europa. O negócio é bom e quero seguir fazendo isso – sempre com a ajuda da confiança que adquiri há tantos anos na JA.

Meus conselhos aos jovens

- Primeiro e principal, é fazer aquilo de que gosta. Não pense primeiro no dinheiro – faça o que gosta e o dinheiro virá.
- Segundo, é claro que você tem que amar o que faz, mas também precisa ter certeza de que o que você ama irá acrescentar valor ao seu trabalho ou ao seu produto.
- Você também precisa ter uma noção muito clara do que quer fazer. Às vezes não é prático ter uma ideia perfeita ou um plano muito específico desde o primeiro dia. Mantenha sua orientação geral e seja muito persistente quanto a isso.

- Por fim, não tenha medo de fracassar. Como se diz, o fracasso é a mãe do sucesso, portanto você precisa continuar tentando. Não há problema em cometer erros e assumir alguns riscos calculados. Apenas continue tentando.

LARS JOHANSEN
Fundador da Unicus AS, ex-aluno da JA Suécia

> Em termos de economia nacional, é simples de entender. Para cada autista que empregamos, a sociedade economiza cerca de 12 milhões de coroas norueguesas, ou quase 2 milhões de dólares.

Minha experiência na JA
Ingressei no programa da JA no ensino médio, na Suécia. Meus colegas de classe e eu começamos uma empresa de comércio exterior, importando mercadorias que vendíamos para os amigos e a família. Era um empreendimento bem simples, mas nos deu a melhor noção possível de como tocar um negócio. Aprendemos como lidar com receitas, custos, despesas de capital, para no fim ter lucro. Fui instigado pelo programa da JA e o achei muito interessante e prático.

Sempre pensei que poderia começar algum dia minha própria empresa, mas primeiro fui prestar o serviço militar, depois arranjei um emprego e então fui para a universidade. O verdadeiro impacto que o programa da JA teve sobre mim, que agora reconheço mas que não compreendia na época, foi ter demonstrado na prática que começar uma empresa era mais fácil do que parecia. Sei que muita gente pensa que é complicado – quase igual a uma cirurgia no cérebro –, mas, no programa da JA, vi que eu era capaz de fazer isso, que era divertido e que não era algo de outro mundo.

Minha carreira/Meus negócios

Depois da faculdade trabalhei na área de finanças. Lidava com o mercado de ações na Noruega e era muito interessante, mas depois de 10 anos eu já estava farto daquilo. Pensava no que fazer em seguida quando ouvi falar de uma companhia dinamarquesa que foi a primeira no mundo a combinar o autismo com a atividade de testes de software. Fiquei tão inspirado com essa história que decidi tentar isso eu mesmo, na Noruega. Então, comecei minha empresa, a Unicus, e no ano passado nos expandimos para a Suécia. A ideia, ou o DNA, se preferirem, da empresa é empregar pessoas autistas na atividade de testes de softwares. Assim, somos um negócio de TI que emprega pessoas com autismo.

A lógica de nossa abordagem tem dois fundamentos: o primeiro e mais importante é que as pessoas autistas têm grande vantagens competitivas no teste de software. O autismo lhes proporciona aptidões e características especiais para esse trabalho. São pensadores muito lógicos, analíticos, veem detalhes que outros não são capazes de enxergar e têm forte talento para reconhecimento de padrões. São também muito honestos. Não mentem, o que sem dúvida é um bom traço de caráter para qualquer funcionário. Como nosso pessoal tem essas habilidades e características especiais, nossos clientes sempre retornam para comprar nossos serviços.

A outra razão por trás de nosso negócio é dar emprego a pessoas com autismo porque elas têm dificuldades no mercado de trabalho convencional. Esse é o lado social do nosso negócio. Em termos de economia nacional, é simples de entender. Para cada autista que empregamos, a sociedade economiza cerca de 12 milhões de coroas norueguesas, ou quase 2 milhões de dólares. Por exemplo, durante sua vida adulta, em vez de se pagar a pessoas para que fiquem em casa sem fazer nada, nossos funcionários trabalham, se sustentam e, é claro, pagam seus impostos. Existem também economias secundárias em assistência médica e outras coisas. Se você pega indivíduos que não são capazes de participar da força de trabalho convencional e lhes provê um trabalho que conseguem fazer, é bom para eles e para o país.

Ainda somos uma companhia pequena, com escritórios em Oslo e em Estocolmo. Começamos em 2008 e temos tido lucro todo ano, exceto por um pequeno déficit em 2012, portanto nosso negócio e nosso histórico financeiro são bons. Este ano estamos com 25 funcionários, e 22 deles têm autismo. Assim, o negócio tem progredido bem nestes 10 anos. Esperamos expandi-lo pela União Europeia com base em nosso bom retrospecto. Certamente provamos a validade do conceito – que ele funciona, que podemos ter lucro e que provê um bom serviço e retorno econômico para o país.

Meus conselhos aos jovens

- Aos jovens eu digo que sigam aquilo por que se interessam. Talvez seja um clichê, mas insisto nisso porque o mundo está mudando com muita rapidez. Trata-se de ser capaz de se atualizar, estar a par do que está acontecendo e descobrir o que satisfaz seu interesse.
- Concentre-se naquilo em que você tem vantagem competitiva. Aprendemos isso no nosso negócio. Como mencionei, pessoas com autismo têm uma forte vantagem competitiva, e você deve se valer da sua vantagem competitiva, seja qual for.
- Por fim, os jovens já têm uma grande vantagem competitiva: não estão limitados a um pensamento conservador. Podem e devem ser inovadores e mesmo disruptivos em sua maneira de pensar. A esse respeito, gosto de citar Einstein: "Não podemos resolver problemas usando os mesmos tipos de pensamento que criaram os problemas." Precisamos de novas maneiras de resolver velhos problemas, e as pessoas mais jovens levam vantagem nisso.

CAPÍTULO 3
INOVAÇÃO EM ALTA VELOCIDADE
A necessidade de inventar, a liberdade para agir

> "O processo da DryWash foi inventado porque eu me sentia culpado por desperdiçar tanta água e eletricidade só para lavar um carro."
>
> LITO RODRIGUEZ, fundador da DryWash

Inovação em alta velocidade é a arma secreta do empreendedor – e é quase sem custo. No mundo atual você não encontrará um modo melhor e mais barato de dar à sua startup uma enorme vantagem competitiva. Mas o que é isso exatamente? Há duas regras de ouro para a inovação em alta velocidade: a primeira é que você e seu pessoal devem considerar a inovação uma necessidade absoluta; e a segunda é que deve haver um alto sentido de urgência na tomada de ações e na implementação de novas ideias. Chamamos isso de *necessidade de inventar* e de *liberdade para agir*.

A ação inovadora pode fazer maravilhas em todos os setores, incluindo os da "economia verde", que estão em grande expansão. Vejam o caso de Lito Rodriguez, o jovem rei dos lava-jatos no Brasil, que descobriu como lavar carros sem uma gota de água e com uma redução de 99,5% no consumo de eletricidade por veículo. Ele se sentia incomodado com o desperdício de água e de eletricidade nas instalações tradicionais de lavagem de automóveis: "Eu não precisei ser um químico para criar meu produto – o que foi uma sorte, já que levei bomba em química na escola! A coisa mais importante que descobri foi que a água não lava nada. É a fricção que limpa as coisas, não a água. O processo da DryWash se baseia nesse princípio. Aprendi também que quando você sente uma necessidade real de melhorar algo, se fizer muitos experimentos e trabalhar nisso sete dias por semana, acabará chegando a uma forma melhor de fazer as coisas."

Com mais de 500 pontos no Brasil e 14 mil pedidos de franquia do mundo todo, Rodriguez com certeza fez isso. E num cenário onde muitos países estão enfrentando escassez de água, ele também provou que uma pequena invenção, perseguida de forma implacável num lava-jato em São Paulo, pode ajudar a resolver um grande problema global.

Todos sabemos que a necessidade é a mãe das invenções e que se alcança mais num dia de crise do que num mês de complacência. O truque então é aprender como manter esse senso de urgência vivo em seu negócio, de modo que a inovação se torne uma necessidade e que cada um tenha liberdade para agir, e agir com rapidez. A inovação em alta velocidade poderia ser sua arma secreta também. E por que não? Tudo que é preciso é sentir a necessidade de fazer melhor – e ter a liberdade para fazê-lo mais rápido.

AS DUAS REGRAS DE OURO DA INOVAÇÃO EM ALTA VELOCIDADE

"Aqui o fracasso é uma opção. Se as coisas não estiverem dando errado, você não está inovando o bastante."
ELON MUSK, Zip2m XCom, PayPal, Tesla, SpaceX, Solar City e Hyperloop

A esta altura você pode estar pensando: "A ideia do meu negócio é bem normal, talvez até um pouco banal. Quem é que vai sentir uma necessidade tão grande de velocidade ou inovação no meu negócio? De onde virá nosso sentimento de necessidade e nosso senso de urgência?"

Elon Musk seria uma ótima pessoa para responder a essa pergunta. Ele cria novas organizações do jeito que outras pessoas criam novos produtos. Veja ao lado de seu nome, na citação, a lista de suas empresas – e ele tem apenas 46 anos. Sua famosa explicação de por que ele fica criando novos produtos e novas companhias é que um dia no chuveiro, muitos anos atrás, ele se perguntou quais eram a cinco coisas que mais provavelmente afetariam a humanidade de um modo positivo. Ele concebeu sua lista (a internet, energia sustentável, exploração do espaço, inteligência artificial e a reformulação da genética humana) e decidiu se aventurar em todas. Até o momento, desenvolveu negócios relacionados a três dessas cinco áreas.

Esse poderia ser rotulado como o método da perspectiva ampla para a concepção de ideias, mas contém dicas muito práticas quanto a ser inovador e voltado para a ação. Especialmente quando Musk diz também que o principal motivo de ele ter sido bem-sucedido é "trabalhar um bocado". Combine essas duas atividades, imaginando o que é preciso para fazer as coisas serem melhores e trabalhando um bocado para que isso seja feito, e você chegará à combinação vencedora do pensamento inovador com muita ação. Tome então da citação a outra ideia de Musk, de que algumas falhas pelo caminho são necessárias como parte do processo, e chegamos a uma definição perfeita daquilo que gostamos de chamar de inovação em alta velocidade.

Infelizmente, não existe almoço grátis na implementação da ideia de que inovação em alta velocidade é uma necessidade nos negócios – em qualquer negócio. Assim, o ímpeto para isso deve vir de você, o fundador. É você que tem que implementá-lo em sua empresa. Ele vem de suas próprias percepções do desafio que está enfrentando e do que é preciso ser feito para obter sucesso. Quaisquer que sejam as circunstâncias ou o seu negócio, fazer melhor e fazer mais rápido precisam acontecer numa corrida desenfreada contra o tempo. Ir além das expectativas de seus clientes e superar a concorrência é um nobre desafio para qualquer companhia. Até superar a si mesmo pode ser emocionante – e às vezes mais importante do que superar o outro. O que é certo é que você não pode simplesmente ficar sentado esperando que alguma coisa grande e empolgante aconteça no seu negócio. Felizmente, você *pode* fazer acontecer. Você *tem* que fazer acontecer se espera que sua empresa e seu pessoal reajam com grande velocidade e grandes ideias.

Akito Morita, o fundador da Sony, gostava de dizer: "A prática da ação inovadora é a arma secreta do empreendedor... e o melhor nisso tudo: é grátis!" Ele tinha razão. Apenas considere o seguinte: um importante estudo das empresas da Califórnia descobriu que o custo da inovação, medido pelos novos produtos e pelas patentes, era 24 vezes maior nas grandes companhias do que nas pequenas. Se você é o CEO de uma burocracia gigante, essa estatística pode deixá-lo muitas noites sem dormir. Se é um empreendedor com uma startup, é a melhor notícia que já ouviu.

Hoje em dia, poucas pessoas precisam de estatísticas para se convencerem de que a velocidade e a criatividade são os maiores fatores da competitividade em nossa economia global. E menos ainda vão discordar de que companhias jovens, empreendedoras, são capazes de levar a melhor sobre seus concorrentes maiores – e fazem isso com regularidade. O motivo número um: são mais rápidas e mais inovadoras.

A questão, então, é: como fazer isso? O que faz de fato com que empreendedores e suas startups sejam tão rápidos e inovadores? E você seria capaz de manter isso vivo enquanto sua companhia vai atravessando seu ciclo de vida – ficando maior e mais burocratizada ano após ano? Essas são coisas importantes a saber – podemos chamá-las de "mutações genéticas" da companhia empreendedora. Ainda bem que, diferentemente da decodificação do genoma humano, as práticas empreendedoras não são tão complicadas. No cerne de toda inovação em alta velocidade estão apenas duas regras de ouro: sentir a necessidade de inventar e ter a liberdade para agir.

A NECESSIDADE DE INVENTAR

"Fizemos isso porque acreditamos que tínhamos que fazer."
LARRY HILLBLOM, cofundador da DHL

Você conhece este provérbio: "Mater artium necessitas"? Se o seu latim está um pouco enferrujado, saiba que significa "A necessidade é a mãe da invenção". E temos dito isso desde o tempo de César – porque é absolutamente verdadeiro. A história está repleta de evidências de que qualquer um é capaz de ser inovador se sua vida depender disso. E uma das grandes ilustrações desse fato no mundo dos negócios é a incrível história de Larry Hillblom.

Ele era um jovem estudante de direito no norte da Califórnia que trabalhava nos fins se semana como freelancer, no papel de *courier*, entregador internacional. Na época não havia empresas especializadas nesses serviços. Entregar em mãos documentos urgentes e expiráveis, dinheiro, cheques de viagem e até vacinas, em todo o mundo, era um negócio individual e desorganizado, feito dessa maneira havia décadas. Para Hillblom, ser entregador era uma grande maneira de passar o fim de semana. Ele estudava muito durante a viagem a ainda embolsava alguns dólares.

Em seus longos voos através do Pacífico, começou a se perguntar por que nenhuma companhia provia esse valioso serviço. Numa viagem de 15 horas para a Ásia ele rascunhou a ideia de criar uma empresa de entregas internacionais. Convocou dois colegas que também eram entregadores freelancer para se juntarem a ele. Chamaram a companhia de DHL (de Dalsey, Hillblom e Lynn) e literalmente inventaram um setor econômico.[2]

Hillblom logo aprendeu que a criação de uma rede global da DHL era uma necessidade absoluta para manter o negócio de pé e funcionando. Escritórios esparsos aqui e ali não seriam interessantes para o Bank of America e o Deutsche Bank ou para a Toyota e a IBM. Isso queria dizer que a DHL teria que criar uma rede mundial de escritórios – da noite para o dia. Mas como três entregadores freelancer sem experiência em negócios nem dinheiro fariam isso?

Hillblom me disse que eles levaram isso adiante por uma única razão: "Fizemos porque acreditamos que tínhamos que fazer. Sem rede não haveria negócio. E não faríamos se não fosse por nossa própria iniciativa, com nossas poucas economias e com nossos próprios métodos, o que foi uma sorte para nós. Se tivéssemos empregado nosso tempo escrevendo planos de negócio, entrando na fila de financiamento de bancos e usando *headhunters* em 50 países, hoje a DHL não existiria." E que rede eles construíram! Abriram escritórios em 120 países nos primeiros 10 anos de existência da empresa – ainda hoje a mais rápida expansão na história de qualquer companhia!

Começaram na Ásia. Seu método era puro *mater artium necessitas.* Em toda viagem de *courier* que cada um deles fazia, contratavam quem pudessem encontrar para ser seu parceiro local. Não eram muito seletivos.

---

[2] A DHL foi fundada como um negócio de entregas internacionais em 1969. Já a FedEx foi fundada inicialmente como um negócio de entregas domésticas nos Estados Unidos dois anos depois, em 1971.

Um taxista no aeroporto de Sydney, o gerente de um quiosque da A&W Root Beer na Malásia, um vendedor de brinquedos em Hong Kong e assim por diante. Não havia planos ou sistemas ou procedimentos, e zero financiamento externo. Apertos de mão selavam os acordos. Foi assim que nasceu a rede mundial de parceiros e miniempreendedores da DHL.

Larry Hillblom (Dalsey e Lynn optaram por sair ainda no início) criou realmente uma rede, sem recursos ou experiência, porque acreditou que tinha que fazer isso. Na ocasião de sua prematura e misteriosa morte,[3] havia criado uma companhia de 3 bilhões de dólares, com 40 mil empregos, abrangendo o mundo inteiro. Essas coisas podem acontecer quando você e sua equipe sentem uma real necessidade de inventar. Para se assegurar de que o espírito de *mater artium necessitas* esteja vivo e bem em sua equipe, e continue vivo enquanto a empresa cresce, aqui estão três práticas-chave para ter em mente:

- **Sentir o calor da necessidade.** É difícil ganhar de grandes histórias como a da DHL, ou então, a história dos seis mineiros de Minnesota que, em 1906, estavam diante de uma falência após terem investido as economias de toda a vida numa pedreira "sem valor". Esperavam extrair dela minerais valiosos, mas tudo que encontraram foi areia. Tentaram imaginar o que fazer com toda aquela areia que agora possuíam. No desespero, tiveram a ideia criativa de criar um produto colando areia num papel para polir objetos de metal ou de madeira. Chamaram sua invenção, em inglês, de *sandpaper*, ou papel de areia, o que conhecemos como lixa – o primeiro produto da grande 3M Company –, e o resto é história. Enfrentar a necessidade de inventar é uma lição que a 3M nunca esqueceu. A inovação em produtos continua a ser seu valor corporativo singular e ela tem a maior taxa de receita por produtos novos (cerca de 30%) de qualquer grande organização do mundo.

---

3 Larry Hillblom morreu há vários anos enquanto pilotava seu próprio avião. Desapareceu no oceano Pacífico sem deixar vestígios, perto de sua casa, na ilha de Saipan. Larry evitava publicidade e tornou-se praticamente um recluso quando tinha 40 anos. Morreu como viveu – fazendo as coisas à sua maneira. Eu estive com ele apenas duas vezes, mas, como todos que o conheciam, fiquei fascinado por aquele rebelde inovador de negócios.

Aliás, a 3M diz que suas três maiores fontes de ideias para produtos novos são acidentes, falhas e erros – não exatamente o tipo de coisas que se ensinam nas escolas de negócios.

Companhias inovadoras como DryWash, Tesla, SpaceX, DHL e 3M, todas sabem que "sentir o calor da necessidade" é um grande componente para manter viva sua criatividade. Há muitas coisas que você pode fazer. Torne isso uma estratégia visível, notada pelos funcionários. Use treinamento de criatividade, boletins sobre inovação, programas de sugestões – o que puder para manter a ideia viva em toda a empresa. Garanta que cada um se encontre alguma vez com clientes, para sentir algum calor pessoal vindo daqueles que pagam seu salário. Os funcionários "sentirão o calor" quando compreenderem que seu emprego e a sobrevivência da empresa estão em jogo todos os dias.

- **Criar crise e urgência.** Akio Morita, fundador da Sony, dizia: "Um pouco de crise é uma coisa boa." E é mesmo. Todos sabem que se faz mais num dia de crise do que num mês de complacência. Mas como fazer com que esta noção seja incorporada à sua futura organização? Será que há maneiras positivas de criar uma pequena crise e um bocado de urgência?

Um senso de crise e urgência pode ser criado de forma mais poderosa utilizando-se a antiquada técnica de liderar mediante exemplo pessoal. O melhor exemplo que já vi é o do meu conhecido de longa data Jimmy Pattison, fundador e único proprietário do The Jim Pattison Group. Com mais de 10 bilhões de dólares de receita e 45 mil funcionários, é a segunda maior companhia de propriedade privada do Canadá. Como se pode adivinhar, Pattison tem o dom de chamar a atenção das pessoas.

A primeira vez que fiz um discurso numa conferência de sua companhia foi na linda Colúmbia Britânica. Quando cheguei ao local, vi na programação que eu deveria abrir os trabalhos na manhã seguinte – no encantador horário das 7h. No jantar naquela noite, para ter certeza de que não havia engano, perguntei a Jimmy se a hora marcada para começar era realmente 7h. Ele respondeu, como que constatando um fato trivial: "Sim, gostamos de iniciar todas as nossas reuniões às 7h. E aliás, Larry, se você não se incomodar, chegue um pouco mais cedo, pois não gosto de começar tarde."

Assim, na manhã seguinte cheguei ao salão às 6h30 e vi que todos já estavam sentados esperando que a conferência – e meu discurso – começasse. Jimmy agarrou meu braço e me levou para o palco, dizendo: "Acho que estão todos aqui, então vamos começar agora." Eu limpei a garganta, tomei um rápido gole de água e iniciei minha apresentação para os 300 gerentes na plateia. Olhei de relance para o relógio: eram 6h31, e a conferência anual do The Jim Pattison Group estava em andamento! Nunca me esquecerei disso enquanto viver. E, é claro, esse é exatamente o ponto. É a maneira como Pattison envia uma poderosa mensagem.

Há outros modos de criar uma pequena crise e um bocado de urgência: estabelecer prazos reais e se agarrar a eles. Ao perder um bom cliente, faça disso um grande problema. O mesmo vale para reclamações sobre produto ou serviço. Por fim, assegure-se de que todos os seus funcionários saibam que você leva extremamente a sério a tarefa de fazer do negócio um sucesso. O truque é difundir essa mensagem em doses pequenas e regulares. A mensagem empreendedora é clara: uma pequena crise por dia mantém a complacência arredia.

- **Fazer alguma coisa, qualquer coisa, melhor a cada dia.** Thomas Edison, ainda o recordista de patentes nos Estados Unidos e fundador de muitas empresas, é famoso por esta pérola de sabedoria: "Invenção é 10% de inspiração e 90% de transpiração." Então, o que pode você fazer para garantir que o "nível de transpiração" em seu futuro negócio seja alto? Para começar, você e todo funcionário que contratar precisam acreditar que a tarefa mais importante que têm todo dia é encontrar um jeito melhor de fazer o trabalho. Isso se chama aprimoramento contínuo do desempenho humano – e é uma das mais visíveis diferenças de comportamento entre um empreendedor faminto tentando sobreviver e o burocrata complacente contando os dias que faltam para a aposentadoria.

Para um exemplo dramático desse comportamento, vamos dar uma olhadela final em Elon Musk. Ele elevou o nível em relação a se "fazer algo melhor a cada dia" – está criando uma nova companhia a cada poucos anos. Vejam a série de grandes empresas futuristas que ele fundou em apenas duas décadas: Zip2, X.com, PayPal, Tesla,

SpaceX, SolarCity e Hyperloop. São sete empreendimentos de sucesso em apenas 20 anos. Esse inovador em série estava tão ansioso para começar a criar negócios que deixou o doutorado em física aplicada em Stanford após somente dois dias de aula para fundar sua primeira empresa – e nunca olhou para trás. Elon Musk exerce a prática de "fazer alguma coisa, qualquer coisa, melhor a cada dia" total e meticulosamente.

Como conseguir que cada funcionário chegue ao trabalho todos os dias pensando: "O que posso fazer hoje um pouco melhor do que fiz ontem?" Primeiro, incuta essa noção em cada descrição de vaga. Depois faça disso parte dos objetivos de desempenho de todos. Você pode até realizar um workshop de sobre a importância disso e dar exemplos do que espera que as pessoas façam. Lembre-se: se cada funcionário trabalhar todo dia buscando de verdade melhorar algo em sua área, você estará falando de melhoras milagrosas em toda a empresa. Portanto, experimente. Pode acabar sendo a maior vantagem competitiva de seu futuro negócio.

A LIBERDADE PARA AGIR

"O truque é cruzar primeiro a linha de chegada."
ED PENHOET, fundador da Chiron Corporation

Inovação sem ação pode lhe conseguir um prêmio Nobel, mas não lhe conseguirá um cliente. A maioria dos empreendedores concorda que no mundo atual, ação rápida é ainda mais importante do que inovação. A indústria da biotecnologia é um lugar perfeito para aprender isso. E o fundador e CEO da Chiron Corporation, Dr. Edward Penhoet, é o líder empreendedor perfeito a quem se perguntar a respeito. Cerca de 25 anos depois de sua fundação, a Chiron cresceu e se tornou uma das grandes vencedoras na corrida da biotecnologia.

Seu primeiro produto de grande sucesso, e que a pôs no mapa, foi a vacina contra a hepatite B – que hoje se estima ter evitado milhões de casos de hepatite e milhares de mortes. Também criou produtos para o tratamento de câncer no rim e melanoma, vacinas pediátricas e exames de sangue para detecção de HIV e hepatite. Tornou-se a terceira maior firma de biotecnologia no mundo – depois da Genentech e da Amgen –, com cerca de 2 bilhões de dólares de receita e sólidos lucros. Seu valor de mercado atingiu cerca de 9 bilhões de dólares, o que a coloca na elite das firmas de biotecnologia que produzem grandes produtos e enormes lucros. Com esses números impressionantes, ela foi adquirida pela Novartis, a gigantesca firma farmacêutica suíça, e a notável jornada empreendedora da Chiron chegou ao fim. Mesmo assim, as suas lições de empreendedorismo são profundas e merecem ser relatadas aqui.

Ed Penhoet e eu fomos palestrantes numa conferência em San Diego. Enquanto ouvia aquele articulado cientista/empreendedor, com doutorado tanto em biologia quanto em química, percebi que tinha que entrevistá-lo. Alguns meses depois, fui a Emeryville, na Califórnia, sede da Chiron, para uma visita a seus famosos laboratórios e para uma longa entrevista na sala de Penhoet. Não sabia bem o que esperar, mas supunha, considerando a natureza incrivelmente tecnológica da indústria de biotecnologia, que o sucesso dependesse primordialmente de quão inteligentes eram os cientistas que você contratava.

Mas eu iria me surpreender. "Somos todos inteligentes", disse Penhoet. "Em nossa área já fomos pré-selecionados, no sentido de que, quando você lida com pessoas que têm Ph.D.s das maiores instituições, como Harvard, Universidade da Califórnia em Berkeley ou em São Francisco, já se presume que eles são inteligentes. Nesse grupo há pouquíssimas pessoas que são de fato muito mais inteligentes que o resto. No início era só uma corrida. Todos sabíamos o que precisava ser feito. Tínhamos que ser capazes de já dar a partida correndo e nos manter assim. Todo mundo fala agora sobre velocidade, certo? Bem, com certeza na biotecnologia o truque é cruzar primeiro a linha de chegada."

Quem imaginaria que a velocidade é uma vantagem competitiva mais crucial do que o QI no avançado negócio de alta tecnologia da biogenética? Se a alta velocidade na ação é uma vantagem definitiva até em biotecnologia, quais são as possibilidades de que seja também um fator competitivo crucial no seu próprio negócio? Se você está pensando em algo como mil para um, provavelmente está certo. Então, como vai fazer isso acontecer? Se deseja fomentar essa predisposição para a ação, seu pessoal precisa ter liberdade para agir, para experimentar e para cometer erros. Não é mais complicado do que isso. Aqui estão três métodos comprovados para começar:

- **Libertar o gênio do trabalhador mediano.** Soichiro Honda não fazia parte das tradicionais famílias da indústria japonesa. Filho de um ferreiro, começou como mecânico e tornou-se piloto de corridas de automóvel, antes de projetar e fabricar um dos grandes produtos de todos os tempos no mundo, a scooter Honda. Tendo estudado apenas até o terceiro ano, ele acreditava que as melhores ideias na empresa vinham das pessoas que efetivamente fabricavam os carros. Honda chamava isso de "o gênio do trabalhador mediano". Explorar esse gênio é a motivação do famoso programa de sugestões dos funcionários da Honda, que ainda hoje produz o assombroso número de 15 mil sugestões por mês – todas elas lidas, avaliadas e respondidas em 30 dias.

  Como já foi mencionado, obtive informações "privilegiadas" sobre esse notável empreendedor quando entrevistei Tetsuo Chino na sede da Honda, em Tóquio. Chino foi presidente da Honda Estados Unidos e cresceu no negócio de automóveis com o Sr. Honda. Ele me contou histórias maravilhosas sobre como Honda se relacionava com as bases: "Honda lançou muitas políticas e ações que lhe valeram o apreço dos trabalhadores comuns: ele construiu três fábricas da Honda no Japão só para trabalhadores com deficiências. Os funcionários apreciavam muito isso. Ele também tinha uma regra bastante incomum para uma companhia japonesa – nem ele nem qualquer um dos executivos principais poderiam ter parentes trabalhando na Honda. Ele dizia que não queria uma dinastia porque isso seria injusto com o restante dos funcionários. O Sr. Honda acreditava que o gênio da companhia estava nos trabalhadores. E estes sabiam que ele confiava neles."

  Então, quem serão os gênios da sua empresa? Para quem você vai se voltar em busca de boas ideias e quem vai incentivar a agir em função dessas ideias? Seriam seus trabalhadores comuns, se você aplicar a moral da história da Honda: liberte o gênio dos seus trabalhadores medianos e você criará um milagre em sua empresa – um milagre de boas ideias e ações.

- **Tomar medidas dirigidas aos clientes, aos produtos e à sua organização.** Para onde você deve dirigir suas ações inovadoras? A resposta empreendedora seria: para o cerne daquilo que o mantém competitivo. E isso, é claro, nos leva de volta aos clientes e aos produtos. Você nunca vai errar ao agir para melhorar seus produtos e prestar melhores serviços a seus clientes.

Ações dirigidas ao funcionamento interno de seu negócio são também, seguramente, vencedoras. Isso inclui medidas para melhorar os processos-chave da empresa, como contratação, desenvolvimento de funcionários, sistemas de finanças e contabilidade, eficiência administrativa geral, sistemas de TI, controle de custos, de compras, jurídico, etc.

Na realidade tudo se resume a voltar as ações para aquilo que pode desenvolver ou quebrar a empresa. Kathy Prasnicki Lehne, uma empreendedora do Texas, aprendeu isso no primeiro dia no "duro negócio masculino" de venda de combustíveis no atacado. Ela fundou a Sun Coast Resources aos 23 anos e com apenas 2 mil dólares. Ela diz: "Desde o início, a empresa foi levada a enfrentar desafios com soluções inovadoras. Todo dia eu preciso achar coisinhas para melhorar e modos de economizar tempo e dinheiro. É a única maneira de vencer num negócio cuja margem é de 3%." E ela está vencendo. A Sun Coast Resources, com 1,8 bilhão de dólares em vendas, tornou-se a maior distribuidora de combustíveis no estado do Texas. E Kathy, que faz apostas altas em jogos de pôquer no seu tempo livre, é hoje a orgulhosa fundadora e CEO da maior companhia de propriedade de uma mulher em todo o Texas.

Há, com efeito, uma longa lista de ações recomendadas para melhorar a eficiência organizacional: e-mails/memorandos com uma página apenas, formulários simplificados, resposta a reclamações em 24 horas, cadeias de suprimento mais enxutas, menos níveis de gerência, etc. Mas a dica mais eficiente de todos os tempos vem de Robert O'Brien, presidente do Banco Carteret, em Nova Jersey. Para reduzir as aparentemente infindáveis reuniões no banco, ele mandou retirar todas as cadeiras das salas de reunião em todo o banco. Ele me disse: "Larry, foi um milagre. Hoje temos poucas reuniões e nunca duram mais de cinco minutos. Nosso pessoal adorava ficar sentado durante horas nessas grandes e confortáveis cadeiras de couro, mas detesta fazer reuniões de pé." Um pouco extremado, talvez, mas é bem o tipo de ação chamativa de que você precisa para melhorar "coisinhas" dentro de sua empresa.

- **Batalhar contra a burocracia.** Burocracia não deveria ser um problema para empreendedores e suas startups. Porém, considere o seguinte: se você tiver sucesso e ficar cada vez maior – e começar a afundar em políticas e práticas burocráticas –, não seria melhor começar com o pé direito impedindo a burocracia de se instalar desde o início?

Para aprender como se pode vencer a batalha contra a burocracia, não há modelo de atuação melhor que o de Norman Brinker, que sozinho inventou o negócio da cadeia de restaurantes de serviço completo nos Estados Unidos. Ele fez de tudo: desde servir hambúrgueres no Jack in the Box, presidir a gigante Burger King e criar uma cadeia famosa após outra – Steak and Ale, Bennigan's, Romano's Macaroni Grill e a marca que é sua bandeira, Chili's Grill & Bar. Ao longo do caminho, Brinker tornou-se uma lenda viva no negócio de restaurantes e reescreveu a história da batalha contra a burocracia na indústria de servir comida. Poucos anos atrás tive o prazer de me encontrar com Brinker e conversar bastante com ele em Singapura. Aqui está a receita de Brinker, já comprovada, de combate à burocracia:

- **É um desafio para a vida toda.** "Quanto maior você se torna, mais difícil fica. Imagine mudar um item do menu em 30 mil lojas do McDonald's."
- **Um feedback direto do cliente é melhor do que pilhas de papel em pesquisas de mercado.** "Eu esperava as pessoas saírem de nossos restaurantes e perguntava a elas: 'O que achou? Este lugar é bom?' É assim que você obtém um bom feedback de clientes no negócio de restaurantes."

- **Um feedback direto dos funcionários é melhor do que pesquisas internas.** "Nós passamos muito tempo falando com nosso pessoal. Gosto de circular nos diferentes setores e de explorar qualquer ideia nova que tenham em mente."
- **Empreender ações descentralizadas sempre é melhor do que controle corporativo.** "Contornar todas as burocracias e tomar decisões nos níveis mais baixos possíveis é a melhor resposta."
- **Realizar auditorias anuais de burocracia.** "Assim como as companhias têm auditorias financeiras anuais, você precisa fazer uma 'auditoria de burocracia' anual para eliminar procedimentos e formulários desnecessários e obsoletos."
- **Não se torne parte do problema.** "Sempre que alguém sugerir um novo procedimento, um novo comitê ou outro sistema, pergunte a si mesmo: 'Como isso vai contribuir para vencer a concorrência?' Se não obtiver uma resposta clara e convincente, abandone a nova ideia."

Vamos encerrar o capítulo com um outro olhar sobre o maior setor, o mais quente e mais empreendedor em alta tecnologia de todos eles – a indústria da biotecnologia –, que opera numa corrida contra o tempo com uma insaciável necessidade de inovação.

MUDANDO O MUNDO COM UMA BOA IDEIA

"Estamos estudando a informação mais sagrada que existe.
A informação envolvida na concepção de quem você é."
KÁRI STEFÁNSSON, fundador da deCODE Genetics

Em 1980 não existia nenhuma companhia de biotecnologia no mundo. No final daquele ano, a Suprema Corte dos Estados Unidos determinou que organismos criados por engenharia genética são patenteáveis – e com isso nascia uma das indústrias mais importantes e de crescimento mais rápido na história. Hoje existem cerca de 3 mil firmas de biotecnologia no mundo inteiro, com valor de mercado total próximo de 1 trilhão de dólares e uma receita total de 150 bilhões.

Os pioneiros da indústria têm sido empresas das quais ninguém tinha ouvido falar 25 anos atrás: organizações como Genentech, Amgen, Chiron – e agora a deCODE Genetics, membro interessante e inovador da atual elite da biotecnologia, fundada no distante país viking chamado Islândia.[4]

Uma das estrelas dessa deslumbrante indústria é o Dr. Kári Stefánsson, fundador e CEO da deCODE Genetics. Tive o prazer de fazer duas longas entrevistas com ele em Reykjavik, num fim de semana muito frio de janeiro. Ele progrediu de jovem professor na Faculdade de Medicina de Harvard a empreendedor de alto nível e ao homem mais rico e famoso da Islândia – apenas nas duas últimas décadas. Eis o relato do próprio Stefánsson sobre como tudo isso começou: "Eu era professor na Faculdade de Medicina de Harvard, estudando a genética da esclerose múltipla, quando comecei a notar a confluência de duas coisas muito importantes. A primeira era a tecnologia que se estava produzindo para permitir que se estudasse genética de modo sistemático. A segunda, as qualidades incrivelmente importantes da nação islandesa que poderiam ser exploradas quando essa tecnologia estivesse em nosso país. Comecei assim a sentir o perigo de que companhias e universidades estrangeiras fossem para a Islândia e transportassem material de lá para estudos no exterior. Assim, considerei a possibilidade de estabelecer uma instalação na Islândia. Montei um plano de negócio, levantamos dinheiro suficiente para iniciar a empresa, a maior parte com o governo, e começamos no outono de 1996."

Para entender o contexto, a Islândia, um país com um total de 350 mil habitantes, tem a população mais homogênea do mundo. É formada totalmente por vikings originais da Noruega e uns poucos escravos irlandeses que trouxeram com eles no século IX. Praticamente não houve nova imigração para a Islândia desde então. (Minha visita em janeiro me deu uma pista do porquê!) É o único país no mundo no qual a lista telefônica é ordenada pelos primeiros nomes, tão poucos

---

[4] Em 2012 a deCODE Genetics foi adquirida pela Amgen, a maior firma de biotecnologia do mundo. Tudo indica que a aquisição tenha sido bem-sucedida, com a deCODE operando de forma independente e mantendo Kári Stefánsson como CEO.

são os sobrenomes na população. Esse aspecto da história, uma quase total homogeneidade no país, está no cerne da maior companhia empreendedora da Islândia. Como a genealogia é incrivelmente bem documentada ao longo do tempo até o ano 874 d.C., a Islândia é o laboratório dos sonhos do geneticista. A deCODE Genetics foi fundada sob a premissa de que a única maneira de descobrir a base genética de doenças complexas como câncer, Alzheimer, esquizofrenia e esclerose múltipla é encontrar as mutações genéticas em populações homogêneas, eliminando com isso a ampla variabilidade genética encontrada em grupos com diferentes raças e etnias. Apenas comparando o DNA de pessoas com uma doença específica com o de pessoas muito semelhantes que não têm a doença pode-se esperar isolar as mutações genéticas que causam a doença. A Islândia é de longe o melhor lugar no mundo para se fazer isso.

Os resultados têm sido espetaculares. Como confirmação, a deCODE Genetics e seu fundador tiveram ótima repercussão na imprensa. Stefánsson efetivamente conseguiu o que poucos cientistas jamais terão: três matérias de grande sucesso na primeira página do jornal mais importante do mundo, o *The New York Times*. De maneira similar, uma manchete no *The Wall Street Journal* dizia: "Se este homem tem razão, o futuro da medicina está no passado da Islândia." E o *The Financial Times* de Londres relatou: "A Islândia capta dinheiro em seu Banco de Genes Vikings." O motivo para toda essa cobertura sem precedentes da elite da imprensa é que os avanços na medicina continuavam a vir da deCODE Genetics. Marcadores genéticos totalmente novos já tinham sido descobertos para esquizofrenia, doença de Alzheimer, esclerose múltipla e vários tipos de câncer.

A citação do próprio Stefánsson, extraída de nossa entrevista, demonstra seu próprio deslumbramento e sua paixão: "Estamos estudando a informação mais sagrada que existe. A informação envolvida na concepção de quem você é. É de longe a maneira mais poderosa de buscar novos conhecimentos na medicina e tem feito milagres para nós. Estamos convencidos de que será o mecanismo mediante o qual vamos instituir uma nova revolução na medicina." É isto. Kári Stefánsson concebeu uma nova ideia, a adotou – e mudou o mundo. Você é capaz de fazer o mesmo.

> Este formulário, que está no final do livro, é destinado a registrar seus planos para incrementar a inovação, acelerar a ação e combater a burocracia.
> **Formulário 9:** Criando inovação em alta velocidade

ENTREVISTAS COM EX-ALUNOS DA JA

SANJAY GUPTA
Correspondente-chefe para assuntos médicos da CNN, chefe associado de neurocirurgia da Faculdade de Medicina da Universidade Emory, ex-aluno da JA

> Se você se sente bem com aquilo que está fazendo e ao mesmo tempo está ajudando seu próximo, todos se beneficiam.

Minha experiência na JA

A JA foi para mim uma experiência muito formadora. Eu vivia numa pequena cidade no sudeste de Michigan. Meus pais eram engenheiros do setor automotivo. Eram imigrantes, pessoas empreendedoras em busca de oportunidades econômicas e educacionais. Minha mãe ouviu falar da JA pela primeira vez por seus colegas de trabalho e trouxe para casa algumas informações a respeito. Esta foi a primeira centelha de interesse. Eu estava num momento da vida em que não sabia o que iria fazer no futuro, mas havia algo nos aspectos empreendedores e colaborativos da JA que me atraíram muito. Eu estudava numa escola muito pequena e encontrar pessoas com a mesma mentalidade era um desafio. Assim, pensei que ampliar um pouco os horizontes seria interessante.

Fiquei dois anos e meio na JA. Durante esse tempo, tivemos alguns negócios e produtos no Programa Miniempresa. Lembro-me bem de um em que usamos o anuário da escola, que continha as fotografias de todos os alunos. Num processo que só posso descrever como de fotografia rudimentar, com um pouco de edição, fotografamos as fotos dos estudantes no anuário e as estilizamos em forma de cartões para, basicamente, vendê-los às famílias dos estudantes que estavam terminando a escola. Assim, vendemos esses cartões aos pais, depois outras pessoas quiseram alguns e aceitamos encomendas delas também. Naquele ano, ganhei o prêmio de Melhor Jovem de Negócios daquela região da JA. Era uma competição na qual você apresentava a três empresários seu produto e os dados de vendas. Minha mãe ainda guarda o troféu em algum lugar.

Foram várias as conclusões positivas de minha experiência na JA. Uma das mais subjetivas é que socialmente foi uma experiência muito boa. Eu vinha levando uma vida muito isolada, sobretudo no aspecto educacional. E acho que foi bom estar com mais gente. Você sabe, quando se vem de uma cidade pequena, seus olhos se abrem para o fato de que há outras pessoas com alguns interesses iguais aos seus.

Há outras coisas que são mais tangíveis. Uma, que em certa medida ainda exercito mesmo como médico, é que as pessoas são mais propensas a fazer algo que deixa seus entes queridos felizes, mais até do que a si mesmas. Nas decisões quanto aos cuidados com saúde, por exemplo, os indivíduos tendem mais a incentivar seus familiares a fazerem exames do que a adotarem eles mesmos o procedimento. Voltando à JA e ao produto das fotografias, foram essencialmente os pais que quiseram fazer isso para seus filhos, para terem esses belos cartões. E lembro-me de pensar que você deve mesmo compreender quem são seus clientes e que eles estão comprando para outras pessoas. Assim, tudo que dizíamos, nosso argumento de venda, nossa promoção, precisava refletir isso.

Outra conclusão, que também se reflete na medicina, é que a

tecnologia deveria ter um papel adicional, não só o de fazer com que estruturas já existentes fossem mais eficientes. Voltando à JA, poderíamos ter pegado uma foto do anuário e só a fotografado, dizendo aos pais: aqui estão 100 cópias do retrato de seu filho pelo preço tal e tal. Só que isso eles poderiam ter feito sozinhos. Mas, como editávamos a imagem e acrescentávamos características personalizadas, nossa tecnologia simples agregava aos cartões um valor que os pais não seriam capazes de obter automaticamente. Conversamos muito sobre isso no programa da JA. Qual era o valor real desse produto e por que alguém gastaria dinheiro com ele? É uma lição muito significativa, mesmo que você não seja um empreendedor. Sem dúvida, como médico, eu preciso me perguntar por que estou pedindo esse exame, recomendando aquele procedimento. Que valor isso realmente tem no tratamento geral do paciente? É a mesma pergunta, só que num enquadramento e numa circunstância diferentes. Assim, para mim, o valor da JA é óbvio: ela fez muita coisa por mim.

Minha carreira/Meus negócios

Nota do autor: Como a carreira de Sanjay está muito bem documentada em outros lugares, por ser ele um correspondente da CNN para assuntos de medicina em âmbito internacional e vencedor de um Prêmio Emmy, preferi usar o tempo de nossa entrevista e este espaço para registrar o que pensa sobre a influência da JA em sua vida e suas orientações aos mais jovens.

Meus conselhos aos jovens

- Isso se tornou uma questão mais pessoal agora que tenho três filhas. Mas acho que alguns dos conselhos básicos que recebi ainda são válidos hoje. Por exemplo, você realmente precisa achar algo de que goste, porque estará muito mais propenso a fazê-lo e também porque terá mais êxito nisso. Sua paixão o ajudará a achar seu caminho para progredir e a tornar sua vida e sua carreira tão significativas quanto possível.

- É verdade que os trabalhos e os empregos nos quais você hoje pode enquadrar suas aspirações estão mudando muito rápido. Não estou contando nenhuma novidade aqui, mas o fato é que as profissões que minhas filhas vão querer exercer provavelmente ainda nem existem. Isso pode ser um pouco amedrontador, mas acho que no todo é uma coisa boa, porque você terá a oportunidade de criar uma carreira ou uma profissão na qual terá mais chance de encontrar significado e satisfação.
- Não quero falar coisas banais, mas devo dizer que o que está acontecendo hoje no mundo, tanto no que se refere às grandes questões globais quanto às menores e regionais, é muito importante. E estamos vendo, repetidas vezes, que todos têm um papel a desempenhar. Assim, conceber qual é o seu papel deveria levar você a pensar em seu futuro. Não precisa ser algo grandioso, estressante, tipo "tenho que descobrir a cura do câncer", ou "preciso negociar a paz no Oriente Médio". Mas toda pessoa pode causar algum impacto no mundo, e manter isso em mente, assim como querer ser lembrado pelo impacto que causar, é essencial.
- Por fim, se você se sente bem com aquilo que está fazendo e ao mesmo tempo está ajudando seu próximo, todos se beneficiam. Acho que foi por isso que a espécie humana foi capaz de sobreviver e prosperar, porque afinal é tudo uma questão de altruísmo recíproco em oposição a um rígido individualismo. Creio que é uma coisa boa sobre a qual os jovens devem refletir.

DAVID DARMANIN
Fundador e CEO da Hotjar,
ex-aluno da JA Malta

> Estamos chegando a 11 mil clientes, com 300 mil sites usando Hotjar. Portanto, somos hoje uma das empresas digitais que mais crescem no mundo.

Minha experiência na JA

Sou um anúncio vivo e ambulante da JA. Desde jovem tive o desejo de construir algo, vendê-lo e ter lucro. Esse é o conceito, certo? Mas em Malta tudo se baseia em carreira. Com 12 anos você já é alvo de uma pesquisa, responde a algumas perguntas e, com base no que disser, vão lhe indicar a profissão que mais deve ter a ver com o seu perfil: advogado, médico, o que for. Por algum motivo eles disseram que eu me tornaria advogado.

Um tempo depois, com 15 anos, ainda tinha aquela ideia fixa de construir e criar algo de valor e lucrar com isso. Então ouvi falar do programa da JA e achei que seria fantástico. Tenha em mente que eu já tinha me comprometido com a advocacia e que ela me esperava dois anos mais tarde. E eu vinha de um ambiente familiar no qual você leva uma vida sem riscos, tem um salário, é leal à sua empresa e todo mundo fica feliz. Mas, para encurtar a história, participei do programa e adorei. Era basicamente um curso intensivo de negócios. Ele me pôs num determinado caminho e desencadeou certos eventos na minha vida. Vencemos a competição de miniempresas da JA em Malta, seguimos em frente e então recebemos o prêmio de Miniempresa do Ano da JA na Europa, em 1998. Foi também a primeira oportunidade que tive de competir com outros estudantes e empresas de todo o mundo. Para mim foi uma maravilhosa experiência formadora de caráter.

Portanto, minha história começou a ganhar um viés empreendedor a partir da minha experiência na JA. Claro que as opiniões de minha família ainda tinham peso nas minhas decisões e acabei me graduando em direito, mas também comecei um negócio enquanto estudava na universidade. Chamava-se Start-Up Malta e era uma competição de negócios na universidade. Depois de me formar, estava determinado a me tornar um empreendedor e não praticar advocacia como carreira. Assim, como se vê, a experiência na JA me influenciou em tudo.

Minha carreira/Meus negócios

Depois da graduação, trabalhei durante um tempo para uma empresa de software sueca, depois mudei para consultoria, a fim de ajudar outros negócios a usarem o software. Logo a ideia fixa de ser um empreendedor voltou a se manifestar. Aproximei-me das melhores pessoas com as quais trabalhava e disse: "Esta indústria de software em que trabalhamos é terrível, é uma droga. Então vamos democratizar tudo e subverter o setor." E criamos a Hotjar para fazer exatamente isso.

Em meu contato inicial com a indústria de software, não havia como avaliar se o que eu estava fazendo – construir sites para os clientes – estava ou não funcionando para eles. Na época, a maneira como avaliávamos a satisfação do cliente era se ele nos pagava ou não. Ou se o site ganhasse o prêmio de melhor website do ano. Eu detestava não ter como avaliar nosso próprio trabalho. Assim, nossa ideia na Hotjar era construir uma plataforma muito fácil de usar que permitisse a qualquer empresa, das 500 maiores da lista da *Fortune* até incubadoras, compreender muito rapidamente e de maneira muito barata como seu site estava sendo usado. No que as pessoas estavam clicando, o que estavam fazendo no site, perguntar a elas, para obter um feedback instantâneo, do que gostavam e do que não gostavam e por que estavam deixando o site. A informação mais básica que todo cliente, grande ou pequeno, precisa saber. E queríamos fazer isso por um custo mensal realmente baixo, que toda empresa, grande ou pequena, pudesse pagar. Se conseguíssemos realizar isso, estaríamos preenchendo uma lacuna no mercado e seria uma grande oportunidade para nós.

Essa era nossa visão. Era um plano muito ambicioso: pegar ferramentas caras e torná-las acessíveis mudando o modelo de como se coletam dados. Lançamos a Hotjar como um serviço *premium* experimental e ele simplesmente estourou. Após sete ou oito meses com o programa beta, adquirimos uma base maciça de adeptos. Tínhamos entre os usuários algumas das maiores marcas no mundo, que gostaram do programa e começaram a nos recomendar internamente e para outras companhias. Foi um crescimento ininterrupto desde então. Estamos chegando a 11 mil clientes, com 300 mil sites usando Hotjar. Portanto, somos hoje uma das empresas digitais que mais crescem no mundo.

Meu conselho aos jovens

- Nunca poderei agradecer à JA o bastante. Portanto, meu conselho final seria: participe de um dos seus programas. Tudo que aprendi lá atrás na JA ainda está bem vivo em mim: o aspecto da qualidade do produto, o trabalho em equipe, a construção da autoconfiança, tudo. Atribuo muito do meu sucesso àquele pequeno passo que dei quando era adolescente.

ELEONORA ARIFOVA
Fundadora da Rede de Estúdios de Arte para Crianças Fun Chulan, ex-aluna da JA Rússia

> Graças à JA compreendi ainda num estágio inicial que o empreendedorismo seria o caminho para minha carreira e meu modo de vida.

Minha experiência na JA

Cresci na aldeia de Bavly, no Tartaristão, cerca de 1.200 quilômetros a leste de Moscou. Desde a infância eu sonhava com liberdade e independência. Estava interessada em *fazer* um trabalho e não simplesmente *obter* um emprego, e buscava possibilidades de fazer aquilo de que gostava e pelo que tinha paixão. A JA foi crucial ao impulsionar meu desejo e minha intenção de me tornar uma empreendedora, mostrando-me quais oportunidades eram possíveis e que estabelecer meu próprio negócio era viável e factível. A participação no Programa Miniempresa foi vital para que eu aprendesse os princípios básicos e as aptidões necessárias para me tornar uma empreendedora. Também me forneceu um plano passo a passo para implementar ideias, tomar decisões, resolver problemas e trabalhar em equipe. E o mais importante: a JA me ajudou a acreditar que nada é impossível e que tudo depende de mim.

Minha carreira/Meus negócios

Graças à JA compreendi ainda num estágio inicial que o empreendedorismo seria o caminho para minha carreira e meu modo de vida. E tem sido uma vida altamente gratificante e prazerosa. Meu primeiro negócio, que lancei após me formar na escola, foi inspirado na minha experiência no programa da JA. Consistia no planejamento e na organização de festas e eventos especiais infantis. Meu sonho empreendedor tornara-se realidade, mas continuei tendo ideias e pensei em construir uma grande rede de centros de criatividade para crianças.

Em 2010, achei o caminho para desenvolver minha ideia e abri meu primeiro estúdio de arte para crianças, chamado Fun Chulan. Ficava num espaço especial dentro de um shopping, onde crianças de 3 a 14 anos podiam realizar experimentos com arte enquanto seus pais faziam compras. Montar e tocar o novo negócio foi um desafio, exigiu muito trabalho árduo. Mas eu tinha confiança no potencial do meu negócio e na missão da nova empresa de oferecer às crianças experiências com a arte e ajudar os pais a admirarem a criatividade de seus filhos. Os últimos anos trouxeram resultados melhores do que os esperados. Atualmente, a marca Fun Chulan está estabelecida e possui filiais em oito cidades, mais 40 franquias em toda a Rússia, de São Petersburgo a Vladivostok.

Meus conselhos aos jovens

- O empreendedorismo é aplicável a qualquer caminho que se escolha na vida. A aptidão para identificar oportunidades e implementar ideias pode beneficiar qualquer pessoa. Portanto, liberte seu talento empreendedor e siga seus sonhos.
- Não opte por um caminho já muito batido e não tema a falta de habilidades ou experiência. Aprenda tudo que puder, crie coisas novas, dê-lhes vida, inspire, lidere e construa relacionamentos fortes com clientes, funcionários e parceiros.
- E o mais importante: seja positivo e otimista em qualquer situação. Acredite em si mesmo e tenha grandes aspirações. Seja lá o que decidir fazer, assuma para si a tarefa de chegar aonde quer chegar e siga em frente!

BILL HERP
Fundador da Linear Air,
ex-aluno da JA Estados Unidos

Sempre fui fascinado pelo potencial do uso de tecnologias disruptivas em indústrias com forte regulação e vi nisso grandes oportunidades empreendedoras.

Minha experiência na JA

Eu estudava numa escola católica só para meninos e entrei no programa da JA atraído pelo conceito de ser meu próprio patrão. Já havia trabalhado como entregador de jornais e tivera outras experiências parecidas. A participação no programa era uma atividade extracurricular e tínhamos acesso a consultores voluntários que já trabalhavam em empresas. Criamos uma companhia, que administrávamos durante o ano escolar, e assim foi por três ou quatro anos ao longo do ensino médio. Muitos dos meus amigos também estavam no programa e chegamos a conhecer pessoas em toda a Louisville, no Kentucky, onde cresci. Foi uma grande oportunidade de expandir meus horizontes.

Consegui ter sucesso na JA e fui eleito em 1980 para o gabinete nacional de estudantes, e assim conheci pessoas do país todo. Participei da convenção nacional com outros 3 mil adolescentes e foi muito empolgante. A lição mais importante que extraí da JA foi a validação da ideia de que você pode ter seu próprio negócio. Aprendemos todo tipo de coisas sobre como começar uma empresa: empregar outras pessoas, cuidar da folha de pagamento toda semana, assumir certos tipos de riscos. Vimos tudo isso no programa da JA – e aprendi que ser um empreendedor poderia ser o caminho de uma carreira para mim.

Minha carreira/Meus negócios
A maioria dos meus amigos do ensino médio foi para a faculdade e estudou engenharia e coisas assim. Fui para a Faculdade Notre Dame e deixei em stand-by os planos de me tornar um empreendedor. Graduei-me em contabilidade, o que não era a carreira de minha escolha, mas foi um degrau para ser independente e ter meu próprio negócio.

Logo após a faculdade, trabalhei por um tempo na Price Waterhouse em Chicago e então fui estudar negócios na Harvard Business School (HBS). Foi logo depois que decidi mergulhar no empreendedorismo. Interessei-me por aplicação de tecnologia em indústrias com alta regulação. Foi por isso que entrei em tantos e variados setores: primeiro, o de telecomunicações; depois o de distribuição de vinho; e agora estou no transporte aéreo, todos com regulação muito rigorosa. Fundei a Linear Air em 2004 e hoje somos o player dominante no mercado de táxi aéreo nos Estados Unidos, no Canadá e no Caribe. Nosso objetivo é tornar as viagens aéreas privadas mais acessíveis para mais gente. Como também sou piloto, um bônus suplementar de nosso negócio é que de vez em quando eu mesmo piloto para alguns de nossos clientes. Assim, sempre fui fascinado pelo potencial do uso de tecnologias disruptivas em indústrias com forte regulação e vi nisso grandes oportunidades empreendedoras.

Meus conselhos aos jovens
- O primeiro conselho que eu daria aos jovens é: desligue o celular; não se permita ser absorvido demais pelo mundo das mídias sociais. Você ainda tem que desenvolver a habilidade para se comunicar com gente de verdade e operar fora do mundo virtual do Facebook e do Instagram. É muito raro ter um trabalho que não envolva interação física com outras pessoas. Então largue o telefone e entre no mundo real. Aliás, esta é outra vantagem do programa da JA: a interação social.

- O segundo é que, definitivamente, você precisa estudar. Não pode achar que vai ser um empreendedor ou ter um emprego decente sem instrução. E isso não significa necessariamente cursar uma universidade; pode ser uma instrução técnica ou profissionalizante. O importante é que lhe permita tornar-se um especialista em uma ou múltiplas áreas. Pessoas que não têm essa especialização têm vidas infelizes trabalhando em empregos mal remunerados.
- Por último, se você quer ser um empreendedor, o melhor conselho que posso lhe dar é: arranje alguns cofundadores. Isso irá validar o que está tentando fazer, provavelmente preencherá algumas lacunas em sua própria experiência ou seu conjunto de aptidões e, para ser sincero, é muito mais divertido ter uma equipe de cofundadores trabalhando com você.

ERIC CHEN
Fundador da Vitargent Biotechnology, ex-aluno da JA
Hong Kong/China

> Meus dois objetivos principais para a Vitargent são fazer de nossa tecnologia o padrão de testes de segurança para alimentos em todo o mundo e criar uma fonte e um portal confiáveis para a segurança dos produtos.

Minha experiência na JA

O programa da JA, além de me esclarecer sobre empreendedorismo e desenvolver minhas habilidades para os negócios, ensinou-me a ser ético na condução de uma empresa. Nos dias de hoje, muitas pessoas só estão se preocupando em ganhar ou perder financeiramente, mas não prestam atenção suficiente em agir certo ou errado. Acho que esta foi a maior lição que aprendi na JA.

Após o ensino médio e a passagem pela JA, fui para a faculdade e graduei-me pela Universidade da Cidade de Hong Kong em engenharia e marketing. Eu estava estudando para meu mestrado em economia na Universidade de Hong Kong quando notícias muito ruins me conduziram à carreira empreendedora.

Minha carreira/Meus negócios

Em 2008, o escândalo da melanina atingiu a China continental: seis bebês morreram e 300 mil adoeceram depois de tomarem leite em pó contaminado com essa substância química industrial. Todos ficaram horrorizados. Como a principal fonte de alimentação para tantos bebês poderia ser tão perigosa? A verdade é que a China tem experimentado ao longo dos anos muitas crises relacionadas com comida e bebida tóxicas. Apesar de eu estar estudando economia na época, essas notícias me fizeram começar a pensar sobre segurança na alimentação e sobre o que se poderia fazer a respeito.

Felizmente, descobri que uma nova tecnologia de teste de alimentos estava sendo pesquisada e criada bem ali na universidade da Cidade de Hong Kong. Assim, juntei-me a um dos cientistas de lá, o Dr. Chen Xueping, para dar início a uma atividade comercial construída com base naquela pesquisa. Fundamos a Vitargent em 2010 e pusemos a firma no programa de incubadoras conduzido pelo Parque de Ciência e Tecnologia de Hong Kong, que provê uma rede de negócios e laboratórios às firmas participantes.

Os mecanismos atuais de teste de alimentos revelam apenas 30% das toxinas existentes em comidas e bebidas. Com a Vitargent esperamos fazer uma revolução em como são testados alimentos, cosméticos e outros produtos. Usamos embriões geneticamente modificados de *medaka* e peixe-zebra transgênicos como alternativa aos testes tradicionais com outros animais. Alguns de nossos embriões de peixe especialmente desenvolvidos para isso ganham uma coloração verde fluorescente na presença de toxinas, enquanto outros desenvolvem anormalidades e tumores. Nossos testes podem varrer mais de mil toxinas ao mesmo tempo, em comparação com as 5 a 10 toxinas cobertas pelas tecnologias atuais. Nosso objetivo é construir uma plataforma inovadora e eficiente para testar e certificar a segurança de todos os alimentos e cosméticos.

Em 2011, levantamos inicialmente 10 milhões de dólares de Hong Kong, cerca de 1,3 milhão de dólares americanos, com investidores-anjos e o governo de Hong Kong. Conseguimos ser lucrativos em 2017 e fechamos uma segunda rodada de financiamento conduzida pela firma de capital de risco WI Harper Group, em São Francisco – cujo fundador, Peter Liu, tornou-se agora o presidente da Vitargent.

No futuro, vemos uma grande necessidade desse serviço na China e em outros lugares, já que escândalos envolvendo comidas e bebidas continuam a abalar a confiança do consumidor. Meus dois objetivos principais para a Vitargent são fazer de nossa tecnologia o padrão de testes de segurança para alimentos em todo o mundo e criar uma fonte e um portal confiáveis para a segurança dos produtos.

Meus conselhos aos jovens

- Meu primeiro conselho é seguir o princípio dos "3Hs", *humble, hungry* e *helpful* – em português: humilde, faminto e prestativo. O conceito de permanecer humilde e faminto veio de Steve Jobs e é bem conhecido. Acrescentei "ser sempre útil e prestativo" por ter se tornado uma parte muito importante da estratégia de minha empresa.
- Para expandir e enfatizar a ideia, "ser sempre útil e prestativo" implica apoiar os membros da equipe na realização de seus objetivos de carreira, auxiliar os clientes na resolução de problemas, colaborar com os sócios no desenvolvimento do negócio e, finalmente, fazer os investidores terem um retorno melhor. Se você fizer isso, todas essas pessoas vão ajudá-lo a ter sucesso.

CAPÍTULO 4
COMPORTAMENTO AUTOMOTIVADO
Ame o que você faz e torne-se muito bom nisso

"Se você não desistir, ainda terá uma chance.
Desistir é o maior dos fracassos."

JACK MA, fundador do Alibaba

Um comportamento automotivado é o que talvez marque a mais aguda diferença entre empreendedores e burocratas. Mas os empreendedores se automotivam a *fazer o quê*? Quando penso em lendas como Disney, Lever e Honda, ou em ícones contemporâneos do empreendedorismo como Jack Ma, algumas imagens me vêm à mente. Primeira, eles amam o que fazem; têm um alto nível de comprometimento com seu trabalho. E segunda, tentam constantemente se tornar melhores naquilo que fazem; têm alto desempenho. Essas duas ideias – alto comprometimento e alto desempenho – constituem a espinha dorsal da abordagem empreendedora ao trabalho. E é muito difícil superar as pessoas que amam o que fazem e são muito boas nisso.

Os empreendedores são tão automotivados porque enfrentam as consequências, positivas ou negativas, de seu desempenho todos os dias. Essas consequências vêm diretamente de seus clientes e são pontuais, precisas e muito poderosas. Para inspirar seus funcionários, você vai precisar instilar neles também a sensibilidade a essas consequências positivas ou negativas. A maneira mais rápida e segura de fazer isso é criar um Sistema de Desempenho Empreendedor em toda a empresa.

Para começar seu próprio negócio você tem que ser automotivado – e nunca desistir. Depois, para fazê-lo crescer, você deve inspirar outras pessoas, incutindo nelas também a ideia da força das consequências.

Nesse aspecto, nenhum líder empresarial é melhor do que Jack Ma, que foi recusado 10 vezes pela Universidade Harvard e depois fundou a mais famosa companhia chinesa, a Alibaba, que teve a maior IPO (Oferta Pública Inicial de ações) da história da Bolsa de Nova York, com uma avaliação de mercado de 231 bilhões de dólares. E no processo Ma desenvolveu um incrivelmente leal (alto comprometimento) e incrivelmente dedicado ao trabalho (alto desempenho) grupo de executivos, gestores e funcionários, que o seguirão até o fim do mundo. É por isso que dominar a prática empreendedora de um comportamento automotivado, seu e de seus futuros funcionários, é a base de todo sucesso empreendedor.

A vida de Jack Ma representa um exemplo na cartilha de como ir do nada ao tudo, de "amar o que você faz" e de como "ficar muito bom no que faz", as duas qualidades que são a base do comportamento empreendedor. Nós chamamos isso de alto comprometimento e alto desempenho – e você não vai achar um exemplo melhor de como usá-los para criar companhias gigantes do que o do grande empreendedor texano Ross Perot.

ALTO COMPROMETIMENTO E ALTO DESEMPENHO

"Estou procurando pessoas que gostam de vencer. Se eu não encontrar, quero pessoas que detestam perder."
H. ROSS PEROT, fundador da EDS e da Perot Systems

Ross Perot chamou minha atenção pela primeira vez lá atrás, em 1979. Mas não foi por suas incursões em negócios empreendedores no Texas – embora já se tivesse tornado famoso como fundador da Electronic Data Systems. Foi por um motivo mais pessoal. Como alguns outros americanos que trabalhavam no Irã naquela época, fui apanhado pela violenta e confusa revolução iraniana. Fui detido por um período, vigiado por iranianos com olhos raivosos e fuzis AK-47 e só escapei mediante a corajosa ajuda do pessoal da Air France, que era autorizado a trazer para nós todos uma refeição de bordo por dia. Posteriormente, conseguiram me levar escondido para o aeroporto e me pôr num voo da Air France para Bangcoc sem passagem, passaporte ou dinheiro. Desde aquele dia tenho um lugar muito especial em meu coração para os franceses.

Depois de voltar para casa, eu estava assistindo ao noticiário na TV quando apareceu na tela o rosto de Ross Perot, com a incrível história de como havia acabado de resgatar dois executivos da EDS da prisão de Evin, no centro de Teerã. Perot tinha organizado e pagado uma equipe de comando formada por ex-boinas verdes, alguns aviões e helicópteros e muito dinheiro de resgate para trazer seus dois funcionários para casa. Tudo isso gerou grandes manchetes, e até um livro (*O voo da águia*, de Ken Follett) e uma minissérie. Eu, é claro, fiquei pessoalmente fascinado por essa ousada expedição no mesmo lugar do qual eu tinha escapado – com nenhuma ajuda do meu empregador, aliás. Fiquei assombrado com o fato de que o CEO de uma companhia mobilizasse tanta coisa para salvar dois funcionários. Ainda hoje me pergunto (e você deveria fazer o mesmo): *se você alguma vez fosse jogado numa prisão estrangeira, ou tomado como refém, para quem gostaria de estar trabalhando?*

E esta é a questão. Líderes empreendedores que demonstram ter alto nível de comprometimento com seu pessoal recebem esse comprometimento de volta para eles e para a empresa. Pense nisto: qual seria o seu nível de comprometimento com um CEO que contrata forças especiais para resgatar você de uma prisão em outro país? Ou com um CEO que constrói uma companhia que vale bilhões mas que estabelece seu próprio salário em 68 mil dólares por ano e nunca se dá um aumento? O fato é que poucos CEOs, onde quer que seja, contaram com mais respeito e lealdade de seus funcionários do que Perot.

Depois que a EDS foi vendida para a General Motors, um executivo abriu mão de 900 mil dólares em ações da GM para voltar a trabalhar com Perot quando ele fundou a Perot Systems. O lema corporativo na Perot Systems é: "Um por todos e todos por um." Para alguns isso pode soar brega, mas se a história servir de guia, esse slogan de comprometimento mútuo realmente significava alguma coisa quando se trabalhava para Ross Perot.

A história de Perot como homem de negócios de alto desempenho também é bem documentada. Em seu primeiro emprego – após formar-se na Academia Naval em Annapolis e servir na Marinha dos Estados Unidos – como vendedor da IBM, ele atingiu sua quota de vendas anual no final de janeiro. Quando descobriu que tinha atingido o máximo no sistema de comissões e que não receberia comissões de venda adicionais nos 11 meses seguintes, deixou o emprego e fundou a EDS com mil dólares das economias de sua esposa. Depois de vender a EDS para a General Motors, em 1984, por 2,5 bilhões de dólares, ele fundou a Perot Systems e a fez crescer nos 20 anos seguintes para uma receita de 2,8 bilhões de dólares, e em 2009 a vendeu para a Dell por outros 4 bilhões. No processo, tornou-se o primeiro empreendedor da história a fundar duas empresas que acabaram na lista Fortune 1.000.

O comportamento automotivado de grandes empreendedores como Perot se apoia em duas qualidades básicas: *alto comprometimento* e *alto desempenho*. Em termos simples, os empreendedores "amam o que fazem" e "são muito bons no que fazem". E os melhores entre eles trabalham duro para instilar essas qualidades em seus funcionários. A Figura 4.1 mostra as quatro possíveis combinações dessas suas características. Podem-se encontrar gestores e funcionários em qualquer um dos quatro quadrantes. Há uma breve definição de cada caso após a figura.

Figura 4.1 **Comprometimento e desempenho empreendedor**

DESEMPENHO	COMPROMETIMENTO baixo	COMPROMETIMENTO alto
alto	Detesto o trabalho & sou bom no que faço	Amo o trabalho & sou bom no que faço
baixo	Detesto o trabalho & sou ruim no que faço	Amo o trabalho & sou ruim no que faço

- **Alto comprometimento/Alto desempenho.** O canto superior direito é o território empreendedor. "Amo o que faço e sou bom nisso" é o toque de clarim de todos os empreendedores automotivados.
- **Alto comprometimento/Baixo desempenho.** No canto inferior direito estão as pessoas que gostam do que fazem mas não são muito boas em sua atividade. Não é incomum encontrar novos funcionários aqui. Eles podem estar explodindo de entusiasmo por seu novo trabalho, porém ainda não têm conhecimento ou experiência bastantes para realizá-lo bem. Infelizmente, podem-se encontrar colaboradores antigos ocupando esse quadrante. São leais e gostam da empresa, mas pararam de aprender e de se aprimorar já faz uma década.
- **Baixo comprometimento/Alto desempenho.** A área no canto superior esquerdo abriga o tipo de trabalhador que é o exato oposto deste último, e é muito mais comum. São pessoas que detestam seu trabalho mas são muito boas no que fazem. Em geral, são profissionais altamente qualificados que não gostam do ambiente, ou da companhia, em que precisam trabalhar. Logo me vêm à mente pilotos de companhias aéreas. Transportar turistas para Orlando deve ser bem maçante comparado com missões de combate em outros países. Pode-se encontrar esse tipo em toda parte, sobretudo em grandes burocracias, que podem reduzir a zero o comprometimento até dos mais aptos trabalhadores.
- **Baixo comprometimento/Baixo desempenho.** O que podemos dizer de trabalhadores que detestam o que fazem e não são bons nisso? Se você cometer o erro de contratar esse tipo, não aumente o problema desperdiçando meses ou anos tentando "corrigir" essa pessoa. Limite logo suas perdas e desligue o funcionário.

Empreendedores de sucesso, por definição, se encaixam totalmente na área do comportamento de alto comprometimento e alto desempenho. O maior desafio consiste em transmitir e instilar o mesmo comportamento em seu pessoal. O primeiro erro que você pode cometer é esperar 10 anos para passar a fazer isso. A hora de começar é quando contratar seu primeiro funcionário. O objetivo é ter uma companhia cheia de miniempreendedores. Pense nisto: se você contratar e desenvolver um grupo de pessoas que gostam mesmo do que fazem e são muito boas em suas funções, vai ser um forte concorrente. Continue a ler para analisar como é possível instilar comprometimento e desempenho empreendedores em seu próprio negócio.

CRIANDO COMPROMETIMENTO EMPREENDEDOR: "AMO O QUE FAÇO"

"Cerca de 18 mil funcionários acionistas em 1925."
WILLIAM HESKETH LEVER, fundador da Lever Brothers (Unilever)

Para deixar claro, a ideia e a prática de funcionários terem ações da empresa não foram inventadas no Vale do Silício em 1990. No longínquo ano de 1909, William Lever anunciou o Lever Co-Partnership Trust, primeiro programa do mundo em que funcionários eram acionistas da companhia. Em 1925, o espantoso número de 18 mil funcionários eram membros do consórcio. Seria Lever um homem à frente de seu tempo? Provavelmente. No mínimo, ele agia de acordo com o que pensava e dizia, encorajando os funcionários a compartilharem uma parcela de sua companhia.

Lever foi um dos primeiros a acreditar no "amor exigente" empreendedor – duplamente inspirado pela rígida ética de trabalho da Inglaterra vitoriana e pela crença de que os trabalhadores deveriam ter, por justiça, sua parte do bolo. Em 1900, a Lever Brothers era a maior companhia do mundo. Em 2018, a Unilever[5] estava classificada em 51º lugar em valor de mercado e era a 39ª na lista de Companhias Mais Admiradas da *Fortune*. Esse desempenho admirável ao longo de mais de 100 anos faz da Unilever a grande organização mais consistentemente bem-sucedida do mundo do último século. Nenhuma outra chega perto disso. É um exemplo brilhante de como superar o letal ciclo de vida das organizações. Ela está fazendo alguma coisa certa durante todas essas décadas. E a maioria das pessoas que pesquisou a companhia, eu inclusive, concorda em que a razão isolada mais importante para seu

---

5 A Unilever foi criada em 1929 com a fusão da Lever Brothers com várias companhias holandesas menores. Ela hoje opera como um grupo de Holanda/Reino Unido, com sede nos dois países.

incrível recorde de longo prazo é que a Unilever sempre tem sido, e continua a ser, uma ótima companhia para a qual se trabalhar.

Eis como isso começou. No que se refere a desempenho nos negócios, William Lever foi realmente um duro concorrente. Ele traumatizou o mundo cavalheiresco do comércio em Londres com um maciço e extravagante estilo de publicidade americano. Inventou a embalagem para bens de consumo, o reconhecimento de marca, o conceito de nichos de mercado e a produção de muitas marcas para competirem entre si. Em 1910, a Lever Brothers tinha 60 mil funcionários em 282 empresas operando em cinco continentes. Ele demonstrou também um modelo autocrático de liderança, exigindo dos funcionários trabalho duro e moral elevada, insistindo em que eles eram a raiz de todo o sucesso, nos negócios e na vida. Seu padrão de desempenho pessoal era muito alto e nunca fazia concessões – e exigia o mesmo de sua força de trabalho.

Além dos altos padrões de desempenho e das exigências, encontramos também palavras de carinho e ações radicais em seu comprometimento com seu pessoal. A criação do primeiro programa de ações e participação nos lucros para os funcionários foi verdadeiramente revolucionária para a época. Ter dado esse passo gigantesco para a criação de miniempreendedores dentro da organização estava entre as realizações de que mais se orgulhava. Além do Co-Partnership Trust, Lever instituiu muitos programas de benefícios, que hoje são tidos como banais. A Unilever foi a primeira empresa de que se tem notícia a prover treinamento interno, licença por doença, férias anuais remuneradas e planos de previdência. Todas essas medidas foram radicais na época.

Então o que deveríamos aprender com esse industrial, filantropo, político e automotivado empreendedor? O legado da abordagem de "amor exigente" aos funcionários é clara: a companhia contou com uma força de trabalho com alto comprometimento/alto desempenho durante bem mais de um século – e ainda se impõe sobre a concorrência. O fundamento disso pode ser, como a maioria das coisas na vida: obter o comprometimento e o desempenho de seu pessoal é uma via de mão dupla.

Aqui estão quatro práticas-chave que o ajudarão a desenvolver esses superníveis de alto comprometimento empreendedor em sua própria empresa.

- **Ame aquilo que faz.** Ray Kroc, o legendário fundador do McDonalds, disse: "Você deve ver a beleza que há num hambúrguer!" Era essa a sua versão da regra número um do comprometimento. Empreendedores realmente gostam do que fazem. Sentem orgulho de sua empresa e veem um propósito nobre em cada passo corriqueiro que dão. São tão apaixonados que trabalharão noite e dia para o sucesso do negócio.

  A sua missão como fundador será definir esse propósito nobre e transmiti-lo isso aos seus funcionários. Ela começa efetivamente com a contratação de pessoas que têm interesse no que você faz. Depois, é preciso atribuir importância a cada função. Desafios devem ser estabelecidos mesmo para as tarefas mais corriqueiras. Quer você esteja atuando em paisagismo ou buscando a cura do câncer, a recompensa no longo prazo por fazer com que seu pessoal goste do que faz e se orgulhe disso é simplesmente enorme.

- **Conceda autonomia, exija responsabilidade.** Um modo garantido de construir comprometimento é dar às pessoas alguma autonomia e liberdade para realizar suas tarefas. Num ambiente empreendedor, empoderar os funcionários implica também torná-los responsáveis pelos resultados. Trata-se, muito claramente, de uma via de mão dupla. Os funcionários não só compreendem como gostam disso. Para alguns pode ser a primeira vez em que são tratados no trabalho como adultos responsáveis. Os efeitos dessa medida podem ser verdadeiramente espantosos.

  Um excelente exemplo disso é a companhia de Norman Brinker, a Brinker International, proprietária de cadeias famosas de restaurantes como Chili's Grill & Bar. Brinker considerava isso uma ciência. Ele me disse: "Os restaurantes são muito descentralizados e se distribuem em centenas de pequenos negócios empreendedores. Nós *realmente* delegamos, descentralizamos e concedemos bastante autonomia. E o pessoal fica focado no que está fazendo porque é de seu próprio interesse. Todos têm participação nos lucros. Os garçons administram a distribuição das gorjetas. Todos os gerentes das unidades ganham bônus com base no que seu restaurante consegue de lucratividade. Assim, eles são todos pequenos negócios independentes. E, quando atingem seus objetivos, todos ganham seus bônus. Por isso, estão muito focados em fazer isso acontecer."

Cada empresa deve encontrar seu modo específico de destacar a autonomia do funcionário e a responsabilidade dele. O incrível sucesso da Brinker International mostra que ela encontrou um modo muito bom: um dinâmico comprometimento desde o topo, uma organização completamente descentralizada com unidades empreendedoras autogerenciadas e todo funcionário, de cima a baixo, com participação nos lucros.

- **Compartilhe fortúnio e infortúnio.** Como empreendedor, você não terá muita escolha a não ser condicionar esperanças e temores ao futuro de sua empresa. Precisará compartilhar as venturas assim como as desventuras de seu negócio. O mesmo deveria acontecer com seus funcionários. O que for bom para a companhia deverá ser bom para os trabalhadores. E o que for bom para os trabalhadores deverá ser bom para a companhia. Inversamente, o que for ruim para a companhia deverá ter consequências negativas para os funcionários. Isso se chama destino compartilhado e, sem ele, pode esquecer a ideia de contar com uma força de trabalho comprometida. Assim, faça a si mesmo um enorme favor e comece a desenvolver agora mesmo seu plano para conseguir isso.

  É evidente que é mais fácil compartilhar os tempos bons do que os ruins. Mas certamente nenhum funcionário estará disposto a compartilhar o infortúnio de qualquer empresa se não tiver ao longo do tempo um justo compartilhamento da boa sorte. Alguns dos maiores exemplos de "compartilhar fortúnio e infortúnio" vêm de organizações que têm funcionários como acionistas. E o histórico é claro: quando funcionários têm uma parte na empresa, o comprometimento e o desempenho chegam ao máximo. A única questão aqui não é se funciona ou não e sim por que em apenas cerca de 15% das empresas vigoram planos significativos de participação acionária de funcionários. Aproveite a oportunidade de aumentar um pouco esse percentual.

- **Lidere pelo exemplo, sem nunca fazer concessões.** Para os empreendedores, a liderança pelo exemplo é inevitável. Ser o guru do conceito cliente/produto no negócio obviamente contribui bastante no campo da "liderança pelo exemplo". Mas isso não significa que você precisa ser sempre o maior desenvolvedor de produto ou o melhor vendedor da empresa. Por outro lado, você não pode estar atrás de ninguém em termos de comprometimento com a missão – isso se pretende criar um alto comprometimento empreendedor em seu pessoal.

Lembre-se: seus funcionários estão observando você com olhos de águia, portanto nunca seja tímido ao demonstrar que ama o que faz, mesmo num dia ruim. Demonstre abertamente seu orgulho pelos produtos da empresa. E proclame em público que os clientes pagam os salários de todos, inclusive o seu. Liderar pelo exemplo, sem nunca fazer concessões, pode ser seu mais poderoso instrumento para gerenciar pessoas.

Há centenas de políticas e programas específicos que você pode adotar para incrementar um alto comprometimento. O que quer que faça, desde grandes medidas, como dar participação acionária aos funcionários, até práticas mais corriqueiras, lembre-se de que o objetivo por trás de tudo é fazer as pessoas se sentirem tão importantes em seu trabalho e tão orgulhosas de sua empresa que o amor pelo que fazem vem naturalmente.

CRIANDO DESEMPENHO EMPREENDEDOR: "SOU BOM NO QUE FAÇO"

"Se eu não sei vender melhor do que qualquer um na companhia, não mereço ser o presidente."
JOHN JOHNSON, fundador da Johnson Publishing (revistas *Jet* e *Ebony*)

Será que a Harvard Business School contrataria um professor que dissesse acreditar que o mais importante de todos os princípios de gestão é o trabalho duro? Bem, isso significaria que ela não contrataria o empreendedor que fundou e dirigiu por muitos anos a maior companhia dos Estados Unidos possuída e operada por negros. Conheça John Johnson, o homem que construiu o grande império de mídia e cosméticos Johnson Publishing.

Johnson dizia que ele só tinha duas funções importantes: a primeira era saber exatamente o que seus funcionários pensavam sobre seus empregos e sobre a empresa, de modo que ele mesmo entrevistava cada contratação e cada funcionário que ia embora. Sua segunda função era vender uma grande quantidade de espaço publicitário, o que descobrira ser a única maneira de permanecer vivo no negócio de revistas. Ele realmente acreditava que CEOs e presidentes de empresas deveriam ser capazes de vender seus produtos. Johnson levou isso ainda mais além com seu lema de que se não fosse capaz de vender o produto melhor do que qualquer outra pessoa não mereceria ser o presidente. Trata-se de desempenho voltado diretamente para o coração da empresa – o tipo que de fato interessa aos empreendedores.

A carreira de alto desempenho de John Johnson – seu interminável esforço para ser bom no que fazia – trouxe-lhe fama e fortuna. Tendo nascido muito pobre no Arkansas, ainda rapaz mudou-se para Chicago com a mãe durante a Grande Depressão. O duplo objetivo era arranjar emprego e dar continuidade aos estudos, pois no Arkansas não havia escolas de ensino médio para negros. Ele progrediu na escola pública, sendo eleito presidente de turma tanto nos primeiros anos quanto como veterano. Tornou-se também um ávido leitor e notou que não havia revistas ou jornais na área de Chicago que atendessem aos interesses de um considerável mercado afro-americano. Assim, com apenas 24 anos, tomou emprestados de sua mãe 500 dólares (para conseguir o dinheiro ela teve que empenhar toda a mobília da casa) para criar a *Negro Digest*, primeira publicação de notícias para negros em Chicago. A ela seguiu-se, três anos depois, *Ebony*, que tem sido, desde sua fundação em 1945, a revista de propriedade de um negro com maior circulação nos Estados Unidos. Sucederam-se numerosos outros empreendimentos de êxito: a revista *Jet*, publicação de livros, estações de rádio, programas de TV e o altamente bem-sucedido negócio de artigos de beleza e cosméticos.

John Johnson trabalhava dia e noite, exercendo qualquer função que fosse necessária, desde a de chefe de vendas até a de líder dos faxineiros, para fazer da Johnson Publishing a maior editora do mundo de propriedade de um afro-americano e da Fashion Fair Cosmetics a maior firma de cosméticos do mundo de propriedade de um afro-americano. Ele foi o primeiro afro-americano a ter um lugar na Forbes

400, a lista anual das pessoas mais ricas dos Estados Unidos. E o mais importante para o próprio Johnson foi a concessão, pelo presidente Clinton, em 1995, da Medalha Presidencial da Liberdade, a mais alta premiação civil da nação. Esses são os tipos de realizações e recompensas que um superalto desempenho é capaz de proporcionar – até para um menino negro e pobre do Arkansas.

Para empreendedores, alto desempenho é uma luta incessante e inerente ao trabalho, não uma marcação de pontos visando à próxima avaliação de desempenho. E sua atuação está muito focada no que mais importa: fazer mais produtos e vender para mais clientes. Em outras palavras, você quer que seu pessoal trabalhe como pequenos empreendedores e efetivamente faça o negócio avançar. Aqui estão quatro práticas fundamentais para ajudar você a desenvolver e manter alto desempenho empreendedor em seu negócio.

- **Seja melhor no que faz.** A melhora contínua no desempenho torna-se um hábito entre empreendedores. Isso acontece quando você sabe que está numa batalha competitiva pela sobrevivência. Se a força vital da empresa está em elevar o nível para permanecer competitivo, isso não deveria ser também a força vital para todos os colaboradores? Claro que sim. E você pode fazer isso acontecer se deixar claro que "ser melhor" é a missão mais importante de cada funcionário.

  Há uma legião de exemplos de empreendedores que procuram continuamente serem melhores no que fazem. Para começar, há Karl Benz, que passou sua vida inteira projetando e fabricando aprimoramentos para seus motores revolucionários e seus belos carros. E quanto a Akio Morita, fundador da Sony, que durante quatro anos saiu batendo às portas nos Estados Unidos para aprender como fazer e vender produtos eletrônicos para o mercado americano? Mais recentemente, temos o maravilhoso exemplo de Steve Jobs indo trabalhar todos os dias na Apple para inspirar suas equipes a encontrar o próximo grande produto. Nos dias de hoje, vemos Elon Musk superando cada pequena falha com avanços heroicos nos produtos. E assim por diante – como deve ser para você e para seus funcionários.

  Uma forma óbvia de melhorar é prover aprendizado contínuo. Seja em treinamento no próprio trabalho ou em cursos, o foco deveria estar nas aptidões essenciais que efetivamente ajudam a fazer o negócio crescer: como fazer produtos melhores, encontrar novos clientes e vender para eles, e oferecer um serviço superior ao consumidor. No fim das contas, ser melhor no que você faz requer que se trabalhe mais e com mais inteligência. Aponte-me um funcionário que esteja fazendo isso com regularidade e eu lhe apontarei um potencial miniempreendedor para sua empresa.

- **Ganhe em qualidade, quantidade, velocidade e custo.** Para o empreendedor, a abreviação de desempenho está na pergunta: "Quão bem podemos trabalhar, quanto podemos fazer, quão rápido conseguimos fazê-lo e quão eficientes somos capazes de ser?" As respostas a essas quatro perguntas básicas definirão a competitividade de seus funcionários e de sua empresa. Incutir esses fundamentos em seu pessoal, ser cada vez melhor neles e avaliar cada colaborador em função deles lhe dará o padrão de desempenho de que necessita para chegar ao círculo dos vencedores. A seguir, uma equipe empreendedora dos sonhos que ilustra a realização máxima em cada um dos quatro parâmetros do alto desempenho:

  - **Qualidade – quão bom.** Gottlieb Daimler e Karl Benz decidiram fabricar a cada ano o carro de melhor qualidade do mundo. Cem anos depois, sua maravilhosa companhia ainda está fazendo isso.
  - **Quantidade – quanto.** Ray Kroc fundou um império de hambúrgueres que cresceu até ter mais de 30 mil lanchonetes em todo o mundo e vende, todo dia, comida suficiente para alimentar mais de 50 milhões de pessoas. Quanto ele realizou? Muito!
  - **Velocidade – quão rápido.** Pense em Larry Hillblom e na expansão da DHL para 120 países em uma década – ainda um recorde de todos os tempos.
  - **Custo – quão eficiente.** A tecnologia da DryWash do brasileiro Lito Rodriguez não emprega uma única gota de água, economizando 316 litros de água por automóvel, e usa 99,5% menos eletricidade por automóvel do que seus principais concorrentes. Isso é que é eficiência!

Esta lista poderia continuar indefinidamente, mas creio que você já captou a ideia. Então por que não mirar nas estrelas e desenvolver seus próprios Daimlers, Benzes, Krocs, Hillbroms e Rodriguezes em sua força de trabalho?

- **Reserve seu melhor para clientes e produtos.** Empreendedores reservam o melhor de seus esforços para criar grandes produtos e vendê-los a clientes reais. Como empreendedor, você precisa ter esse tipo de enfoque. Mas Walt Disney deve ter sido a primeira pessoa em qualquer negócio a compreender de verdade que cuidar do cliente e do produto é responsabilidade de todo funcionário.

Os funcionários da Disney, dos zeladores à Branca de Neve, não são empregados – são atores, membros do elenco. Quando trabalham, estão no palco. A única razão de ser de um membro do elenco é deixar os convidados felizes. Nesse relacionamento especial entre membros do elenco e convidados, pouco se deixa ao acaso. O treinamento na Disney é intenso e absolutamente explícito em relação a como fazer pessoas felizes.

Por outro lado, o foco de Disney em desenvolver produtos/serviços perfeitos foi legendário, até o mais ínfimo detalhe da aparência de cada membro do elenco. No *The Disney Look*, um informativo bastante franco distribuído entre os funcionários, os cuidados com a aparência são cobertos de detalhes que vão do comprimento das unhas ao uso de desodorantes eficazes. A mensagem de abertura ao pessoal deixa claro que o comprometimento deles com a visão cliente/produto de Disney é condição essencial para a manutenção do seu emprego:

> Cada convidado que está em nossa audiência é nosso patrão. Ele ou ela tornam nosso espetáculo possível e pagam nossos salários. Se desagradarmos nossos convidados, eles poderão não voltar, e sem plateia não existe espetáculo. Por esse motivo, tudo que possa ser considerado ofensivo, dispersivo ou não estiver no melhor interesse de nosso espetáculo Disney, mesmo uma tatuagem chamativa, não será permitido.[6]

---

6 *The Disney Look,* Walt Disney World, The Walt Disney Co., 1986.

As regras da Disney e as expectativas em relação aos funcionários podem parecer rígidas e até pouco realistas no mundo atual. Mas criar o melhor produto e o melhor serviço ao consumidor no mundo não são coisas fáceis de serem alcançadas.

- **Lidere pelo exemplo; nunca faça concessões.** Como criador da companhia, você deve demonstrar pessoalmente o caminho para o bom desempenho. Isso não significa que precisa ter o melhor desempenho da empresa. Significa que você deve estar preparado, disposto e ser capaz de arregaçar as mangas e se doar por inteiro – lado a lado com seus funcionários. Ver o fundador da companhia cuidando do produto ou prestando pessoalmente o serviço pode ser uma visão inspiradora para a equipe. Como acreditava John Johnson quando estava construindo a *Jet* e a *Ebony* como líderes mundiais de revistas para negros, você não será capaz de ter um bom negócio sem trabalhar duro. E não conseguirá fazer com que seus funcionários o sigam se não sair da sala presidencial e fizer você mesmo um trabalho real, na linha de frente.

Seu maior desafio pode ser manter isso vivo, especialmente depois que sua empresa passar da fase de startup. Vão acontecer um milhão de coisas que poderão afastar você do chão da loja ou impedir a visita a seus clientes. Se acontecer, cuidado. Estará perdendo sua ferramenta mais poderosa para fomentar o alto desempenho de seu pessoal.

O INCRÍVEL PODER DAS CONSEQUÊNCIAS

"Só existe um patrão: o cliente. E ele pode demitir todo mundo na empresa, do presidente para baixo, simplesmente gastando seu dinheiro em outro lugar."
SAM WALTON, fundador do Walmart

Novos empreendedores devem se automotivar para erguer o negócio e fazê-lo funcionar. Isso é óbvio. O maior desafio será transmitir seu comportamento de empreendedor automotivado a outros – aos futuros funcionários. É possível desenvolver miniempreendedores em toda a empresa enquanto faz crescer seu novo negócio e começa a contratar pessoas? E é possível que essa empresa seja cheia de gente que ama o que faz e é muito boa no que faz? Felizmente, a resposta é sim – e esta seção explica como.

A essência do empreendedorismo automotivado se baseia numa antiga e simples verdade quanto ao comportamento humano: as pessoas se comportam de acordo com o próprio interesse – adotando ações que, em sua percepção, resultarão em algumas consequências positivas e evitando ações que, em sua percepção, resultarão em consequências negativas. A Figura 4.2 é o modelo clássico do empreendedorismo, diretamente baseado no poder das consequências. Se você está querendo saber a principal diferença entre empreendedores e burocratas, aqui está ela. Empreendedores sentem as consequências de seu desempenho toda noite de sexta-feira, quando contam o dinheiro no caixa. Se o caixa está cheio, eles se sentem no topo do mundo. Se está vazio, seus filhos vão ficar sem comer. Essas são consequências poderosas, imediatas e precisas, que afetarão o comportamento de qualquer um.

Figura 4.2 **Comportamento empreendedor clássico**

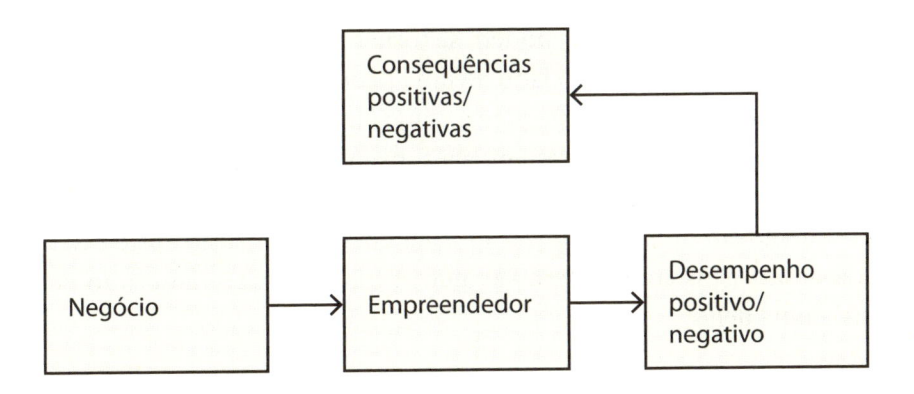

```
                    ┌──────────────┐
                    │ Consequências│
                    │  positivas/  │◄─────┐
                    │   negativas  │      │
                    └──────────────┘      │
                                          │
┌──────────┐     ┌──────────────┐     ┌───┴──────────┐
│ Negócio  │────►│ Empreendedor │────►│ Desempenho   │
│          │     │              │     │  positivo/   │
│          │     │              │     │  negativo    │
└──────────┘     └──────────────┘     └──────────────┘
```

Burocratas, por outro lado, raramente sentem quaisquer consequências, positivas ou negativas. Aprendi como isso funciona no meu primeiro emprego, anos atrás, na American Express Company, em Nova York. Meu salário era de 1.250 dólares por mês, quantia principesca para mim na época, e eu estava muito empolgado por estar trabalhando na Big Apple. A American Express era e é uma grande companhia, mas me ensinou uma lição muito frustrante sobre consequências – ou a falta delas. Logo ficou muito claro que, se eu trabalhasse muito duro durante um mês e trouxesse vários novos e grandes clientes, receberia 1.250 dólares. Se durante o mês seguinte eu aliviasse um pouco, ficasse dentro da média, teria novamente 1.250 dólares. E por fim me dei conta de que se não fizesse quase nada por um mês, apenas aparecesse e ficasse acordado durante as reuniões, eu receberia – você adivinhou – 1.250 dólares. A mensagem era clara. A empresa estava praticamente gritando para os funcionários: "Na realidade o que você faz não importa!" Se isso lhe parece ser um exemplo implausível, muito bem. No melhor dos casos significa que você nunca irá tolerar um sistema tão louco em seu próprio negócio.

Empreendedores são automotivados de verdade. Isso para eles vem naturalmente. Mas nem sempre conseguem fomentar alto comprometimento e alto desempenho nos outros. Assim como grandes atletas que acabam sendo maus treinadores, empreendedores costumam ter dificuldade em transmitir sua aptidão "natural" de empreendedores automotivados. Mas nada está perdido. Existe uma forma – na verdade três – de incutir comportamento empreendedor nos trabalhadores, em qualquer negócio. Eles podem se tornar proprietários ou acionistas da empresa. Podem, ao lado de uma pequena equipe, criar dentro da companhia uma nova, pequena, como "intraempreendedores". Ou podem ser empreendedores em sua função ou em seu departamento – trabalhando sob um Sistema de Desempenho Empreendedor prevalente em toda a organização. Qualquer combinação entre essas três abordagens com certeza vai ajudar. Eis uma breve descrição de cada uma delas.

- **Trabalhadores como proprietários.** Verdadeiros milagres acontecem quando trabalhadores se tornam proprietários e começam a enfrentar as mesmas consequências positivas e negativas que os empreendedores. Em anos recentes, cada vez mais empresas têm funcionários como proprietários – da China e da Índia à Espanha e ao Reino Unido. Liderando o movimento estão os Estados Unidos, com 12% dos trabalhadores atuando agora em organizações cujos funcionários são proprietários.

Um grande exemplo é o Walmart. Mesmo um líder empreendedor carismático como Sam Walton descobriu que os lemas e a fanfarronice podem levar apenas até certo ponto no negócio de inspirar e motivar os funcionários. É por isso que o Walmart, a companhia de mais rápido crescimento e agora a maior da história, tem um programa que abrange toda a companhia para que seus 2,3 milhões de funcionários possuam ações. E só para lembrar a cada um que eles realmente são proprietários, você verá, em toda loja do Walmart, na sala de descanso dos funcionários, uma tela com a cotação das ações. Por acreditar tanto na ideia de que os trabalhadores devem ter ações da empresa, o Walmart até fez do nível de participação dos funcionários um componente da avaliação anual do desempenho e do bônus de todo gestor.

Não importa que se trate da W. L. Gore, da Andersen Consulting e do Walmart na América do Norte, ou da Thomson/RCA e da John Lewis na Europa, ou mesmo algumas das recentemente privatizadas indústrias estatais na China, o resultado é o mesmo. Toda forma de participação de funcionários como proprietários implica alguma medida de consequências empreendedoras na empresa, gerando mais comportamento automotivado entre seu pessoal. Não há mistério nisso. O único mistério é a razão pela qual 85% das empresas no mundo todo ainda não fizeram isso.

- **Intraempreendedorismo.** É uma ideia antiga com um novo nome. Dê a um pequeno grupo de funcionários com alto comprometimento e desempenho de ponta um pouco de capital inicial, muita autonomia e participação nos resultados financeiros, e peça-lhes que criem um novo negócio para a companhia – mas operando fora da burocracia vigente. Para algumas grandes empresas como Xerox e Levi Strauss, esse método proporcionou a oportunidade de criar novos negócios empreendedores e motivar os novos "empreendedores corporativos" no comando. As possibilidades positivas para a empresa são enormes – o único senão do intraempreendedorismo é que só poucos são capazes de praticá-lo. Os outros 90% de seu pessoal não estarão envolvidos. Mesmo assim,

é uma forma incrível de criar um estímulo empreendedor – e crescimento – em seu negócio.
- **Sistema de Desempenho Empreendedor (SDE).** Se tornar os trabalhadores proprietários não se aplica ao seu caso e se o intraempreendedorismo afeta muito poucas pessoas, o que mais você poderia fazer para incutir espírito empreendedor em seu pessoal? Temos a resposta. Chamamos isso de *Sistema de Desempenho Empreendedor*, o terceiro método comprovado para inspirar o comprometimento e o desempenho empreendedores em todos os funcionários.

O diagrama do Sistema de Desempenho Empreendedor, na Figura 4.3, expande o clássico modelo de comportamento empreendedor ilustrado na Figura 4.2. O objetivo aqui é replicar para seus funcionários, na medida do possível, o ambiente de desempenho dos empreendedores no mundo real.

Figura 4.3 **O Sistema de Desempenho Empreendedor**

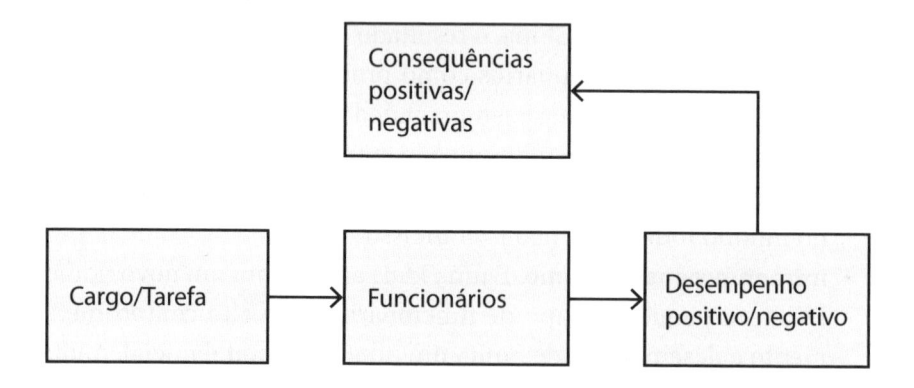

O SDE ajuda a explicar esta eterna questão: por que o desempenho de alguns funcionários é bom e o de outros é ruim? Um vendedor vê um cliente entrar na loja e responde atendendo-o com cortesia – ou lhe dá as costas. O funcionário encarregado da expedição recebe uma encomenda e envia o produto na mesma tarde – ou o põe numa prateleira e envia três dias depois. Por que as reações são tão diferentes? Ou, em nossos termos, por que alguns funcionários se comportam de modo empreendedor automotivado e outros de modo mais burocrático? Felizmente, há apenas quatro componentes com os quais se preocupar em qualquer sistema de desempenho – e cada um deles pode falhar e causar um desempenho ruim ou burocrático. O quadro que se segue ilustra as quatro causas possíveis de um mau desempenho, a solução requerida e o percentual de frequência na ocorrência de cada um.

COMPONENTE	CAUSA	SOLUÇÃO	FREQUÊNCIA
Tarefa	A tarefa não é clara	Esclareça a tarefa	10%
Funcionários	Falta de conhecimento	Treine funcionários	15%
Desempenho	Falta de recursos	Forneça recursos	10%
Consequências	Não relacionadas	Relacione-as	65%

Use este quadro e as explicações anteriores, mais o Formulário 11 no final do livro, para corrigir quaisquer problemas de desempenho e comprometimento que possa ter com futuros funcionários. As causas e soluções são evidentes. Obviamente, a ausência de consequências fortes, positivas ou negativas, é a principal culpada – e causa dois terços de todos os problemas de desempenho. É por isso que dizemos que as consequências representam, como fator isolado, a maior diferença entre os comportamentos empreendedor e burocrático.

Se todos os quadros e explicações anteriores estão ficando um pouco complexos, apenas volte a refletir sobre a advertência de Sam Walton: o cliente pode demitir todos nós. Ou preste atenção em Jannie Tay, a superempreendedora e magnata de um império de joias em expansão, de Monte Carlo a Tóquio e Sydney, e mestre em descrever por que a motivação empreendedora é boa para todos nós.

AUTOMOTIVAÇÃO: BOA PARA OS NEGÓCIOS, BOA PARA A ALMA

"Um comportamento automotivado não é bom somente para os negócios; também é bom para a alma."

JANNIE TAY, fundadora da The Hour Glass

Amiga minha de longa data, Jannie Tay foi recentemente nomeada uma das Cinquenta Principais Mulheres Empreendedoras do Mundo.[7] No duro mercado de varejo asiático de relógios e joias, com seus loucos descontos, é preciso fazer muita coisa certa para ter uma receita de 600 milhões de dólares e 25 anos de crescimento contínuo. Hoje, The Hour Glass tem cerca de 15 lojas varejistas espalhadas por Singapura, Austrália, Malásia, Indonésia e Hong Kong. Elas vendem as principais marcas mundiais, como Cartier, Rolex, Christian Dior, Patek Philippe e Mondial Jeweler. Têm também integração vertical reversa em *joint venture* com duas fábricas de relógios na Suíça, bem como operações no atacado em Tóquio, Singapura, Hong Kong, Genebra e Monte Carlo.

The Hour Glass possui uma sólida reputação com base em dois elementos: produtos de alta qualidade e um serviço de primeira linha. O que o mundo exterior não sabe, porém, é que tanto a alta qualidade quanto o ótimo serviço são, na verdade, movidos pelo grande ativo pessoal de Jannie Tay: seus incríveis instintos para motivar a si mesma e ao seu pessoal. Tay acredita realmente que a automotivação, a indispensável qualidade humana que sustenta o espírito empreendedor, é algo que atende a dois propósitos. Claro que é boa para os negócios, mas também pode ter muito a ver com a forma como você vive e como trabalha.

Eis como ela descreveu isso para mim:

> Em última análise, por que você deveria querer motivar a si mesmo? Por que deveria gostar do que faz e ser bom nisso? Em parte porque é isso que o pagam para fazer – um bom dia de trabalho por uma boa remuneração. Mas pode haver um motivo ainda mais

---

[7] Tay foi reconhecida como uma das Cinquenta Principais Mulheres Empreendedoras pela Fundação Nacional de Mulheres Proprietárias de Negócios dos Estados Unidos como parte de um projeto de pesquisa global financiado pela IBM.

importante. Pense nisto: se precisa trabalhar para se sustentar – praticamente o que todos fazem –, irá passar mais tempo de sua vida trabalhando do que com sua família. Mais tempo trabalhando do que com seus amigos, curtindo um hobby ou apenas relaxando. Na verdade, você vai passar mais tempo no trabalho do que em qualquer outra atividade em toda a sua vida. Por isso é importante gostar do que faz. É da sua vida que estamos falando. E também da vida dos seus funcionários. E sinto muito se você e seu pessoal passarem suas vidas fazendo algo que odeiam. É por isso que digo que um comportamento automotivado não é bom apenas para o negócio, também é bom para a alma.

Portanto, leve em conta que seu verdadeiro propósito ao se motivar não é o de mover montanhas – mas mover a si mesmo. Estimular-se a fazer sua vida valer a pena e a deixar algumas pegadas na areia, pode fazer de você um grande empreendedor, sem dúvida. Porém, ainda mais importante, pode fazer de você uma grande pessoa.

> Preencha os seguintes formulários no final do livro para despertar comprometimento e desempenho e incutir nosso Sistema de Desempenho Empreendedor.
> **Formulário 10:** Comportamento automotivado – promovendo comprometimento e desempenho
> **Formulário 11:** O incrível poder das consequências

ENTREVISTAS COM EX-ALUNOS DA JA

MARINA PARMERA
Fundadora da Movementme e proprietária da A Dora Adora, ex-aluna da JA Brasil

> Empreender é viver um dia de cada vez, acreditar sempre e criar o seu destino, com o melhor time ao seu lado.

Minha experiência na JA

A Junior Achievement definitivamente mudou a minha vida. Fiquei sabendo da JA quando estava no segundo ano do ensino médio, em 2004, quanto a TIM, empresa em que a mãe de uma das minhas amigas trabalhava, nos colocou no projeto, em Recife. Eu tinha 17 anos.

Criamos uma empresa chamada Caseiros Finos, de fabricação e vendas de trufas de chocolate com diferentes recheios. Tivemos que estudar e montar tudo, desde a compra de insumos e a produção até a venda final. Eu era diretora de produção. Os dias em que íamos para a JA eram os melhores; nós nos sentíamos muito produtivas. Fomos a empresa campeã de vendas do ano de 2005 e amei a experiência!

Mesmo depois de terminar o programa e entrar para a faculdade, segui vendendo os doces e, com o dinheiro, consegui bancar minhas passagens para uma viagem à Inglaterra.

Tudo que passamos na JA foi fundamental para me colocar no mundo das vendas e do empreendedorismo, que são as atividades com que hoje mais me identifico.

Minha carreira/Meus negócios

Saí da JA e comecei a faculdade de administração, mas sendo muito sincera, o dia a dia da JA me trouxe mais experiência com pessoas, organização, metas e objetivos do que o que me foi ensinado durante a graduação. Depois de formada, trabalhei no Walmart.com e fui a gerente mais nova da rede no Brasil, assumindo o time de vendas on-line. Passei ainda por Ricardo Eletro, Cnova.com (Casas Bahia/Extra/Ponto Frio) e Banco Original, onde participei do lançamento do primeiro banco totalmente digital do país.

Após a experiência no banco, decidi que iria empreender. Não queria mais trabalhar para os grandes varejistas, e sim levar meu conhecimento e minha experiência para o mercado de produtos saudáveis. Foi com essa ideia que fundei em 2016 a Movementme, uma agência de marketing digital. Vendi meu carro, meu apartamento, contratei cinco pessoas e coloquei todos dentro de um flat de 30 metros quadrados na Vila Olímpia, em São Paulo capital. Trabalhamos de graça para alguns clientes até que a Move foi ganhando corpo e nos tornamos a agência de marketing digital referência para o mundo saudável no país. Hoje temos uma equipe de 20 pessoas e acabamos de ganhar uma concorrência para a primeira marca totalmente saudável que a Nestlé está lançando agora no Brasil.

Eu sempre quis ter um produto ou trabalhar com vendas diretas para o consumidor. Em novembro de 2017, tivemos como cliente da Move a A Dora Adora, uma empresa de doces saudáveis que estava quase fechando. Trabalhamos juntos por três meses, até que eu não resisti e investi na empresa com o Fernando, meu marido. Montamos uma nova fábrica e hoje temos mais de 80 produtos na linha, uma cafeteria vegana, e todos os doces são sem açúcar, sem glúten, sem lactose. Vou confessar, o que eu mais gosto de fazer é vender! Nada me dá mais prazer do que ficar na loja vendendo um produto que eu amo e em que acredito.

Meus conselhos aos jovens

- Desde que comecei a empreender, há uma coisa que é minha premissa de vida: fazer o certo sempre dá certo. Aconteça o que

acontecer, faça sempre o certo. O resultado pode demorar, mas a recompensa vai vir.
- Tente se conectar com pessoas que têm algo a ensinar a você. E esteja pronto também para liderar, pois é uma parte muito importante da vida do empreendedor.
- Empreender é viver um dia de cada vez, acreditar sempre e criar o seu destino, com o melhor time ao seu lado.

DONNA SHALALA
Presidente da Fundação Clinton, ex-reitora da Universidade de Miami, ex-secretária de Estado dos Estados Unidos para Saúde e Serviços Humanos, ex-aluna da JA Estados Unidos

> Além de ser um bom profissional, você também deve ser uma boa pessoa, um bom cidadão.

Minha experiência na JA

A cidade de Cleveland, em Ohio, tinha um imenso programa da JA. Ingressei nele ainda no primeiro ano do ensino médio e, assim, passei quatro anos na JA, em muitas miniempresas diferentes, todas bem-sucedidas, devo ressaltar. Num ano fizemos banquinhos-escadas, e membros da minha família ainda têm alguns desses, 50 anos depois. Eu era editora do jornal da JA, chamado *The Achiever*, e vice-presidente da JA Cleveland. Fui à convenção nacional três vezes e todas foram experiências maravilhosas. Além disso, entrei para a faculdade com uma bolsa da JA.

Lá adquiri um profundo respeito pelos negócios, pelas pessoas envolvidas neles e pelos profissionais que se dispunham a trabalhar conosco como voluntários. Nós vínhamos de famílias da classe trabalhadora, não éramos crianças ricas dos subúrbios. Estávamos todos muito entusiasmados para formar nossas empresas e criar empregos. E havia adultos nos mostrando como fazer isso – eles não realizavam o trabalho por nós, mas nos orientavam. A JA me ensinou como organizar e como liderar outras pessoas, e também me tornei capaz de me relacionar melhor com os adultos. Tudo isso me deu autoconfiança e incutiu em mim para sempre a noção de que poderia começar algo novo, que poderia ser uma empreendedora.

Após o ensino médio e a JA, fui para o Western College for Women, que hoje é parte da Universidade de Miami, campus de Ohio. Quando me graduei, ingressei como voluntária no Peace Corps, que também me deu muita segurança em mim mesma. Isso na verdade ampliou a experiência que eu tivera antes – as mesmas aptidões que usei na JA eu apliquei no Peace Corps. Depois fui para a Escola Maxwell na Universidade de Syracuse, para fazer um doutorado em ciência política e economia. De lá, iniciei minha carreira acadêmica com grande interesse em políticas públicas.

Minha carreira/Meus negócios

Passei mais de uma década na Universidade de Colúmbia ensinando ciência política. Nesse período, o governador Carey, de Nova York, pediu-me que o ajudasse a pôr seu orçamento em ordem e depois que me juntasse ao comitê para cuidar da situação falimentar da cidade de Nova York, o que posteriormente resolvemos. Acredito que minha experiência na JA ajudou nesse caso também, porque foi um esforço empreendedor fora de série. Foi dali que chamei a atenção da administração Carter. O presidente americano Jimmy Carter estava procurando mulheres para ocupar cargos e assim fui para o Departamento de Habitação e Desenvolvimento Urbano como secretária-assistente para políticas públicas. Em seguida, fui presidente da Faculdade Hunter na cidade de Nova York, a mais jovem presidente de faculdade na região. Então fui sondada para a chancelaria da Universidade de Wisconsin, fiz a entrevista e eles me contrataram. Mais tarde, tornei-me secretária de Saúde e Serviços Humanos na administração do presidente Clinton, durante oito anos. E depois disso passei os 14 anos seguintes como reitora da Universidade de Miami, onde ainda sou membro docente. Hoje sou presidente da Fundação Clinton, a organização internacional que o presidente Clinton criou quando deixou a Casa Branca. Minha função era ajudar a dirigir a fundação enquanto Hillary concorria à presidência. Assim, estou aqui desde 2015, e provavelmente quando este livro estiver sendo publicado estarei de volta à Universidade de Miami.[8]

Em todos esses cargos fiz uso das habilidades de empreendedorismo e liderança que aprendi muitos anos antes na Junior Achievement. A maioria de meus trabalhos têm sido de fato realizações muito empreendedoras. Como exemplo, uma colega e eu criamos algo chamado Launchpad na Universidade de Miami. Nesse programa, um estudante trazia uma ideia para começar uma empresa e nós os ajudávamos a fazer um plano de negócio, fornecíamos a orientação de um mentor e até apontávamos o caminho para estabelecer uma diretoria – mas sem contribuir financeiramente. Eles teriam que conseguir o dinheiro com a família ou amigos, o que era muito parecido com minha experiência na JA anos antes.

E outro exemplo: uma das coisas que promovemos na CGIU (Clinton Global International University) é empreendedorismo social. Assim, um de meus grandes interesses na Fundação Clinton é

---

8 Pouco após esta entrevista, Donna Shalala deixou a Fundação Clinton e voltou para a Universidade de Miami como professora-administradora de ciência política e políticas de saúde. Devo acrescentar que entre todas as suas outras honrarias, Donna foi agraciada em 2008 pelo presidente George W. Bush com a Medalha Presidencial da Liberdade, a mais alta honraria civil da nação.

fazer toda uma geração de gente jovem pensar como empreendedores – sobre coisas que possam fazer que, em alguns casos criarão empregos, mas que em todos os casos criarão oportunidades para tornar o mundo um pouco melhor.

Meus conselhos aos jovens
- Primeiro, eles têm que encontrar algo pelo qual sintam paixão. Nada vai dar certo a menos que você tenha paixão pelo que está fazendo.
- Segundo, devem pensar em *criar* empregos, não apenas em *ter* um emprego.
- Terceiro, Bill Clinton disse uma vez a meus alunos: "Vocês precisam ser como uma esponja. Nunca sabem exatamente o que vão precisar saber." Minha filosofia de educação é: os estudantes não devem se preparar para seu primeiro emprego, mas para seu terceiro, quarto e quinto empregos. Precisam ter a capacidade mental de assimilar novas tecnologias e novas ideias. Assim, é muito importante que os jovens se vejam como eternos aprendizes.
- E no processo de fazer tudo isso, queremos que eles sejam ao mesmo tempo bons cidadãos. Sempre digo aos jovens que parte de ser um verdadeiro profissional é retornar uma contribuição para sua comunidade, sua cidade, seu país. Por exemplo, trabalhar numa organização como voluntário ou oferecer apoio a alguma atividade. Além de ser um bom profissional, você também deve ser uma boa pessoa, um bom cidadão.

BEN TOWERS[9]
Fundador da Towers Design,
ex-aluno da JA Reino Unido

> Você não precisa ser uma máquina perfeitamente acabada para começar. Pode aprender muita coisa enquanto avança. Foi isso que eu fiz.

Minha experiência na JA

"Learn to Earn", "aprenda a ganhar", era o nome do programa oferecido pela Young Enterprise (JA Reino Unido). Era sobre escolher uma carreira e ver quanto dinheiro você iria ganhar e depois ajustar sua vida em torno daquele tipo de receita. Este foi meu primeiro programa na YE, e foi interessante porque fazia a gente perceber que as coisas custam dinheiro.

Depois entrei no Programa Miniempresa, que era o maior da Young Enterprise do Reino Unido e creio que o programa referência da JA no mundo inteiro. Não nos saímos muito bem. Não chegamos às finais nacionais nem regionais, nem mesmo vencemos as eliminatórias na escola. Mas fizemos o programa e aprendemos muita coisa sobre o básico dos negócios. Após completar o programa, reavaliei completamente meu negócio. O programa me ajudou a abrir os olhos numa época em que eu tinha as habilidades e o talento para começar um negócio, mas não sabia fazer dele uma empresa de verdade. Fui capaz de transformar minha aptidão

---

9 *Nota do autor:* Com 18 anos, Ben Towers é a pessoa mais jovem que entrevistei para este livro. Mas como ele está tocando sua própria companhia desde os 11 anos, os parâmetros de idade usuais não parecem se aplicar a ele.

pessoal, que eu praticava como freelancer, numa companhia em constante crescimento.

Minha carreira/Meus negócios

Comecei meu negócio, a Towers Design, aos 11 anos, depois que uma amiga da família me desafiou a construir o seu website. Depois de fazê-lo, percebi que gostava disso e comecei a fazer cada vez mais sites. Como freelancer, fiz um monte de projetos, e cobrava bem barato, 50 libras cada um. Aos 13 anos, depois de realizar o Learn to Earn, quis transformar isso num negócio real. Comecei a divulgar os produtos e chamei atenção da mídia. Isso fez com que eu obtivesse muitas vendas, acho que por conta do fato de eu ser tão jovem e estar criando todos aqueles websites. A coisa foi crescendo e, quando completei o Programa Miniempresa, percebi que não estivera focado em fazer com que o negócio fosse realmente valioso. Busquei então desenvolver as aptidões para os negócios e a aprender enquanto seguia adiante.

Nessa época, também saímos um pouco da criação de sites e passamos a fazer mais trabalhos de marketing. Notei que as pessoas queriam dirigir o marketing aos jovens, e o fato de a companhia ser dirigida por um jovem era um valor agregado na visão de alguns clientes. Começamos, então, a fazer mais do que só montar websites e incluir campanhas de venda, mídia social, anúncios impressos, todo tipo de coisas, vendo no marketing o aspecto essencial do negócio. Continuamos a crescer e captamos alguns clientes grandes, chegando ao ponto em que hoje a Towers Design tem uma equipe com 23 funcionários em tempo integral e trabalha com algumas marcas importantes.

Enquanto isso, uma das visões que sempre tive foi a de desdobrar a companhia em algum grupo maior, para ser capaz de oferecer um serviço mais completo. E o modo de conseguirmos isso foi a fusão com outra agência de marketing chamada Zest The Agency. Estamos formando um grupo maior e teremos uma oferta mais ampla, de modo a poder trabalhar com clientes e marcas maiores em projetos mais desafiadores. É nossa próxima grande aposta para o longo prazo.

Meus conselhos aos jovens

- Muita gente perde tempo pensando: "Não sei isto, não sei aquilo, vou começar quando terminar a escola, vou começar quando terminar a universidade." Você tem que superar esses empecilhos. Não precisa ser uma máquina perfeitamente acabada para começar. Pode aprender muita coisa enquanto avança. Foi isso que eu fiz.
- Cerque-se de pessoas que compartilham com você a mesma ambição. Chamo isso de: aldeia de construção do meu negócio. Todas devem querer realizar algo, ter mentalidade semelhante, de modo que você possa fazer circular ideias de uma para outra para crescerem juntos. Dispor desse tipo de comunidade intensa significa que você sempre terá pessoas nas quais pode confiar em que se ajudarão mutuamente.
- Mantenha o foco. É fácil diversificar demais quando se abre uma empresa, achando que é necessário oferecer mil opções. A maioria das coisas que você pensa que precisa ter apenas tiram valor do que está sendo feito no negócio. Assim, concentre-se naquilo que faz, em como você o entrega e em como pode agregar valor a seus clientes – e isso é tudo.

ADEDAYO FASHANU
Jornalista e escritora,
ex-aluna da JA Nigéria

> Os pais dos alunos me apelidaram de "Lucro Máximo" porque eu os abordava para que comprassem mais ações e lhes prometia que seu investimento era seguro, pois íamos ter lucro máximo.

Minha experiência na JA

Fui apresentada à JA por intermédio do Cayley College, a escola onde cursei o ensino médio em Lagos, Nigéria. Minha turma deveria pensar num negócio com o qual poderíamos ter lucro e do qual venderíamos ações. Para iniciar a empresa, fomos treinados por mentores designados pela JA em como estabelecer funções e departamentos para que tudo pudesse funcionar adequadamente. Fizemos uma votação para a chefia de todos os departamentos e fui eleita presidente da companhia. A experiência poderia ter me feito amar ou odiar ser uma líder. Eu tinha colegas de turma muitíssimo inteligentes e com personalidades fortes. Hoje alguns deles são médicos, advogados e artistas/celebridades, e assim por diante, imagine então 14 anos atrás a pressão que exerceram sobre sua líder estudante. Eles queriam resultados e não queriam fracassar. Assim, minha primeira lição nos negócios foi a gestão de pessoas.

No início, vendemos ações da empresa para os pais nas reuniões da escola e onde quer que pudéssemos caçá-los. Nossa empresa fabricava bijuterias africanas com desenho exclusivo, feitas de contas e materiais locais. Inventamos nosso próprio estilo. O departamento de produção ia ao mercado Iyaba ou ao mercado Ogba e comprava a matéria-prima a granel. Mas depois da escola todos nos reuníamos na sala de aula e os ajudávamos, fazendo as bijuterias de contas e sendo criativos. Criávamos belas embalagens, fixávamos os preços de venda, etc.

Nós brigávamos nas tomadas de decisões, ríamos durante a produção e as reuniões gerais, gritávamos de alegria quando conseguíamos lucrar e o diretor e nossos pais ficavam surpresos e divertidos com nosso ímpeto, trabalho duro e integridade em todo o processo. Os pais dos alunos me apelidaram de "Lucro Máximo" porque eu os abordava para que comprassem mais ações e lhes prometia que seu investimento era seguro, pois íamos ter lucro máximo.

A JA foi minha primeira escola de negócios, e como presidente precisei aprender a ser decisiva, confiante, segura e garantir que nossa equipe não fracassasse. Nunca me esqueço da pressão que enfrentava. Às vezes eu entrava em pânico, com medo de que falhássemos na produção ou nas vendas, mas todos na equipe aprenderam a trabalhar juntos. Mesmo quando tentavam fazer suas próprias vozes serem ouvidas, tinham muita consideração e respeito pelos outros. Liquidamos a companhia e pagamos a nossos acionistas, que tiveram um bom retorno de seu investimento. Foi no todo um empreendimento bem-sucedido. Eu poderia continuar indefinidamente com mais histórias, mas o mais importante é que a JA serviu como o alicerce daquilo que sou hoje, e estou certa de que meus colegas sentem a mesma coisa em relação à sua experiência no programa.

Minha carreira/Meus negócios

Profissionalmente, hoje sou jornalista e escritora. Embora tenha estudado psicologia como meu interesse maior e química como secundário, de certa forma meus talentos e meus interesses naturais se sobrepuseram a meu contexto educacional. Trabalhei mais de seis anos com psicologia, mas minha carreira jornalística tem sido mais gratificante e me dado mais oportunidades. Como jornalista independente, gosto do fato de ter uma voz que é ouvida. Sou uma empreendedora da mídia, e toda a minha atividade jornalística consiste em cobrir histórias que atraiam patrocinadores, alcancem as plataformas de mídia adequadas e conquistem público. No final das contas, quero ter um impacto social e, é claro, faturar – *lucro máximo*.

Produzi conteúdo para a revista *Forbes* e escrevi a série *The Art of Being Alive* (A arte de estar vivo) para o *The Huffington Post*. Fundei e administro minha própria plataforma de mídia de notícias, chamada TANTV: The Millennial's Voice. Trabalho atualmente no lançamento de uma revista cultural chamada *Dtara* e numa revista sobre alimentação e entretenimento chamada *Wellbeing*. Também estou trabalhando num livro baseado no tema da minha série no *The Huffington Post*. A perspectiva que tenho para minha carreira é me tornar um nome ou marca de mídia conhecidos na África e no mundo. Em tudo isso, vou sempre agradecer à JA e reverenciá-la por ter me dado um sólido fundamento para os negócios.

Meus conselhos aos jovens
- Meu primeiro conselho aos jovens é que tenham um modelo de negócio em mente antes de começar. Mas, ao fazerem isso, não esperem pela perfeição. Vocês podem tentar muitas iniciativas que podem dar certo ou não, mas saibam que não serão fracassos, e sim parte do processo necessário para crescer e aprender.
- A confiança é a chave para o progresso, mas não baseiem sua confiança unicamente nos resultados que alcançarem, porque o que vai acontecer quando você falhar em alguma coisa? Seria motivo para perder a confiança em você mesmo? Não, sua confiança deve ter raízes na "causa maior" do trabalho no qual você está imerso e no processo positivo de realizar esse trabalho.
- Desejo-lhes sucesso e lembrem-se de que a "arte de estar vivo" é estar no lado oposto ao do medo.

BISMAN DEU
Fundadora da Green Wood e da Color the World Pink, ex-aluna da JA Índia

> Apenas 5% dos CEOs das grandes companhias são mulheres e, no ritmo atual, vai levar 100 anos para se alcançar a paridade.

Minha experiência na JA

Meu primeiro contato com a JA foi quando participei da competição Social Innovation Relay. Entrei já com minha ideia da Green Wood e venci, o que foi ótimo. Mas o ponto da virada para mim, quando senti uma conexão muito mais forte com a instituição, foi quando fui para a conferência anual, na Estônia, como facilitadora por ter vencido a competição. Era basicamente um acampamento de inovação que reuniu outros 120 empreendedores e inovadores da JA de todo o mundo. Conheci muitas pessoas realmente inspiradoras.

A JA me ajudou a realizar meus desejos e sonhos. Quando você conhece tanta gente de tantos contextos diferentes e vê todos os bons trabalhos que estão fazendo, isso o motiva a ser o melhor que puder. A experiência teve um grande impacto sobre mim e também consolidou minha crença no empreendedorismo social. A JA me ajudou a perceber qual era a minha verdadeira ambição na vida.

Minha carreira/Meus negócios

A Green Wood nasceu de uma experiência na vida real. Minha família tinha uma fazenda no norte da Índia, onde cultivávamos arroz e trigo. Eu sempre fui uma criança curiosa, e estava caminhando com meu pai um dia quando vi a queima de resíduos de arroz e de palha nos campos. Quando os fazendeiros colhem o arroz, não há uso para os resíduos, que acabam sendo queimados, o que polui o ar. Comecei a pensar sobre isso e a pesquisar as propriedades dos resíduos de arroz. Aprendi que tinham grandes propriedades, como resistência a água, a cupins e ao fogo, e que continham alto teor de sílica. Decidi então transformar a cozinha da minha mãe num laboratório de pesquisa, e basicamente foi assim que a Green Wood ("madeira verde" em inglês) passou a existir – como material de construção de baixo custo, ecologicamente correto e sustentável. Por meio do programa da JA eu obtive a plataforma para demonstrar minha ideia e agora estamos aperfeiçoando o protótipo do produto. Fui procurada por pessoas da Índia ao Equador, que querem comercializar o Green Wood, mas ainda estamos no estágio de protótipo e não quero levar uma coisa ao mercado antes que esteja aprimorada. Claro que já me vejo comercializando o Green Wood em poucos anos; ele terá ampla aplicação para muita gente no mundo inteiro.

Color the World Pink (que significa "Colorir o mundo de cor-de-rosa") é minha segunda atividade hoje em dia. Ela nasceu por eu ter sido inspirada pelas empreendedoras sociais com quem tenho conversado e pelo fato de haver uma enorme lacuna de ambição entre mulheres jovens. Por exemplo, apenas 5% dos CEOs das grandes companhias são mulheres e, no ritmo atual, vai levar 100 anos para se alcançar a paridade no topo da hierarquia. Na Índia, os pais relutam em direcionar suas filhas para o empreendedorismo porque isso não assegura um salário fixo. Assim, decidi começar uma campanha que visa a promover empreendedorismo e liderança entre garotas. É um projeto com base nas escolas locais, e minha intenção é oferecer uma experiência prática em empreendedorismo para lhes dar um empurrão nessa direção. Também faço palestras nas escolas contando minha própria história, na esperança de que possa inspirar pelo menos uma garota. E esta semana estarei discursando no Fórum Econômico Feminino em Délhi.

Estou no primeiro ano na Universidade de Warwick, no Reino Unido, onde vou ficar até me formar. Meu objetivo é voltar para a

Índia e conduzir meu negócio e meu empreendedorismo social em meu país natal.

Meus conselhos aos jovens
- Um conselho crucial aos jovens é criar oportunidades para si mesmos. Tendemos a esperar que a oportunidade venha bater à nossa porta, mas isso não costuma acontecer. Acredito firmemente em tentar criar tantas oportunidades quanto puder. No meu caso, entrar na competição da JA e vencê-la levou a um efeito cascata de outras oportunidades.
- Se você planeja abrir uma empresa ou se tem uma ideia de negócio, muita gente vai lhe dizer que não vai dar certo. Mas acredite em sua ideia e não deixe que outros abalem sua confiança naquilo que você tem dentro de si. Digo isso porque houve muitas pessoas que disseram não para mim: "Isso não vai funcionar." Mas segui acreditando mais do que nunca, e foi isso que me fez continuar.
- Gostaria de terminar dizendo que realmente acredito nesta citação do antigo poeta Rumi: "Viva a vida como se tudo estivesse conspirando a seu favor." Mantenha-se firme e você estará bem.

ALFRED BRIGHT
Artista e professor emérito da Universidade de Youngstown, ex-aluno da JA Estados Unidos

> Estamos muito envolvidos no financiamento de bolsas para estudantes em todo o país. Muitas crianças estão na mesma situação em que eu estava 60 anos atrás – sem saber para onde ir.

Minha experiência na JA

Ingressei na JA quando tinha 17 anos, em 1957. Era o único afro-americano em meu programa em Youngstown, Ohio. Na verdade, participei da JA por conta de algumas experiências da infância. Quando tinha 10 anos entrei para um dos times da liga infantil de beisebol da cidade, na posição de receptor. Ganhamos o campeonato municipal em 1950 e desfilamos em carro aberto pelo centro de Youngstown. Depois do desfile, tivemos nosso banquete de premiação na piscina pública. Cheguei lá como herói, o jogador que conseguira fazer o *home run* vencedor, mas o supervisor da piscina me agarrou, jogou-me de encontro à cerca e me levou para longe. Ele disse ao time que se eu entrasse na área da piscina e apenas pusesse minha mão na água, ele precisaria esvaziar a piscina e nosso piquenique e a cerimônia de premiação estariam acabados. Informou que era o regulamento da cidade e que deveria cumpri-lo. Aos 10 anos, foi uma experiência muito traumática para mim. Claro que se tratava abertamente de segregação e racismo, e foi naquele ambiente que eu cresci.

No entanto, fui capaz de passar por essa e outras experiências parecidas sem ficar amargurado. Não me permiti sentir ódio pelos brancos que não puderam ou não quiseram me ajudar. Em vez disso, decidi tentar maximizar todo o meu potencial. Uma das coisas que fiz foi me juntar a toda organização que pudesse: o Kiwanis Club, as organizações escolares e, quando entrei no ensino médio, juntei-me à JA.

Naquela época a maioria dos meninos afro-americanos nem sabia da JA, mas fui bem recebido no programa. Fui para a JA com a mesma atitude – ia tentar maximizar meu potencial. Fiquei realmente envolvido com o programa e o sistema americano de livre iniciativa, e acabei sendo o presidente da minha primeira empresa. Construíamos caixas postais de madeira para casas suburbanas, que estavam se desenvolvendo em torno de Youngstown. No meu segundo ano, 1959, tornei-me o presidente da JA Achievers Association, que correspondia à Câmara de Comércio para jovens, e fui escolhido para comparecer à convenção nacional da JA em Indiana. Éramos 3 mil veteranos do ensino médio que tinham sido escolhidos como os principais *achievers* de todo o país e do mundo. Eu era um dos três únicos garotos afro-americanos. Venci o show de talentos da conferência cantando "Stardust" ao estilo de Nat King Cole. E ganhei também o Prêmio Reader's Digest de Melhor Orador com um discurso de improviso sobre o sistema americano de livre iniciativa. Para um jovem garoto de Youngstown, Ohio, era tudo muito empolgante.

Muitos CEOs de companhias listadas entre as 500 maiores pela revista *Fortune* tinham ido a Indiana para o banquete de premiação na última noite da convenção. Como eu tinha ganhado dois prêmios, estava sentado à mesa com Ed Mosler, CEO da Mosler Safe Company (depois adquirida pela American Standard), e Bayard Colgate, CEO da Colgate-Palmolive.

Após o jantar, os ganhadores de prêmios tinham que se apresentar, anunciar a cidade de onde vinham e para qual universidade iriam depois do outono. Como éramos os grandes sucessos da JA, os presentes supunham que iríamos todos para a faculdade. Assim, os jovens vencedores se puseram de pé e disseram: Harvard, Yale, Colúmbia, Stanford, etc. Quando chegou minha vez, eu me levantei e disse: "Sou Alfred Bright, de Youngstown, Ohio, e estou na lista de espera para ir para a Erma Lee's Barber School (Escola de Erma Lee para Barbeiros) em Cleveland, Ohio." Houve aquele silêncio no salão e de repente todos começaram a rir. Eu me sentei e Bayard Colgate se dirigiu a mim: "Você só pode estar brincando. Venceu o show de talentos em nível nacional e fez aquele incrível discurso sobre o sistema de livre iniciativa – e agora está nos dizendo que não vai para a faculdade?" Eu respondi: "Não, não vou. Ninguém jamais falou comigo sobre ir para a faculdade. Nem sei o que estudaria se fosse." Então o Sr. Mosler e o Sr. Colgate me disseram: "Se você voltar para Youngstown e encontrar qualquer escola que o aceite, nós o ajudaremos a ir para a faculdade."

Assim, fui para casa com essa nova possibilidade de cursar uma faculdade. Para encurtar a história, inscrevi-me na Universidade Estadual de Youngstown, fui aceito e, sim, o Sr. Mosler e o Sr. Colgate mantiveram sua palavra e enviaram-me o dinheiro para eu começar. Mais tarde, com minhas boas notas, obtive uma bolsa. E foi assim que tudo aconteceu. Tenho uma ótima vida e uma grande carreira como artista e professor de pintura. E tudo graças a uma conferência da JA tantos anos atrás.

Minha carreira/Meus negócios

Nota do autor: Alfred Bright é um artista e educador nacionalmente reconhecido. Teve mais de 100 exposições individuais e sua obra consta em coleções permanentes de museus em todo o país. Foi também o primeiro afro-americano a se tornar professor na Universidade de Youngstown. Serve atualmente no conselho diretor da Fundação JA. Assim descreve sua função ali: "Estamos muito envolvidos no financiamento de bolsas para estudantes em todo o país. Muitas crianças estão na mesma situação em que eu estava 60 anos atrás – sem saber para onde ir e precisando dessas bolsas para ir para a faculdade. Eu me vejo nelas." A carreira artística de Alfred é bem documentada em outros lugares e, em nosso espaço limitado aqui, preferi me concentrar em seus enriquecedores comentários sobre sua experiência na JA e seus conselhos aos jovens.

Meus conselhos aos jovens

- Primeiro, minha mensagem não mudou: maximize seu potencial. Vá fundo dentro de si mesmo e encontre aquilo que gostaria de fazer ainda que não fosse pago para isso. Siga sua paixão, encontre a si mesmo e maximize seu potencial.
- Mantenha uma atitude positiva em relação a você mesmo. Foi o que fiz depois daquela terrível experiência na juventude. Mantive uma atitude muito positiva e isso fez uma tremenda diferença em como as pessoas se portavam comigo. Nunca me envergonhei de ser eu mesmo.
- Desenvolva uma autopercepção de seu legado e de suas experiências passadas. Você tem que conhecer e aceitar todos esses elementos para alcançar seus mais altos objetivos e acreditar que é capaz de ser tudo que quiser ser.
- E, finalmente, eis uma ideia sob cuja inspiração eu tentei viver: planeje seu trabalho e trabalhe seu plano. A vida é aquilo que você fizer dela. A resposta está em suas mãos.

CAPÍTULO 5
O QUE É REALMENTE NECESSÁRIO
Os três requisitos

"Gerenciar é a parte fácil. O difícil é inventar o próximo grande produto do mundo."

STEVE JOBS, fundador da Apple Computer, da NeXT Inc. e da Pixar

Estudantes no ensino médio sonhando em ter a própria empresa, profissionais de mentalidade inovadora que acabaram de concluir o MBA buscando seu primeiro bilhão, pessoas com um desejo ardente de melhorar o mundo – sejam todos bem-vindos ao *novo e melhorado* mundo da oportunidade empreendedora.

Se o caminho a seguir é adquirir a *atitude empreendedora*, o que falta para começar? A citação de Steve Jobs no início da seção é uma boa advertência de que a sabedoria convencional, como quase sempre, está equivocada. Como este livro enfatiza repetidamente, o mais importante é saber como fazer ou como disponibilizar alguma coisa de que o mundo necessita. Depois disso, tudo é bem simples, questão de bom senso.

Você já está equipado com as quatro práticas fundamentais dos empreendedores bem-sucedidos e com uma tonelada de boas dicas compartilhadas pelos ex-alunos da JA. Há apenas mais três coisas que precisa garantir. E elas são:

UM POUCO DE DINHEIRO

"Comecei a Dell com mil dólares... em vez de estudar para as provas finais em meu ano como calouro na Universidade do Texas."

MICHAEL DELL, fundador da Dell Computer

O dinheiro pode provocar as piores angústias nas pessoas. Muitos candidatos a empreendedores são particularmente afetados por isso. Alguns nunca vão além do primeiro passo porque não conseguem se imaginar levantando o montante necessário para começar o próprio negócio. Para tornar isso ainda mais intimidador, o exagero nas histórias envolvendo lançamento de ações e jovens bilionários do Vale do Silício influ desproporcionalmente a percepção pública dos requisitos financeiros para se abrir uma startup. Mas uma dose de realidade pode reverter esse quadro.

Nossa pesquisa demonstra que o custo médio de começar um negócio nos Estados Unidos é hoje de cerca de 15 mil dólares. É provável que seja um pouco mais em algumas economias de alto custo e significativamente menos em todas as economias de baixo custo. No geral, é um negócio bastante bom quando se considera o relativo custo econômico ou social de algumas outras formas em que as pessoas podem usar seu tempo – ou dinheiro.

- **Custo médio para abrir um negócio** 15 mil dólares
- **Um ano de benefícios sociais** 30 mil dólares
- **Um ano em Harvard** 50 mil dólares
- **Um ano na prisão** 75 mil dólares

O que salta aos olhos nesta lista é que o financiamento de novos negócios empreendedores é uma pechincha. Sem dúvida políticos e governos em toda parte aprenderam que apoiar novos empreendedores é praticamente o melhor investimento econômico que podem fazer. Por exemplo, o governo pode financiar dois pequenos negócios pelo custo de dar assistência social a uma família durante um ano; pode financiar três empresas pelo custo de uma bolsa de um ano numa universidade de elite; e pode, por incrível que pareça, financiar cinco startups pelo custo de manter um criminoso na prisão durante um ano.

Loucas comparações à parte, não se pode ignorar a questão. Na média, o custo de iniciar um negócio próprio é modesto. E, é claro, a maneira esperta de fazer isso é não largar seu "emprego fixo" enquanto não estiver pronto. Mesmo concordando que na média não se trata de uma quantia grande, você provavelmente terá que entrar com *algum* dinheiro para abrir sua startup. Onde vai arranjar 15 mil dólares? Segundo uma pesquisa feita pela revista *Inc.*, as várias fontes de financiamento de startups usadas por empreendedores americanos se distribuem assim:[10]

- **Economias pessoais** 73%
- **Cartões de crédito** 27%
- **Empréstimos de amigos e parentes** 14%
- **Todas as outras fontes** 14%
- **Empréstimos com garantias de bens pessoais** 7%
- **Empréstimos bancários**[11] 5% (alguns com garantia do governo)
- **Participações acionárias** 2%
- **Crowdfunding pela internet**[12] 1% (crescendo rapidamente)

Por fim, enquanto apenas 2% de empreendedores conseguem o dinheiro para sua startup na forma de "participações acionárias", investidores-anjos e a comunidade de investidores de risco podem lhe ser úteis em vários estágios no desenvolvimento de sua empresa: capital semente, capital empreendedor, capital mezanino ou financiamento para aumento de escala e com toda a certeza empréstimo-ponte para garantir sucesso no lançamento de ações, se você decidir seguir esse caminho no futuro. Talvez a única coisa que você precisa saber nesse estágio são as perguntas cruciais que qualquer firma de capital de risco vai fazer quando você for buscar dinheiro. O grande John Doerr, o "Rei do Vale do Silício" e fundador de muitas empresas famosas, diz que as quatro perguntas que sempre faz são:

- **Qual é o risco em termos de pessoal?** Os fundadores vão ficar ou partir para outra?
- **Qual é o risco técnico?** O produto pode ser fabricado – e escalonado?

---

10 O total é de mais de 100% porque muitos empreendedores usam mais de uma fonte de financiamento para sua startup.
11 Empréstimos governamentais, disponíveis em muitos países, podem ser muito úteis.
12 Crowdfunding pela internet não estava na lista da revista por ser muito recente, mas é tão promissor que o acrescentamos aqui.

- **Qual é o risco de mercado?** Será que acreditam no próprio produto a ponto de usá-lo?
- **Qual é o risco financeiro?** Se necessário, o capital poderá ser levantado novamente?

A questão fundamental é que o capital inicial empreendedor não constitui um obstáculo para startups no mundo atual. Na verdade, há milhares de companhias famosas que começaram sem ajuda externa, com menos de 2.500 dólares, inclusive muitas cujo perfil foi apresentado neste livro, como Sony, DHL, Virgin, Microsoft, Apple, Chiron e DryWash. Embora essas ótimas empresas não tenham precisado de muito dinheiro para começar, todas tiveram o ativo que é absolutamente essencial: o conhecimento necessário para criar um produto ou serviço do qual os clientes necessitavam e pelo qual estavam dispostos a pagar. Isso nos traz ao segundo requisito.

UM POUCO DE CONHECIMENTO

"Estudantes de pós-graduação de qualquer curso da universidade têm uma probabilidade duas vezes maior de abrir um negócio próprio do que os que fizeram MBA em Wharton."

IAN MACMILLAN, professor de inovação e empreendedorismo na The Wharton School, Universidade da Pensilvânia

O principal motivo para o fracasso de novos negócios não é falta de dinheiro. É mais básico do que isso. É, simplesmente, não ter introduzido um produto ou um serviço que alguém quisesse adquirir. Assim, você precisa aprender como fazer um produto ou prover um serviço de que o mundo precise e pelo qual vai pagar. E onde é que você vai aprender isso?

Um lugar onde não vai aprender isso é nas principais escolas de negócios do mundo. Ian MacMillan, o iconoclasta e inovador sul-africano, que chefia o prestigiado Centro de Pesquisa de Empreendedorismo de Wharton, desenvolveu o primeiro programa de estudos de empreendedorismo numa escola de negócios de primeira linha. E por que Wharton aprovou o projeto dele? Por que a pesquisa de MacMillan revelou enormes equívocos no programa de MBA, poderosamente resumidos em sua impressionante estatística mencionada na citação que abre a seção. Seu bem-documentado argumento foi claro: os pós-graduados de departamentos não "relacionados a negócios" da universidade – ciências, engenharia, serviços médicos e mesmo artes e ciências humanas – tinham duas vezes mais probabilidade de se tornarem empreendedores e começarem um negócio do que os que faziam mestrado na escola de negócios. Eureca! Steve Jobs estava certo quando disse: "Gerenciar é a parte fácil. O difícil é inventar o próximo grande produto do mundo."

Então, se aprender teorias de gestão não ajuda, que tipo de educação seria útil? O fundamento essencial do empreendedorismo (e de toda empresa, aliás) é ser capaz de conceber um grande produto ou serviço. Na linha de pensamento de Jobs, gerenciar é coisa de criança comparado com ser capaz de criar uma ratoeira melhor. A verdade pura e simples é que você tem que ficar muito versado numa coisa – muito bom em projetar e produzir algum produto ou serviço que satisfaça uma real necessidade do mercado. Pode ser simples ou complicado, de alta ou baixa tecnologia, mas você precisa se tornar um especialista naquilo. E onde pode aprender isso? Apesar de não serem essenciais para toda possibilidade empreendedora, faculdades de engenharia, ciência da computação, biotecnologia e mesmo artes podem ser lugares ótimos para começar. Certamente institutos técnicos e escolas profissionalizantes também são bons lugares para aprender como fazer algo – e de fato são viveiros para a criação de novos empreendedores. E, é claro, não importa qual seja sua educação formal, sempre haverá o treinamento nas empresas, que é exatamente a fonte primordial de conhecimento do produto/serviço para a que é hoje a maior categoria de novos empreendedores: os milhões de refugiados das corporações que perderam seus meios de subsistência e voltaram-se para o empreendedorismo para prover suas famílias.

A lição essencial de todos os exemplos que enchem estas páginas – desde o autodidata Soichiro Honda ao egresso do ensino médio Ray Kroc (McDonalds), passando pelos não frequentadores e desistentes da universidade como Richard Branson e Bill Gates, a formada pela Escola de Artes Dramáticas de Yale Jodie Foster (atriz, diretora e produtora) e Ph.D.s em bioquímica como Ed Penhoet – não é o lugar onde eles adquiriram seus conhecimentos. O único fator poderoso que eles têm em comum no que concerne a conhecimento é que todos conseguiram ser muito bons em alguma coisa. Compreenderam que o que era necessário para se criar uma boa empresa não era se tornarem bons gestores, mas se tornarem bons em fazer produtos ou prestar serviços dos quais muita gente no mundo precisava e pelos quais pagaria um bom dinheiro. E isso de fato exige um pouco de conhecimento.

UMA CULTURA VOLTADA PARA O EMPREENDEDOR

"Decidi administrar a grande companhia da mesma maneira que administrava a pequena companhia."
FRASER MORRISON, CEO da Morrison Construction

Além de adquirir os necessários *um pouco de dinheiro* e *um pouco de conhecimento*, empreendedores ainda precisam lidar com a realidade em termos do ambiente no qual operam. É claro que você não pode mudar a macroeconomia vigente ou controlar o tecido político/social de seu país. Por exemplo, a Coreia do Norte ou a Somália podem não ser atualmente o melhor lugar para abrir seu negócio. Mas você pode fazer muita coisa em relação ao ambiente no qual opta por trabalhar e à cultura que projeta para sua própria empresa.

Para começar, sua família e seus amigos podem ser fortes aliados em seu empreendimento. Obtenha o apoio deles de todas as formas que puder. Há outras e óbvias parcerias a cultivar e atividades nas quais se engajar: redes de empreendedores, seminários sobre como abrir um negócio, fontes de financiamento, consultores jurídicos e empreendedores que atuem como mentores. Além de todas essas possibilidades, o recurso isolado mais importante de todos pode ser o de indivíduos e organizações capazes de ajudá-lo a se tornar um *especialista em cliente/produto* no campo que escolheu – o próximo Steve Jobs, ou Richard Branson, ou Jack Ma em seu setor. Participe de todo seminário, vá a toda conferência e feira de negócios e junte-se a toda associação profissional que encontrar – desde que relacionados ao campo cliente/produto de sua escolha.

Na verdade, o desafio mais difícil pode ser o de manter uma cultura voltada para o empreendedorismo em sua empresa depois de ela ter sido lançada e de começar a crescer. Lembra-se do temido *ciclo de vida de todas as organizações*? Sua startup não estará imune a isso. Aprender como evitar os perigos do ciclo de vida pode representar toda a diferença entre o sucesso e o fracasso do empreendimento. Eis um caso da vida real sobre como fazer isso.

Conheça Fraser Morrison de Edimburgo, na Escócia, e a incrível história de recuperação do negócio de construção civil da família 15 anos após ter sido vendido para um conglomerado gigantesco em Londres – que gerenciou mal uma próspera empresa familiar de 3 milhões de dólares dentro de uma burocracia deficitária de 300 milhões. Em suas próprias palavras:

> Acabamos comprando de volta a Morrison Construction. Enfim concretizei minha antiga ambição de restaurar o controle de família. Mas também tivemos que comprar a companhia-mãe deficitária junto com ela. Assim, eu tinha um negócio com vendas totais de cerca de 300 milhões de dólares, mas com grandes perdas e hemorragia no caixa. Pelo menos possuíamos 100% dela, e eu acreditava saber como reverter a situação. Felizmente meu palpite estava correto. Em nosso primeiro ano aumentamos as vendas e tivemos um pequeno lucro. No ano seguinte, mais uma vez empurramos as vendas para cima e tivemos um respeitável lucro de 11 milhões de dólares – e nunca olhamos para trás.

E como foi exatamente que Fraser Morrison transformou anos de perdas em lucro em apenas 12 meses? Ele começou tocando o grande negócio do mesmo jeito que sua família sempre tinha tocado o pequeno negócio: com uma cultura muito voltada para o empreendedorismo. Mudou cinco fatores-chaves, que transcrevi em princípios gerais e que qualquer um pode aplicar para manter a cultura voltada para o empreendedorismo na própria empresa. Aqui estão eles, nas palavras do próprio Morrison:

- **Mantenha-o pequeno.** "Nós dividimos o negócio em unidades re-

lativamente pequenas, com faturamentos de entre 5 e 20 milhões de libras esterlinas cada uma. Funcionou muito bem para nós. À medida que crescermos, queremos continuar a nos sentir como uma pequena empresa."
- **Mantenha-o pessoal.** "Para os proprietários em Londres nós não éramos importantes. Nosso pessoal tem agora um forte interesse pessoal no negócio, uma atitude mais empreendedora."
- **Mantenha-o honesto.** "Demos 18% de participação para os gerentes-chaves. Tentamos conduzir a empresa pensando nos melhores interesses de todos no longo prazo. O negócio precisa dessa honestidade e transparência em seu topo."
- **Mantenha-o simples.** "A lição individual mais importante que aprendi – e ainda não deparei com uma situação em que isso não fosse verdade – é que, se você se esquecer dos componentes simples do negócio, estará perdido."
- **Recomece com o que é fundamental.** "Quando o recuperamos, focamos a atenção das pessoas novamente no que é básico no terreno de construção em que você está, o que, nesse negócio, é o único lugar no qual se ganha dinheiro."

Afinal, o que você efetivamente precisa fazer para perseguir seu sonho de empreendedor? Sem dúvida deve aprender a aplicar as práticas dos grandes empreendedores do mundo, como já foi mencionado: *senso de missão, visão cliente/produto, inovação em alta velocidade* e *comportamento automotivado*. E depois, como ilustra este capítulo, vai precisar obter *um pouco de dinheiro* e *um pouco de conhecimento* e criar a *cultura mais voltada para o empreendedorismo* que puder.

> Os formulários, encontrados no final do livro, foram elaborados para planejar aquilo que é de fato necessário para começar seu negócio e enfim desenvolver seu próprio plano de ação para empreender.
> **Formulário 12:** O que é realmente necessário? Os três requisitos
> **Formulário 13:** Meu plano de ação para me tornar um empreendedor

ENTREVISTAS COM EX-ALUNOS DA JA

KIM KAUPE
Cofundadora da ZinePak,
ex-aluna da JA Estados Unidos

> Quando aparecemos no *Shark Tank*, recebemos ofertas no total de 725 mil dólares de quatro dos cinco tubarões e recusamos todas... Precisávamos de um telefone, de um computador e de nossos cérebros. Eram as três únicas coisas realmente necessárias.

Minha experiência na JA

Fui apresentada à JA quando cursava o ensino médio na Flórida. O que realmente me chamou atenção é que na escola você aprende muita coisa sobre matemática e álgebra, mas não aprende sobre coisas práticas do cotidiano, como custos, impostos e coisas do gênero. Lembro-me bem dos cadernos de exercícios da JA – era a primeira vez que eu via a matemática como algo útil e aplicável no mundo real. E pela primeira vez ouvia falar de receita, margens, lucros e coisas assim. Sabe como é, no ensino médio a conversa geralmente é sobre o filme mais recente e se você vai ser convidada para o baile de formatura. E de repente estávamos no programa da JA gerenciando uma empresa de verdade. Tudo isso foi muito benéfico para mim, um aprendizado bastante prático.

Minha carreira/Meus negócios

Tudo acontece por um motivo. A garota que se sentava perto de mim na agência de publicidade em Nova York onde eu acabara de começar era Britanny Hodak, a futura cofundadora da ZinePak! Um dia reclamei, me dirigindo a ela: "Este lugar é horrível. Preciso sair." Ela disse: "Concordo. Também não estou feliz aqui. Na verdade, tenho essa ideia de dar uma nova roupagem a conteúdos de música já publicados e acho que você seria a sócia perfeita." Nenhuma de nós tinha aberto uma empresa, mas Brittany trabalhara numa gravadora durante cinco anos e eu já trabalhara em editora, então dissemos: "Vamos nessa!" Eu tinha 25 anos e ela, 27. Sabíamos que tínhamos uma boa ideia, sabíamos o que seria o produto, só precisávamos de um cliente.

Brittany e eu passamos um mês fazendo análise de risco, e o que descobrimos foi encorajador. Constatamos que poderíamos ganhar dinheiro a partir do primeiro dia. Também nos demos conta de que naquele momento não precisávamos de um escritório elegante, nem de funcionários, nem de luxos e supérfluos. Precisávamos de um telefone, de um computador e de nossos cérebros. Eram as três únicas coisas realmente necessárias.

O timing estava certo e tínhamos a ideia certa, portanto começamos logo. Felizmente para nós, tanto as gravadoras quanto o Walmart gostaram do nosso conceito. Fizemos álbuns de luxo para diversos artistas, desde Kiss, The Beach Boys e Johny Cash até Katy Perry, Taylor Swift e Justin Bieber – mais jovens e mais velhos, pop e rock. Vendemos pacotes exclusivos em todas as mais de 3 mil lojas do Walmart. A rede é o sonho de todo comerciante, e eles foram grandes apoiadores nossos desde o início.

Depois desse sucesso inicial, fomos chamadas para o famoso programa *Shark Tank*. Descobrimos depois que é muito incomum ser convidado para o show. Quando aparecemos no *Shark Tank*, recebemos ofertas no total de 725 mil dólares de quatro dos cinco tubarões e recusamos todas. Havíamos conseguido 1 milhão de dólares em vendas no primeiro ano, 3 milhões no quarto ano – e sem dinheiro de fora –, então resolvemos que não precisávamos nem queríamos dinheiro de investimento dos famosos tubarões, afinal.

Hoje estamos fazendo o que chamamos de pacotes Super Fan

em outras áreas além da música. Por exemplo, elaboramos produtos para fãs do New York Mets, da Comic-Con, da Starbucks. Assim, estamos desenvolvendo e expandindo imensamente nosso mercado.

Meus conselhos aos jovens

- Primeiro, para os que sempre dizem "Não é o momento certo", bem, nunca será o momento certo. Sempre haverá um motivo para postergar. Você apenas tem que respirar fundo e dar o salto, e acreditar que suas asas vão se abrir e aparar sua queda.
- Os empreendedores têm a má-fama de serem frívolos e assumirem riscos, mas na realidade são muito calculistas. Eu digo às pessoas que é como um jogo de xadrez – você antecipa três jogadas para ver onde as peças vão estar, de modo a amenizar o risco o máximo que puder.
- Não importa se você é um empreendedor independente ou se atua dentro de uma companhia: é sempre sensato pedir ajuda. Acho que as mulheres, em particular, não gostam de aceitar contribuições. Você ficará surpreso ao constatar quanta gente quer ver você se sair bem e está pronta a estender a mão. Portanto, não tenha medo de pedir ajuda.
- Finalmente, eu incentivo jovens mulheres a partirem para o empreendedorismo, como fizemos com a ZinePak. Quando a gente vê as fotos de caras como Mark Zuckerberg e Elon Musk por toda parte, não parece fácil, eu sei. As mulheres não se identificam. Essa foi outra razão para Brittany e eu termos ido ao *Shark Tank*. Enquanto mostrávamos nossa cara, um milhão de garotas poderiam sintonizar no programa e dizer: "Ei, eu posso fazer isso também!"

JIMMY ZHOU
Fundador de um fundo de *private equity*, ex-aluno da JA China

> Minha equipe fundadora e eu estamos ajudando os jovens empreendedores da China a construir seus negócios no país e no restante do mundo.

Minha experiência na JA
Ingressei no programa em 2003, quando era calouro na universidade, em Xangai. Na época a JA ainda não estava nas nossas escolas de ensino médio. Era uma plataforma muito boa para os estudantes, para conhecer como funciona o mundo dos negócios, aprender mais sobre empresas e criar uma rede de relacionamentos forte. Assim, recebi muita coisa da JA, e a parte mais importante da experiência foi ter contato com os profissionais que nos orientaram.

Minha carreira/Meus negócios
Hoje, trabalho na área de finanças. Após me formar na universidade, entrei para um banco de investimentos chinês. Aprendi muito com os profissionais que conheci na JA que trabalhavam nessa área. Depois formei um fundo de *private equity*. Minha equipe fundadora e eu estamos ajudando os jovens empreendedores da China a construir seus negócios no país e no restante do mundo.

Gostamos de trabalhar com jovens empreendedores chineses, não com pessoas já ricas ou grandes companhias. Os jovens empreendedores são o futuro, e essa é mais uma coisa que tem relação com a JA. Trabalhar com e para jovens e ajudá-los a ter sucesso é muito importante.

Devo mencionar que minha mãe e meu pai são engenheiros.

E apesar de eu mesmo ter me formado em engenharia, acabei indo trabalhar com finanças, o que é muito diferente. Mas meus pais me ensinaram que a melhor maneira de mudar o mundo é usar "nossas próprias mãos". Assim, ainda que eu esteja no mercado financeiro, o que quero é ajudar os jovens a se tornarem empreendedores, ajudar a mudar o mundo à minha própria maneira.

Meus conselhos aos jovens
- Primeiro, acho que você deve abordar tudo na vida buscando a felicidade. Com isso quero dizer que você precisa ter paixão e motivação. Se estiver triste ou desanimado, não vai querer se levantar cedo, não vai querer trabalhar, não vai querer fazer nada.
- Segundo, é essencial focar no "o quê" do seu negócio. Concentre todos os seus esforços e faça o melhor que puder *no que* está criando. Mesmo que enfrente um fracasso, continue trabalhando, permaneça focado e você irá fazer acontecer.

SAMER SFEIR
Cofundador da shareQ e da M Social Catering, ex-aluno da JA Líbano

> Optei pelo empreendedorismo social porque é uma ótima combinação de duas coisas: você cria uma empresa bem-sucedida enquanto causa um impacto sustentável na vida das pessoas.

Minha experiência na JA

Meu amigo e eu trabalhamos desde 2009 na ideia de um empreendimento social com a qual poucas pessoas pareciam se importar. Ingressei então no Programa Miniempresa da JA em 2012, e ele nos abriu as portas para participar de um programa regional levando a nossa ideia. Naquele ano, vencemos o concurso de Melhor Projeto de Empoderamento da Mulher, concorrendo com outros quatro países árabes. Hoje, esse projeto tornou-se a M Social Catering, onde trabalho agora em tempo integral como empreendedor social. A JA foi uma das primeiras organizações que realmente acreditaram em nós como jovens e que poderíamos causar algum impacto. Ela continuou a nos apoiar durante anos depois da competição.

Minha carreira/Meus negócios

Sou um empreendedor social ativo e cofundador da shareQ e da M Social Catering. A shareQ é a organização guarda-chuva para a M Social Catering, empresa de cunho social que fornece serviços de bufê de alta qualidade para eventos corporativos. Nossos clientes corporativos são conhecidas companhias internacionais e locais, ONGs, bancos e universidades. Todos os lucros se destinam a apoiar programas de colocação profissional e integração que treinam e empregam mulheres e jovens que enfrentam desafios físicos, sociais e financeiros.

Em 2017, treinamos cerca de 150 mulheres e jovens. Aproximadamente 80 dessas pessoas já estão empregadas. Além disso, lançamos recentemente o Programa de Comida Saudável para ONGs, que preparou e distribuiu 50 mil refeições saudáveis para 2 mil crianças com problemas sociais e financeiros em todo o Líbano.

Além de ser um empreendedor social, também dou aula de empreendedorismo na Universidade Notre Dame e ministro treinamentos e workshops para várias organizações locais e internacionais. Optei pelo empreendedorismo social porque é uma ótima combinação de duas coisas: você cria uma empresa bem-sucedida enquanto causa um impacto sustentável na vida das pessoas.

Meu conselho aos jovens

- Tenho um único e grande conselho. Você vai passar a maior parte da vida no trabalho, portanto tente buscar sua vocação e a paixão de sua vida usando estes passos que funcionaram para mim e se transformaram no lema da minha vida: ore, sonhe, planeje e vá em frente. Sucesso!

STEPHEN ARINITWE
Fundador e CEO do Aristeph Entrepreneurs Centre, ex-aluno da JA Uganda

> Ingressei na JA de Uganda porque queria ser um CEO ainda jovem, e consegui!

Minha experiência na JA

Sou membro fundador e CEO do Aristeph Entrepreneurs Centre. O ASTEC é uma empresa de caráter social que comecei em 2008, quando eu estava no Programa Miniempresa da JA na Kololo, uma escola de ensino médio. O espírito empreendedor que adquiri na JA me levou a me tornar CEO quando tinha apenas 17 anos. Também me ajudou a ganhar alguns prêmios, inclusive o Jovem Empreendedor do Ano em 2009 e 2011; e em 2013 obtive reconhecimento internacional na convenção One Young World na África do Sul: 1.250 representantes de 190 países compareceram ao evento, e Richard Branson e Winnie Mandela discursaram para as delegações.

Ingressei na JA de Uganda porque queria ser um CEO ainda jovem, e consegui! Hoje sou também um orgulhoso membro e ex-aluno da JA. Tenho que agradecer à instituição pelo que sou hoje no mundo dos negócios.

Minha carreira/Meus negócios

Trabalho hoje como jornalista na área de negócios. Originalmente, estabeleci o Aristeph Entrepreneurs Centre porque queria ajudar outros jovens em Uganda a desenvolver seu futuro, assim como a JA me ajudou. Venho de uma família humilde e de poucos recursos, mas me orgulho em dizer que a JA me tornou rico. Hoje ganho o bastante para todas as minhas necessidades e auxilio meus jovens compatriotas a encontrar trabalho e se sustentarem. No ASTEC nós os ajudamos a adquirir aptidões práticas para obter uma fonte de renda. Minha equipe e eu orientamos jovens homens e mulheres a elaborar uma variedade de produtos com materiais locais, desde sacolas de papel ecológicas, velas e briquetes de carvão vegetal a xampus e sabonetes e vários itens de artesanato. Também oferecemos treinamento profissional em TI e agronegócios. Até agora, o ASTEC formou mais de 15 mil jovens.

Com essas competências recém-adquiridas, eles podem pagar suas mensalidades escolares, cuidar de suas famílias e posteriormente estabelecer suas próprias empresas. Hoje, o Aristeph Entrepreneurs Centre é uma das principais organizações para mudança social no país. Temos três academias empreendedoras sociais: ASTEC IT and Media Academy, Entrepreneurship and Cottage Enterprises Academy e ASTEC Agribusiness Innovations Academy. Todas operam sob nosso ASTEC Social Innovation Hub.

Comecei tudo isso porque tínhamos um grande problema em Uganda – que me afetava e me inspirou a entrar para a JA. Nossos pais não foram bem-sucedidos em prover a seus filhos orientação para uma carreira. Além disso, os desafios de desemprego que tantos ugandenses enfrentam estão limitando gravemente o crescimento e o desenvolvimento de nosso país. E, por fim, a metodologia de educação em Uganda é mais teórica do que prática. O número de graduados que ficam desempregados após terminar a faculdade chegou a um nível crítico. Diante desse quadro, eu disse a mim mesmo: acho que posso fazer algo em relação a tudo isso – ajudar a mim mesmo e esses jovens a ganharem a vida. Foi isso que me levou a fundar o ASTEC, que espero ter se tornado um modelo de empreendimento para o país.

Meus conselhos aos jovens

- Sempre sigam sua paixão e busquem conhecimento com os profissionais das atividades em que querem ingressar. Por exemplo, eu tinha o objetivo de me tornar um CEO e, ao aprender com o CEO da JA Uganda e outros mentores da JA, consegui trabalhar para alcançar meu sonho.
- Lembre-se de que o que você ganha não é tão importante quanto o modo como você gasta o que ganha. Comecei o ASTEC com um capital de apenas 14 dólares. Como uma organização não lucrativa, sempre precisamos ter cuidado com nosso dinheiro, e hoje tornamo-nos um grande e bem-sucedido empreendimento social. Assim, para todos os jovens, digo o seguinte: seu futuro está em suas próprias mãos – saibam administrar com sabedoria toda oportunidade que lhes aparecer no caminho.

PEDRO ENGLERT
Fundador e CEO da StartSe,
ex-aluno da JA Brasil

Lembrem-se de que ninguém faz nada grande sozinho – e ninguém trabalha duro para realizar um sonho que não é seu.

Minha experiência na JA

Desde criança eu gostava do mundo dos negócios. Um dia, em 1995, soube que ia haver na minha escola um programa para desenvolver o espírito empreendedor dos estudantes chamado Miniempresa. Eu me inscrevi e foi assim que tive contato com a JA, que acabava de chegar ao Brasil. Gostei de toda a ideia e comecei a ter um relacionamento muito próximo com a organização. Nos anos seguintes, participei de vários programas, como o "Mese", Bancos em Ação e o Programa do Empreendedor Sombra. Fui também um dos fundadores do Nexa, um grupo de ex-alunos *achievers*, em 1996.

A cada nova interação com os programas da JA, eu tinha mais certeza quanto ao caminho que queria seguir na minha vida profissional. A oportunidade de participar da criação de um negócio, estabelecer um relacionamento com uma escola nos Estados Unidos, passar um dia com um empreendedor ou assistir a palestras de pessoas sobre as quais só tínhamos lido nos jornais foi muito gratificante e estimulante. Certamente foi fundamental em minha preparação para o mercado de trabalho e permitiu que eu conhecesse muita gente inteligente e competente, com quem me relaciono até hoje.

Minha carreira/Meus negócios

Trabalho desde muito jovem, porque acreditava que poderia melhorar minhas qualificações. Hoje sou formado em administração de empresas. Durante a faculdade, atuei em várias áreas, mas o setor financeiro era o de que eu mais gostava. Quando terminei a graduação, comecei a trabalhar na área comercial da Ipiranga, o que me distanciou do meu sonho de entrar para mercado financeiro. Alguns anos depois, fui convidado por um amigo a ingressar na XP Investimentos, uma nova e pequena corretora de valores que dava os primeiros passos na minha cidade, Porto Alegre. Ela tinha um modelo de parceria muito agressivo, e juntei-me à firma com o objetivo de ajudar a conduzir o crescimento de todos os departamentos. Apenas sete anos depois tínhamos 400 escritórios em todo o Brasil, mudamos nossa sede para São Paulo e nos tornamos a maior corretora de valores do país.

Nos meus três últimos anos na XP, fui o CEO de um portal que a XP criou, chamado InfoMoney. Durante esse tempo, aprendi muito sobre o mundo digital e percebi o impacto que a tecnologia traria a nossas vidas pessoais e a nossos negócios. Em seguida, nos associamos ao Bloomberg e nos consolidamos como o maior portal financeiro do Brasil, e a XP Investimentos tornou-se uma das maiores companhias do mercado financeiro no país. Recentemente vendemos metade de nossas ações a um dos maiores bancos brasileiros por aproximadamente 4 bilhões de dólares. Deixei a companhia em 2016 e fui com minha família morar por seis meses no Vale do Silício. Lá fiz uma pós-graduação na Singularity University e aprendi muito mais sobre todo o ecossistema das startups.

De volta ao Brasil, decidi recomeçar minha carreira. Hoje sou o fundador e o CEO da StartSe, a principal plataforma de startups no Brasil, com mais de 120 mil pessoas registradas, entre empreendedores, investidores e mentores. Sou investidor-anjo em oito empresas e sócio de cinco fintechs. Além disso, estou no conselho diretor da JA Brasil, assim como na da Associação Brasileira de Fintechs.

Meus conselhos aos jovens
- Façam algo de que vocês gostem, porque só assim vão querer dedicar tempo e energia a fazer disso um sucesso.
- Informem-se sobre as novas tecnologias e sobre de que forma elas impactarão seus negócios. Procurem pontos de referência e as melhores práticas globalmente, e não apenas em sua região.
- Não tenham medo de errar, mas não persistam se estiverem errados e certamente não repitam o mesmo erro.
- Por fim, lembrem-se de que ninguém faz nada grande sozinho – e ninguém trabalha duro para realizar um sonho que não é seu.

PARTE 2

AS SETE COMPETÊNCIAS DA JA: A ATITUDE EMPREENDEDORA EM AÇÃO

"A JA me deu a primeira oportunidade de empreender e ter a alegria de criar uma ideia, realizar essa ideia e transformá-la em receita e em lucro. Foi algo muito poderoso emocionalmente para mim."

JENS WELIN, diretor administrativo da Starcom USA, do conselho diretor da JA Chicago, ex-aluno da JA Suécia

A Parte 1 do livro descreveu as quatro práticas fundamentais dos maiores empreendedores do mundo, com o suporte de entrevistas com ex-alunos da JA que são exemplos excepcionalmente fortes de cada uma das quatro práticas.

Na Parte 2, adotaremos uma perspectiva um tanto diferente. A JA Worldwide embarcou recentemente num grande projeto de pesquisa para avaliar o aperfeiçoamento dos alunos da JA em várias áreas essenciais de comportamento ou competências. As sete competências identificadas, e que a JA está avaliando em seus estudantes, são aptidões cruciais de que os jovens vão precisar para se tornarem destacados funcionários e geradores de empregos – ou empreendedores.

As entrevistas aqui, também com ex-alunos da JA de todo o mundo, estão organizadas em torno das sete competências para ilustrar e destacar as aptidões necessárias a um funcionário ou gerador de empregos bem-sucedido em nossa economia global. Todas as histórias relatadas por eles demonstram a *atitude empreendedora* em ação.

Aproveito para agradecer pela colaboração da JA Worldwide para conseguir as excelentes entrevistas do livro. Sinto-me privilegiado por ter chegado a conhecer tantos ex-alunos da JA e ter ouvido seus relatos em primeira mão. Foi uma experiência inesquecível para mim – e espero que vocês se sintam enriquecidos também ao ler estas histórias incríveis. A seguir, as sete competências.

CAPÍTULO 6
ORIENTAÇÃO PARA UM OBJETIVO E INICIATIVA
Ter uma abordagem proativa

ENTREVISTAS COM EX-ALUNOS DA JA

LIA ZAKIYYAH
Vice-assistente da presidência da Missão Especial da Indonésia sobre Mudança Climática, ex-aluna da JA Indonésia

> Mesmo trabalhando para o governo, tenho esse espírito empreendedor em relação ao trabalho e ao desafio que enfrentamos para manter o meio ambiente a salvo.

Minha experiência na JA

O pessoal da JA veio à minha escola de ensino médio, explicou o programa e perguntou quem queria participar. Depois indagaram quem queria ser presidente da miniempresa e eu simplesmente levantei a mão. Ainda não sabia do que se tratava tudo aquilo, mas me candidatei assim mesmo. E não me arrependi – a JA era mesmo fascinante. Exigia muito trabalho de equipe, e no início não tínhamos a menor ideia do que fazer. Produzimos cartões comemorativos, fizemos arranjos de plantas secas, organizamos eventos escolares, tudo que pudesse render dinheiro. Eu ainda estava aprendendo sobre trabalho em equipe e o que o negócio deveria ou seria capaz de fazer. Como presidente, eu tinha que supervisionar todos os aspectos da empresa – finanças, recursos humanos, marketing –, tentando ao mesmo tempo não microgerenciar os outros membros da equipe. Acho que as duas coisas mais importantes que obtive de minha experiência na JA foram que fiquei muito mais confiante em minhas tomadas de decisão e que aprendi a extrair um "trabalho de equipe da equipe".

Minha carreira/Meus negócios

Após o ensino médio fui para a universidade e me graduei em economia. Trabalhei depois para uma consultoria sobre programas de responsabilidade social, passei um ano viajando pela Europa, voltei para casa e trabalhei para a JA Indonésia durante dois anos. Enquanto estava na JA fiz o mestrado, com uma dissertação sobre comunicação da mudança climática. Esse trabalho me levou a meu emprego atual, como assessora da presidência da Missão Especial da Indonésia sobre Mudança Climática.

Amo o que faço. É um trabalho muito importante, e tenho paixão por ele. Sou uma das mais jovens no gabinete e o mais novo membro da equipe. Mesmo trabalhando para o governo, tenho esse espírito empreendedor em relação ao trabalho e ao desafio que enfrentamos para manter o meio ambiente a salvo. Precisamos educar o maior número de pessoas possível, e eu tenho que conceber a melhor maneira de vender essa mensagem em toda a Indonésia. Faço parte também do conselho fiscal do Movimento Jovem pelo Clima na Indonésia, e estamos tentando estabelecer formalmente um Instituto da Mudança Climática. Acabamos de concluir um projeto no qual colaboramos com a Unesco para aumentar entre os jovens a consciência quanto à mudança climática e tentar desencadear ações por parte deles. Acredito que, se dermos aos jovens a informação, os instrumentos e o poder, eles poderão realizar coisas importantes. Claro que, ao fazer tudo isso, tenho que reconhecer mais uma vez que foi da JA que recebi essa iniciativa e esse espírito empreendedores.

Desde que entrei na JA sempre quis ter meu próprio negócio, ou, quem sabe, meu próprio instituto. Estou sempre pensando sobre isso e sobre como poderia criar algo para dar continuidade ao meu trabalho com o meio ambiente. Enquanto isso, continuarei a usar minha atual plataforma governamental para falar ao máximo possível de partes interessadas e levar a mensagem de que não vamos sofrer economicamente ao adotar boas ações no que se refere à mudança climática.

Meus conselhos aos jovens
- Primeiro, você deve saber qual é sua visão e persegui-la, além de assegurar-se de que o que está fazendo é coerente com seus valores pessoais. Você não será capaz de motivar a si mesmo se trabalhar em coisas nas quais não acredita.
- Não é fácil descobrir o seu caminho, mas busque as coisas de que realmente gosta e que faz com excelência. É nessa área que encontrará aquilo que é o certo para você.
- Considere a busca por sua carreira uma jornada para a vida inteira. Pode não terminar com seu primeiro emprego ou mesmo sua primeira carreira. Persiga aquilo em que você acredita e aquilo em que você é bom durante sua vida inteira.
- Por fim, eu diria: simplesmente faça! Alguns jovens são muito inteligentes, mas não partem para a ação – acham que precisam aprender mais antes de tentar alguma coisa. Mas logo você vai chegar aos 30 ou 40 anos sem ter ido atrás do seu sonho. Portanto, tome uma atitude agora e faça o que tem que fazer!

RAFAEL SEVERO
Fundador e CEO das empresas do grupo Trend Investimentos, ex-aluno da JA Brasil

> Empreender é a arte de errar rápido e corrigir o rumo das coisas depressa.

Minha experiência na JA

Ouvi falar da JA quando estava no sexto ano, no Colégio Militar de Porto Alegre (CMPA). Participei de muitos dos programas de ensino fundamental oferecidos pela JA na época, como o Economia Pessoal e o Introdução ao Mundo dos Negócios, e consegui aplicar o conhecimento que obtive ajudando minha mãe a organizar as contas em casa num momento financeiro turbulento para a família.

Durante o ensino médio, fiquei sabendo do Programa Miniempresa. Não estava familiarizado com o termo "empreendedorismo", mas era algo que eu já praticava desde pequeno, vendendo picolé para os amigos da rua onde eu morava, oferecendo-me para lavar os carros dos vizinhos, produzindo revistas de dicas de videogame e ministrando aulas particulares de matemática. Entrei para o programa com 17 anos e meus colegas e eu criamos a CM Metal. A empresa produzia murais de metal com ímãs, um artigo na moda na época, e eu era o diretor financeiro.

Escolhemos um produto de alto custo, difícil de produzir sem os equipamentos certos e, por conta do preço, com um desafio extra para a equipe de vendas. Mesmo assim, fechamos o projeto com lucro para os acionistas e ali reconheci a importância de ter pessoas boas em atividades diferentes num time, pois quem nos salvou do prejuízo foram dois ou três colegas muito bons de vendas. Além disso, aprendi que era possível tirar uma ideia do papel mesmo com pouco dinheiro, desde que houvesse trabalho, dedicação e foco.

No último ano da escola, entrei para o NEXA, o núcleo de ex-*achievers* da JA, e comecei a atuar como *adviser* junior no Programa Miniempresa de outras escolas. Depois, ainda na Junior Achievement Rio Grande do Sul (JARS), num programa parecido com o Miniempresa, mas voltado ao setor de serviços, organizamos uma feira de intercâmbio itinerante em escolas de Porto Alegre, e dali eu tive a inspiração para o meu primeiro negócio, um evento chamado Mostra das Nações, que rodou por 15 das principais escolas particulares da cidade, com patrocínio de agências de intercâmbio cultural.

Hoje tenho o privilégio de ser o primeiro ex-*achiever* a presidir o conselho diretor da JARS, ao lado do meu amigo Ricardo Albert Schmitt, aluno da primeira turma do Miniempresa em 1994.

Minha carreira/Meus negócios

Depois de me formar no ensino médio, comecei a cursar administração de empresas na UFRGS e logo iniciei meu primeiro negócio, a RSeven, uma empresa de eventos e treinamento, cujo primeiro produto foi a Mostra das Nações. Trabalhei com o Vinicius Mendes Lima, amigo que conheci na Junior Achievement, na realização desse evento, e continuamos grandes amigos até hoje.

Logo após os primeiros eventos, entendi que o meu caminho seria pela educação e foquei meu negócio na promoção de treinamentos rápidos e eventos voltados à educação financeira. Isso deu muito certo e começou a ganhar tração. Chegamos a produzir um jornal universitário ao longo do ano de 2004, o *Jornal Bah*, a fim de construir um canal de comunicação com o nosso público-alvo. Segui com a RSeven até 2006, quando recebi uma proposta para fazer parte de uma sociedade na XP Cursos, braço educacional da hoje nacionalmente conhecida XP Investimentos. Em 2007, vendi minha participação para os demais sócios e deixei a empresa, com o objetivo de retomar a carreira de empreendedor solo.

No final do ano, criei a Escola de Investidores, empresa da qual sou sócio até hoje. Passei um período na Austrália, onde fui aprimorar meu inglês e estudar mais sobre negócios. Lá, percebi que, além dos investimentos tradicionais em renda fixa e os mais arrojados em ações, uma das principais formas de construção de liberdade financeira e renda para aposentadoria nos países de língua inglesa vinham do investimento em imóveis. Com isso em mente, montei a Trend Investimentos, uma empresa focada em investimentos no mercado imobiliário. Já totalizamos mais de 30 milhões de reais em investimentos e, para o próximo ciclo, prevemos um faturamento de 120 milhões de reais. Nós nos consideramos a primeira construtech fintech do Brasil, pois combinamos a utilização de tecnologias construtivas modulares, de forma similar à indústria automobilística, a tecnologias de acesso a investimentos por meios inovadores. Para os próximos anos, pretendemos continuar trabalhando para transformar a Trend Investimentos na empresa mais relevante para quem quer investir em imóveis no país.

A Trend ajudou a criar o Estúdio de Finanças na PUCRS, um espaço voltado para a educação financeira e que fornece serviços de consultoria financeira gratuita para o público em geral. Acredito na educação como a maior ferramenta de transformação social. Foi a educação que me trouxe a visão de que eu poderia, saindo de uma família de classe média baixa e endividada, construir o futuro desejado para mim.

Sou muito grato à Junior Achievement por ter me apresentado a conhecimentos diferentes, que transformaram minha vida e minha forma de planejá-la. Adotei um lema que aprendi na JA e que me guia até hoje: "A vida é um caminho, não um destino, e você é o arquiteto do seu próprio caminho."

Meus conselhos aos jovens

- Tenha humildade para reconhecer seus erros e aprender com eles. Eu me cobrava demais e no início foi difícil empreender e lidar com meus erros. Na escola, onde os resultados dependiam apenas de mim, em geral eu me saía muito bem e me destacava

de forma individual. Ao empreender, comecei a lidar com muitas variáveis que não dependiam de mim, como o trabalho em equipe, o processo decisório de clientes, questões burocráticas, etc. Empreender é a arte de errar rápido e corrigir o rumo das coisas depressa. Uma coisa é certa: você vai errar, e isso faz parte. Entenda isso, tenha humildade e as coisas fluirão naturalmente.
- Busque autoconhecimento. As maiores limitações que você encontrará serão de recursos internos. As pessoas tendem a olhar para aquilo que lhes falta externamente, como dinheiro, educação formal, entre outros sinais externos, e utilizar isso como desculpa para não fazer o que realmente desejam. Autoconhecimento é uma bela estrada, sem volta, uma vez que, quando você se conhece melhor, não tem como voltar atrás.
- Escolha bem seus sócios. Nem sempre talento será o suficiente; valores e objetivos precisam estar alinhados para que a parceria seja bem-sucedida. E, quando encontrar os sócios certos, esteja aberto a mudanças na sociedade, pois as pessoas mudam e seus objetivos mudam junto com elas.
- Nem todas as pessoas têm apetite para o risco de empreender, mas acredito que todas têm a possibilidade de se tornarem empreendedores. Ser empreendedor tem a ver com a coragem de ousar e assumir a responsabilidade de transformar a realidade para melhor quando outros não ousam. Você pode empregar a atitude empreendedora na sua própria empresa e também na empresa de outras pessoas, bem como na carreira pública e política.
- Um dos conselhos que gostaria de ter recebido há mais tempo e ter me aprofundado mais em seu significado é sobre a construção de uma cultura empresarial orientada para resultado. É preciso ser firme na cobrança das metas e no estabelecimento dos padrões de entrega do time, mas sempre com respeito às pessoas. A construção de uma cultura orientada para resultado atrairá as pessoas certas e afastará as pessoas erradas.

JOSHUEL PLASENCIA
Cofundador do Projeto 99,
ex-aluno da JA Estados Unidos

> Quanto posso realizar como pessoa e como empreendedor, mas de um modo que faça sentido para o lugar em que estou? É como dirigir o mais rápido que puder sem sair da pista.

Minha experiência na JA

A JA transformou minha vida. Antes eu passava pelos grandes prédios de corporações em Nova York e não tinha ideia do que acontecia lá dentro. Só podia supor como seria a rotina de um profissional de negócios. Meus pais não concluíram os estudos, então eu não tinha quem me empurrasse nesse sentido. Claro que minha mãe queria que eu me desse bem na escola, mas eu precisava da outra metade da equação – e ela veio da JA. Comecei lá no primeiro ano do ensino médio e fiquei quatro anos. Participei de um programa da JA de estágio na Time Magazine, e foi a primeira vez que estive dentro de um daqueles prédios para ver o que realmente acontecia. A partir da minha experiência como estudante na JA, obtive acesso e oportunidades que nunca tivera.

Em 2012 ganhei o prêmio da JA de Nova York para o Estudante do Ano. Venci também a competição de Estudante do Ano da ALFA (Associação de Profissionais Latinos), e Jack Kosakowski, o presidente da JA Estados Unidos, veio a Nova York para me apresentar no jantar de premiação, o que foi uma grande honra para mim.

Sou um daqueles eternos garotos da JA. Estou agora em Boston estudando empreendedorismo na Faculdade Babson, uma conexão natural para trabalhar com a JA da Nova Inglaterra. O presidente da JA para o norte da Nova Inglaterra, Radhames Nova, é o primeiro latino a dirigir uma região da JA nos Estados Unidos, e trabalhei com ele em algumas iniciativas. Também estou familiarizado com a JA em meu país natal, a República Dominicana. Recentemente tivemos uma reunião entre as equipes de gerenciamento da JA República Dominicana e do norte da Nova Inglaterra, e foi ótima. Espero que haja mais contatos globais como esse dentro da JA.

Minha carreira/Meus negócios

O Projeto 99, sem fins lucrativos, que fundei com Meehan Valdes, que também estuda na Faculdade Babson, é em grande medida uma continuação da minha experiência na JA. É algo a que dedico grande paixão: desenvolver a liderança entre jovens sub-representados – latinos e afro-americanos especificamente. Levamos nosso programa de liderança aos jovens não brancos de comunidades carentes. Estamos ativos nos Estados Unidos e começamos na República Dominicana em 2015, no México em 2016 e no Chile este ano. Nosso objetivo é preencher a lacuna de liderança que existe nos Estados Unidos e em todo o mundo entre as pessoas mais desfavorecidas socioeconomicamente. Nos Estados Unidos, por exemplo, são 30% de habitantes latinos e afro-americanos, mas apenas 3% das lideranças seniores do país vêm desses grupos. Esse é o foco do Projeto 99 e planejamos trabalhar em tempo integral nisso quando nos graduarmos. O nome Projeto 99 vem do Projeto do Genoma Humano, que demonstrou que, em termos de DNA, 99,9% de todas as pessoas são iguais. Podemos ser mais altos ou mais baixos e ter olhos de cores distintas, mas as diferenças entre as pessoas representam apenas 0,1% de nosso DNA.

Nossa inspiração vem desses dados, que tão claramente indicam que todo mundo é capaz de se tornar um líder e realizar seus sonhos. Usamos crowdfunding via internet e patrocinadores corporativos, como a Delta Air Lines, para financiar o Projeto 99. Também solicitamos subvenções de agências governamentais e fundações de empreendimentos sociais. Estamos determinados a ter sucesso em nossa missão de prover habilidades de liderança para os *millenials* não brancos.

Meus conselhos aos jovens
- O principal, para mim, sempre tem sido forçar além dos limites, mas de maneira inteligente. Quanto posso realizar como pessoa e como empreendedor, mas de um modo que faça sentido para o lugar em que estou? É como dirigir o mais rápido que puder sem sair da pista.
- Segundo, não tenha medo de falhar. Quanto mais eu falho, mais eu aprendo. Se você não está cometendo algumas falhas ao longo do caminho, provavelmente está sendo conservador demais e não está mirando alto o bastante.
- Terceiro, e aí está a questão dos 99,9%: você tem que acreditar que somos todos *capazes* de realizar nossos sonhos. Você pode ser jovem, pode estar subrepresentado, pode ter barreiras socioeconômicas – mas exatamente porque é uma pessoa *capaz* você pode superar de fato essas barreiras.

COSMIN MALUREANU
Fundador e CEO da Ascendia SA, ex-aluno da JA Romênia

O capitalismo teve início na Romênia em 1992, assim, estávamos muito no começo de nossa era empreendedora.

Minha experiência na JA
Ingressei no programa da JA poucos anos após ele ter começado na Romênia, por volta de 1998. Eu estava no ensino médio e quis parti-

cipar porque ele ensinava coisas novas sobre economia. Eu era apaixonado por economia, principalmente pela parte que tinha a ver com informática. Eles nos dividiram em equipes para jogos de simulação no computador, em que você traz insumos para sua fábrica e depois põe as mercadorias no mercado. Era muito interessante. Fazia os estudantes pensarem em como comercializar produtos. Você tem que pensar sobre sua capacidade de produção, preço, marketing e como funciona o mercado. Foi muito enriquecedor me envolver com outras equipes de estudantes e fazer negócios.

O capitalismo teve início na Romênia em 1992, assim, estávamos muito no começo de nossa era empreendedora. Na escola, aprendemos um bocado de teoria, mas a JA veio com uma abordagem mais prática dos negócios e da economia. Eu realmente gostei do programa e fiquei nele durante dois ou três anos. Muitos anos depois tornei-me um consultor da JA. Stefania Popp, fundadora e CEO da JA Romênia, pediu-me que fosse às escolas e ensinasse às crianças. Achei a experiência muito gratificante. Quando se recebe ajuda, deve-se retribuir. Sempre que eles precisam de um consultor, eu vou. Depois de todos esses anos ainda tenho muita proximidade com a JA.

Minha carreira/Meus negócios

Era nítido que a educação na Romênia enfrentava problemas. Eu acreditava que, com o uso da tecnologia, poderia melhorar muito o processo educacional. Os antigos paradigmas de aprendizado em sala de aula não tinham mudado em 100 anos. Eu pensava: no mundo inteiro hoje há PCs, tablets, todo tipo de jogos inteligentes, então por que não usar o poder dessas ferramentas para melhorar o processo educacional? Foi assim que vi uma oportunidade: usar a tecnologia para melhorar a educação na Romênia e deixar uma marca no mundo. Começamos a Ascendia em 2007. Primeiro trabalhamos duro só para entrar no mercado da educação. Inicialmente, terceirizamos nossos serviços para um grande fornecedor do governo a fim de criar programas educacionais computadorizados em todo o país. Fizemos esse tipo de negócio durante vários anos como ponto de partida.

Cerca de cinco anos atrás passamos a criar e comercializar nossos próprios programas diretamente para os clientes. Desenvolvemos produtos com nossa própria marca, que abrangem do jardim de infância à formação de adultos. Vendemos mais de 140 mil licenças só para alunos do jardim de infância. Temos divulgadores apresentando nossos programas nas escolas e formamos parcerias com bibliotecas, livrarias e quiosques. Conseguimos até uma parceria com a empresa de iogurtes Danone: seus comerciais na TV mostravam nossos programas nas embalagens dos iogurtes. E hoje temos uma boa parceria com a Samsung para comercializar nossos programas. Assim, encontramos vários caminhos para comercializar e distribuir no mercado de varejo da educação.

Nossos programas seguintes foram desenvolvidos diretamente para o Ministério da Educação. Eles nos procuraram e disseram que queriam digitalizar o conteúdo e ter cartilhas digitais para complementar os textos impressos. Então agora fornecemos programas de *e-learning* para o governo que estão sendo usados em todas as escolas públicas. Dessa forma, estamos deixando nossa marca nos jovens da Romênia – que era o objetivo com o qual comecei a Ascendia.

O governo representa atualmente menos de 5% de nosso faturamento. Estamos muito mais presentes nos mercados varejistas B2C (*business to consumer*, ou da empresa para o consumidor) e nos B2B (*business to business*, da empresa para outra empresa). Em nosso negócio B2B, oferecemos treinamento para funcionários das companhias. Resolvemos os problemas de altos custos e logísticos que todas têm com filiais dispersas. Por exemplo, elas não podem reunir 2 mil pessoas em um só lugar para treiná-las num novo produto. Assim, customizamos seu problema com um *e-learning* customizado.

Ao longo do caminho, também faturamos alguns prêmios. Em 2010 ganhei o prêmio JA de Jovem Empreendedor do Ano da Europa e em 2014 a Ascendia recebeu o prêmio da União Europeia do Empreendedorismo Digital. Hoje temos 30 funcionários aqui em Bucareste. Mesmo sendo a Romênia nosso principal mercado, temos também clientes estrangeiros. Nossa programação original é em inglês, mas temos versões multilíngues em russo, grego, árabe, etc. Em 2015 ingressamos no mercado de ações da Romênia, assim agora somos uma empresa de capital aberto. Para uma companhia romena é bom estar no mercado de ações tanto pela credibilidade local quanto pelo reconhecimento internacional que isso confere. Nosso faturamento está aumentando bem e atualmente supera 1 milhão de euros. O valor de mercado da Ascendia no mercado de ações romeno é de cerca de 4 milhões de euros.

Meus conselhos aos jovens
- Viaje para o exterior o máximo que puder. Aprenda sobre o mundo e sobre como outras pessoas vivem e pensam. Se possível estude ou trabalhe fora durante alguns anos.
- A jornada empreendedora é uma opção viável para qualquer um que tenha alguma tolerância ao risco, espírito livre, uma tonelada de ideias e que não foge se tiver que meter a mão na massa.
- Aprenda a como aprender. O mundo está mudando num ritmo acelerado. Você precisa evitar ficar plantado num emprego ou carreira que não tem futuro. Tem que desafiar a si mesmo a aprender coisas novas e permanecer competitivo.
- Por fim, construí minha companhia sobre dois pilares. Um é minha família – meu irmão e minha esposa são, ambos, sócios da companhia. O outro pilar é minha equipe. Tenho pessoas trabalhando para mim já faz 10 anos e confio totalmente nelas. Sem esses dois pilares, nunca conquistaria o que tenho hoje.

JENS WELIN
Vice-presidente executivo e diretor administrativo da Starcom USA, membro do conselho diretor da JA Chicago, ex-aluno da JA Suécia

> A JA me deu a primeira oportunidade de empreender e ter a alegria de criar uma ideia, realizar essa ideia e transformá-la em receita e em lucro. Foi algo muito poderoso emocionalmente para mim.

Minha experiência na JA

Cresci e fui para escola em Gotland, uma ilha na costa da Suécia. Tive sorte, porque meu professor era um dos pioneiros da JA. Assim, todos no colégio participamos do Programa Miniempresa da JA. Ficamos muito inspirados com a ideia de ter nossa própria companhia. Criamos três e fui eleito diretor administrativo de uma delas. A ideia da minha empresa era fabricar e vender camisetas com a logomarca da JA para cada um dos 2 mil alunos. Todas as três companhias foram bem-sucedidas.

Os conselheiros da JA indicavam estudantes para o prêmio Empreendedor do Ano na JA Suécia. Como um dos finalistas em 1987, viajei para Estocolmo e fui entrevistado por um painel de juízes, o que para mim, aos 18 anos, foi muito estimulante. Após todas as entrevistas fui selecionado e ganhei o prêmio e uma bolsa, oferecidos por um dos mais famosos empreendedores do país.

A JA me deu a primeira oportunidade de empreender e de ter a alegria de criar uma ideia, realizar essa ideia e transformá-la em receita e em lucro. Foi algo muito poderoso emocionalmente para mim. Cheguei a estabelecer um objetivo para mim mesmo quando completei 18 anos: eu me tornaria empreendedor, teria minha companhia e de algum modo me tornaria um milionário na Suécia aos 30 anos. É claro que não era realmente pelo dinheiro – que equivaleria a 100 mil dólares –, e sim pela conquista. Ou seja, a JA teve um grande impacto em minha vida.

Minha carreira/Meus negócios

Com o dinheiro da bolsa consegui estudar um ano nos Estados Unidos, na Faculdade LaGrange, na Geórgia. Depois que voltei para a Universidade de Estocolmo, continuei a estudar comunicação e marketing. Depois de formado, em 1993, fui trabalhar para uma das primeiras emissoras de televisão comerciais da Suécia. Como antes não era permitido fazer publicidade na televisão sueca, essa ainda não era uma mídia muito popular, então foi ótimo atuar naquele cenário pioneiro, falando com agências de publicidade e convencendo-as a utilizar esse novo meio. Comecei até a pensar em criar minha própria agência. Acontece que uma das pessoas mais famosas da publicidade na Suécia, Ulf Sandberg, estava abrindo sua agência e ele me convidou a formar uma parceria. Assim, juntos, lançamos a Sandberg Media em 1995. Eu era jovem, mas me tornei o CEO e dono de 10% das ações. Fomos muito bem-sucedidos no desenvolvimento da Sandberg Media em todo o país. Crescemos até chegarmos a ter 160 profissionais na equipe.

Depois, em 2001, vendemos a companhia para a Starcom, uma companhia de mídia global com base em Chicago e subsidiária da Publicis em Paris, o terceiro maior grupo de comunicação do mundo. Voltando ao objetivo que estabeleci após o programa da JA, de que seria milionário aos 30 anos – novamente, não muito dinheiro em dólares –, alcancei esse objetivo e um pouco mais. Seja como for, fiquei na Starcom e conduzi toda a operação na Escandinávia. Crescemos a ponto de nos tornarmos uma das cinco principais agências nos países escandinavos. Em 2014 a Starcom me trouxe para a sede em Chicago, onde hoje sou vice-presidente executivo e diretor administrativo da Starcom USA.

Mantive-me sempre próximo da JA Suécia, dando palestras, sendo jurado em competições, fazendo tudo que posso para contribuir. Assim, quando me mudei para Chicago, o CEO da JA Suécia me apresentou ao presidente da JA Chicago, e fui convidado a participar da diretoria da JA local. Quando a JA Chicago completou 75 anos em 2015, minha agência juntou-se a Leo Burnett, outro subsidiário da Publicis, para fazer uma campanha pela comemoração do aniversário. Foi uma doação de 2 milhões de dólares *pro bono* e os fez ficar ainda mais famosos em Chicago. A JA Chicago é a maior filial da JA no mundo, com o incrível número de 575 mil estudantes no ano passado. Mesmo assim, continuo colaborando com a JA de todas as maneiras que posso.

Meus conselhos aos jovens
- Primeiro, leve a sério a ideia de fazer algo de que gosta e trate de ser realmente bom nisso. Eu dediquei cerca de 30 mil horas ao basquete e me tornei um dos melhores jogadores da Suécia. Dediquei 40 mil horas à indústria da mídia e tive uma carreira muito bem-sucedida. É isso que os jovens deveriam fazer para ter sucesso em qualquer coisa.
- O segundo é sonhar grande. Visualize onde quer estar no futuro. Quando fizer isso poderá começar a trabalhar para realizar esse sonho.
- O terceiro ponto é que receber e dar feedback é um dom. Não existe isso de se tornar o melhor e não ter mais nada a aprimorar. E você só será capaz de evoluir se receber e der feedback continuamente.

CAPÍTULO 7
LIDERANÇA E RESPONSABILIDADE
Assumir um projeto, um grupo ou uma tarefa

ENTREVISTAS COM EX-ALUNOS DA JA

GUILHERME REISCHL
Sócio e diretor da Egali Intercâmbio,
ex-aluno da JA Brasil

> Empreender não tem glamour;
> é rotina, foco e disciplina.

Minha experiência na JA

Em 1996, eu estava caminhando num shopping de Porto Alegre quando encontrei uma amiga vendendo seu produto na Feira de Miniempresas da Junior Achievement. Conheci a JA naquele dia e decidi que no ano seguinte participaria do programa.

Entrei para o Programa Miniempresa no segundo ano do ensino médio, querendo entender um pouco mais de negócios, afinal não era um assunto abordado nas disciplinas curriculares tradicionais. Meus colegas e eu montamos um negócio de fabricação e venda de porta-retratos metálicos e saíamos pelas ruas de porta em porta tentando vender nossos produtos. Fui eleito diretor de marketing da miniempresa e tenho até hoje o meu troféu de melhor vendedor. Adorei a experiência!

A JA me mostrou quando eu era muito jovem que uma pessoa pode sim ter seu negócio em vez de simplesmente procurar um emprego. Não havia nenhum empreendedor na minha família – meu pai é geólogo e minha mãe, engenheira –, mas o impacto da experiência na JA foi tão grande que me ajudou até na escolha da minha carreira.

A Junior Achievement mudou a minha vida e estou ligado a ela há mais de 20 anos. Primeiro como *achiever* (como são chamados os estudantes que participam dos programas da JA), depois como coordenador do Núcleo de Ex-*Achievers* e há muitos anos como *adviser* ou mentor. Desde 2014, faço parte do conselho diretor da Junior Achievement São Paulo e minha empresa é mantenedora da instituição.

Minha carreira/Meus negócios
Depois de participar do programa da JA ficou claro para mim que minha vocação era empreender e que, para isso, eu precisava aprender sobre negócios e pessoas. Então decidi cursar administração de empresas na UFRGS. Durante a faculdade, estagiei e depois fui efetivado na Petróleo Ipiranga. Aprendi muito. Depois de formado, fui contratado pela Ambev através do programa GVM Trainee, que a empresa oferecia anualmente.

A Ambev foi outra grande escola. Lá na miniempresa entendi que você é quem faz o seu caminho, sem terceiros. Na Ambev conheci a cultura empresarial de uma companhia de altíssima performance. Amei cada dia de trabalho lá, só que o tempo estava passando e eu sentia que estava na minha hora de empreender.

Em 2008, pedi demissão da Ambev e virei sócio de dois outros ex-*achievers* da JA que haviam fundado a Egali Intercâmbio em Porto Alegre. Alguns meses depois, um dos sócios deixou a empresa. De lá para cá, meu sócio e eu fizemos o mesmo que qualquer empreendedor faz: trabalhamos duro, com responsabilidade e cuidando dos nossos clientes e funcionários.

A intenção da Egali Intercâmbio é oferecer uma solução completa para o intercambista: suporte ao visto sem despachante, orientação pré-embarque completa e apoio durante toda a viagem. Em 2009, abrimos cinco filiais dentro do RS e mais três fora: Curitiba, Florianópolis e Joinville. No mesmo ano, surgiu a ideia inovadora de criar acomodações próprias e as primeiras Egali Houses foram inauguradas em Londres, Dublin e Sydney.

Achamos importante manter na empresa uma cultura em que todos se sintam um pouco donos. Para isso, criamos um sistema de bonificação que leva em conta não só o esforço individual dos vendedores como também o desempenho de cada agência.

Hoje, a Egali é a maior agência de intercâmbio da América Latina, prestando um serviço de qualidade, gerando empregos em 14 países e contribuindo com milhões de reais em impostos. Estamos presentes em todos os estados brasileiros e temos 180 unidades próprias fora do país.

Acredito que as empresas têm um papel essencial no desenvolvimento da sociedade, por isso somos parceiros de projetos sociais que promovem um futuro melhor para nossos jovens. Uma dessas parcerias é com a Junior Achievement.

Meus conselhos aos jovens
- Não existe empreendedor de meio período ou que trabalhe só nas horas vagas.
- Cultive a simplicidade – seja simples, pense simples. Empreender não tem glamour; é rotina, foco e disciplina. Evite modismos.
- Seja ético. Sempre, sem exceção.
- Tudo deve ter métrica. Tome suas decisões com base em números. Sua empresa precisa ter indicadores claros.
- Curta a jornada. Os primeiros anos da empresa são os mais divertidos. Não se sacrifique pensando no futuro. Cada pequena conquista deve ser celebrada.

MARK HAMISTER
Fundador do Hamister Group,
ex-aluno da JA Estados Unidos

> Posso dizer com honestidade que o programa da JA me deixou mais entusiasmado, motivado e estimulado do que qualquer outra coisa que tivesse feito em minha vida até então.

Minha experiência na JA

Gostaria de poder dizer que ingressei na JA com 14 anos porque tive a sabedoria, a coragem e a visão de saber que esse seria o caminho para deslanchar meu espírito empreendedor. Mas não posso dizer nada disso, porque a visão foi dos meus pais. Naquela idade eu não tinha qualquer noção, e na escola em geral estava entediado e não me sentia desafiado. Mas meu pai viu algo em mim que lhe sugeriu que eu precisava tentar várias coisas diferentes e me levou para o escotismo, os esportes e depois sugeriu a JA. Quando entrei na JA, no entanto, só foram necessárias duas ou três reuniões do grupo para eu compreender que aquilo ia ser muito interessante.

Não demorei a descobrir que a JA me desafiava e que realmente conquistara minha atenção. Nossos patrocinadores adultos eram dois executivos da fabricante de esponjas Ocelo. Em nossa primeira reunião deveríamos eleger pessoas para cargos e decidir qual seria nosso produto. Não fizemos nem uma coisa nem outra. Não conseguimos chegar a um acordo quanto ao produto ou quanto a quem deveriam ocupar os cargos. Nenhum de nós gostou das ideias dos outros. Depois, em casa, passei algum tempo debatendo isso com meu pai e ele me disse algo muito significativo. Sugeriu que eu escolhesse um produto que tivesse frustrado minhas expectativas ou não funcionasse direito e imaginasse como corrigi-lo. Bem, naquela época minha família não tinha uma máquina lava-louças, e a cada quatro noites era minha vez de lavar a louça depois do jantar. Uma das coisas que sempre me frustravam era que eu não achava a palha de aço. Eu gostava de lavar com a palha de aço, pois precisava esfregar menos do que com uma espoja. Mas nunca achava aquela coisa estúpida. A esponja sempre estava lá na pia, mas nunca descobria onde minha mãe tinha posto a palha de aço.

Assim, em nossa segunda reunião da miniempresa da JA, sugeri que pegássemos uma palha de aço e uma esponja, colássemos uma na outra e cortássemos como uma só peça. Esse produto com duas faces seria fácil de achar na pia e tornaria a lavagem de louça muito mais fácil. Como falei, a fabricante de esponjas Ocelo era nossa patrocinadora na JA, e é claro que eles também gostaram dessa ideia de produto. Até nos ajudaram a produzi-lo na fábrica deles. Bem, nosso negócio foi um sucesso. Vendíamos tudo que produzíamos. Acho que o que nos animou foi o fato de estarmos satisfazendo com nosso produto uma necessidade real do mercado. Mais tarde a Ocelo o adotou como produto e ainda o vende até hoje.

Fui eleito presidente da miniempresa da JA, e ganhamos o prêmio nacional de vendas naquele ano. Fomos os campeões de vendas entre todas as miniempresas da JA nos Estados Unidos. Como resultado, fui para Indiana para a convenção nacional da JA de 1964, o que foi ótimo. O que a JA fez por mim pessoalmente foi acionar meus instintos criativos e meu espírito empreendedor. Posso dizer com honestidade que o programa da JA me deixou mais entusiasmado, motivado e estimulado do que qualquer outra coisa que tivesse feito em minha vida até então. A JA me mostrou como empreender pode ser divertido.

E depois, cerca de 20 anos atrás, a JA do oeste do estado de Nova York me incluiu em seu Hall da Fama. E acredite ou não, a Ocelo, que então pertencia à companhia 3M, foi a patrocinadora do jantar de premiação – e eles colocaram um pacote daquela esponja da Ocelo, criada por nossa companhia da JA em 1964, em cada assento do salão. Apesar de eu nunca ter recebido um cheque da Ocelo pelos royalties do produto que inventamos na escola, acho que aquele jantar de premiação foi uma espécie de pagamento!

Minha carreira/Meus negócios

Nota do autor: Mark Hamister é reconhecido como líder nas atividades de assistência médica e gerenciamento de hotéis. O Hamister Group, que ele fundou 40 anos atrás, tem um notável recorde de negócios de sucesso. Ele revolucionou a atividade da assistência médica transformando suas propriedades, de um modelo baseado em hospital, para o de um hotel aprimorado – com um cuidado sem paralelos com o paciente/cliente. Foi esse processo de criar um ambiente de hotel para instalações de assistência médica e enfermaria que o inspirou a expandir seu negócio para o de gerenciamento de hotéis também. Como a carreira de Mark é bem documentada e seus comentários sobre sua experiência na JA e seus conselhos aos jovens são tão poderosos, uso nosso limitado espaço para registrar esses pensamentos.

Meus conselhos aos jovens

- Primeiro, descubra qual é sua paixão. É muito fácil se divertir quando se está perseguindo o que gosta. Você não deve ir atrás de algo porque seus irmãos o fizeram, seus pais o fizeram ou seus colegas o fizeram. Deve perseguir sua paixão individual, antes de qualquer coisa.
- Acredito que todo jovem deve decidir se quer ser um empreendedor e liderar a matilha ou se quer ser um coadjuvante e trabalhar para outra pessoa, mas com um espírito empreendedor. É claro que a maioria vai acabar sendo coadjuvante, e tudo bem. Eu quero que esse tipo de coadjuvante de espírito empreendedor trabalhe para mim.
- Seja "o melhor dos melhores". Ser mediano não é divertido, mas ser o melhor dos melhores é excitante, não importa qual seja seu

papel na vida. Há muitas maneiras de ser o melhor dos melhores, mas nunca é fácil. É difícil. É desafiador. Mas quando você, conscientemente, sai para aquele quilômetro a mais, para aprender mais, fazer mais, entregar mais, você será o melhor dos melhores.
- Por fim, um bônus. Ouça sempre o seu cliente. Por mais experiência que você tenha, aquilo de que seu cliente precisa, o que ele deseja e demanda pode mudar de um dia para outro em nossa sociedade veloz. Se você não perguntar com persistência ao seu cliente do que ele precisa, o que quer, se não o ouvir com atenção, a concorrência vai deixar você comendo poeira.

DANEIL CHEUNG
Empreendedor social e ativista, ex-aluno da JA Hong Kong

A JA me inspirou a ser um defensor do desenvolvimento dos jovens e a olhar para além das minhas próprias fronteiras para me tornar um empreendedor social.

Minha experiência na JA

Ingressei no Programa Miniempresa da JA em Hong Kong em 2007, quando era estudante no ensino médio. Depois entrei no Desafio de Comércio Internacional da JA, em 2008, e tive a oportunidade de participar da competição final, na Malásia. Foi minha primeira viagem para fora de Hong Kong, uma experiência que ampliou meus horizontes. Minha passagem pela JA estimulou meu interesse em viagens internacionais e me inspirou a começar minha carreira como jornalista de viagens.

Também fui convidado para ser palestrante visitante nos Seminários de Liderança da JA em 2014 e 2015. Mais de mil estudantes da JA comparecem a esses eventos, e fiquei honrado por terem me pedido que compartilhasse minhas ideias com tantos colegas e ex-alunos. A JA me inspirou a ser um defensor do desenvolvimento dos jovens e a olhar para além das minhas próprias fronteiras para me tornar um empreendedor social.

Minha carreira/Meus negócios

Comecei minha carreira como jornalista de viagens. Depois me voltei para a área de marketing de conteúdo, fui consultor em relações-públicas e gerente de projeto para diversos grandes eventos e plataformas. Trabalhei com DCFever.com, um dos maiores portais on-line para estilo de vida em Hong Kong; Wheel Power Challenge, no qual sou o fundador de uma série de programas experimentais para capacitar cadeirantes a terem vidas mais completas e fisicamente ativas; TEDxChaterRoad, da qual tenho a licença para eventos baseados em Hong Kong; e Asia Pacific Youth Club, que defende a ideia de que viagens não são somente para diversão, mas também provêm intercâmbios educacionais e redes de contato.

Sou um apaixonado pelo desenvolvimento da juventude. Exerci vários cargos e funções consultivas em diferentes projetos ligados aos jovens. Nesse sentido, fiz vários discursos sobre desenvolvimento de carreira e ministrei seminários de liderança em Hong Kong, Singapura, Malásia, Coreia, Índia e até na longínqua Estônia.

Meus conselhos aos jovens

- O mais importante de tudo é: você precisa desenvolver credibilidade em sua área de atuação. Isso inclui construir sua própria integridade pessoal, de modo que todos o respeitem e confiem

em você. Essas são as coisas mais valiosas que você pode fazer para impulsionar sua carreira.
- Além disso, expanda sua rede não só para receber conselhos e ajuda, mas também para se disponibilizar a dar conselhos e ajudar a outros. Encontre mentores para você e seja um mentor para outras pessoas.

LEEN ABU BAKER
Vice-presidente do Conselho de Ex-Alunos da INJAZ Al-Arab, ex-aluna da JA Palestina

> Faça aquilo de que gosta – a única coisa que vai manter você avançando é sua paixão.

Minha experiência na JA

Tudo começou na época em que eu fazia o ensino fundamental, quando comecei a aprender sobre negócios em diferentes programas da JA. Mas o ponto da virada mais significativo foi quando fiz parte do Programa Miniempresa da JA e descobri a líder que existia em mim – e que eu seria realmente capaz de fazer alguma coisa de valor. Programas escolares, o Miniempresa, acampamentos, estar no júri de uma competição regional e participar da rede de ex-alunos da INJAZ Al-Arab resumem minha experiência na JA até agora.

A cada passo do caminho, a INJAZ Palestina me ajudou a descobrir e adquirir novas aptidões, influenciou minha personalidade, permitiu-me experimentar oportunidades magníficas.

Tive a sorte de conhecer colegas extraordinários, pessoas de mentalidade semelhante à minha, que hoje considero parte da minha família. Aprendi muito com suas histórias inspiradoras, grandes experiências e trabalho duro. Tudo isso me deu coragem para perseguir meus sonhos, esforçar-me e ajudar minha sociedade.

Estou contente por fazer parte dessa incrível família. Acredito que continuaremos a alcançar grandes metas e prosseguir em nossa jornada na INJAZ, mas agora como ex-alunos embaixadores da INJAZ Al-Arab.

Minha carreira/Meus negócios

Acabei de me graduar na Universidade Nacional Na-Najah em Nablus, na Palestina, como bacharel em engenharia computacional. Comecei a trabalhar em tempo integral como funcionária técnica para aquisições na maior companhia de telecomunicação aqui na Palestina. Escolhi um trabalho no qual posso praticar engenharia computacional e desenvolvimento de negócios, pois minha jornada com a INJAZ me fez perceber que negócios e gestão são os pilares principais de qualquer carreira. Dei esse passo para ganhar alguma experiência e me preparar para o mestrado na área de planejamento de negócios. Creio que tudo isso me ajudará a, nos próximos anos, dar início a algum projeto próprio ou a abrir minha própria empresa.

Meus conselhos aos jovens

- Faça aquilo de que gosta – a única coisa que vai manter você avançando é sua paixão.
- Comece a buscar seus interesses ainda jovem e não tenha medo de compartilhá-los com a comunidade que o cerca.
- Acredite sempre em si mesmo e espalhe energia positiva à sua volta. E lembre-se sempre de que fracassos são apenas o começo do sucesso!

NYI MAS GIANTI BINGAH ERBIANA
Chefe da assessoria jurídica da Mitsubishi Indonésia, ex-aluna da JA Indonésia

> Se você tiver integridade, as pessoas confiarão em você, seguirão você, e você poderá ser um líder.

Minha experiência na JA

(Antes de mais nada, pode me chamar de Ghea, que é como meus amigos me chamam.)

Entrei para o programa da JA na escola, em minha cidade natal de Bogor, que fica próxima a Jacarta, capital da Indonésia. No primeiro ano fui gerente financeira da miniempresa e no segundo ano tornei-me presidente. Os produtos no primeiro ano eram biscoitos, chocolates e doces. Nós realmente queríamos ganhar dinheiro e fabricávamos esses itens porque eram fáceis de vender aos colegas do ensino médio. No segundo ano realizamos eventos especiais para mães e crianças, os quais, na Indonésia, chamamos de *kebun*. Nesses festivais ou bazares, vendíamos comida e outros produtos feitos localmente. A principal coisa que extraí de minha experiência na JA foi aprender sobre liderança e trabalho em equipe.

Quero apenas agradecer à JA. O programa foi uma das mais incríveis experiências que já tive. Abriu meus olhos para o mundo. Vi que poderia me tornar qualquer coisa que quisesse. Quando ingressei, eles me falaram sobre a possibilidade de me desenvolver. Os mentores eram muito simpáticos e solícitos; não nos tratavam como crianças, mas como parceiros. Isso fez com que eu me sentisse à vontade. Aprendi muitas coisas com eles e com todo o pessoal da JA na Indonésia, inclusive o Sr. Gardiner, chefe da JA Indonésia.

Minha carreira/Meus negócios

Atualmente sou a chefe da assessoria jurídica da Mitsubishi Company, um empreendimento conjunto com a PT Krama Yudha Ratu Motor, na Indonésia. Estou aqui há seis anos. Eu me formei em direito pela Universidade da Indonésia e no ano passado tirei uma licença de um ano para fazer mestrado na Universidade da Califórnia, em Davis. Também trabalhei em Nova York para a Mitsubishi International antes de retornar para a Indonésia.

Voltando à minha experiência na miniempresa da JA, sempre enxerguei uma forte conexão entre negócios e a parte jurídica. Sem boas leis não se pode ter um ambiente de negócios estável. O modo como a lei é aplicada na operação da companhia é uma questão crucial. Na minha opinião, o objetivo da empresa não pode ser somente obter lucros; ela também deve ser um agente de mudança que cria um comportamento ético em todos os participantes e promove consciência social na comunidade e na nação, por meio de suas atividades sociais.

Na UC Davis estudei lei aplicada a negócios e, assim, se algum dia abrir minha empresa, terei uma boa base tanto em legislação quanto em negócios. Meu sonho é criar um projeto educacional voltado para crianças. Ter participado do programa da JA foi provavelmente a razão principal pela qual obtive minha bolsa para estudar direito, e eu gostaria de retribuir algumas das oportunidades que tive ajudando outros jovens indonésios.

Meus conselhos aos jovens

- Tenha muita persistência e força de vontade. Não importa que obstáculos terá que enfrentar, se for persistente e não desistir, você será capaz de alcançar o que quer.
- Procure ser flexível. Não estou sugerindo ser um seguidor dos outros ou que não tenha a própria identidade. Mas o jovem deve ser capaz de se adaptar às mudanças no mundo e de entrar em consenso com outras pessoas.

- Meu último conselho é: tenha integridade. Creio que isso é realmente importante hoje em dia. Às vezes, nos negócios e na sociedade, é difícil ser alguém que se mantém fiel a seus valores. Podem-se encontrar pessoas inteligentes por toda parte, mas encontrar pessoas honestas e íntegras é muito difícil. Se você tiver integridade, as pessoas confiarão em você, seguirão você, e você poderá ser um líder.

TUNJI ELESO
Cofundador da Growth Capital,
ex-aluno da JA Nigéria

> Para empreendedores eu digo: simplesmente comecem! Você não tem como saber qual será o fim olhando apenas do início, então não há por que ser cauteloso demais.

Minha experiência na JA

Eu me graduei na Universidade Obafemi Awolowo, na Nigéria, em 2001, onde, durante três anos, também estive envolvido na AIESEC, a organização mundial de intercâmbio estudantil. Na época, eu queria seguir uma carreira como consultor de gestão numa grande e prestigiada firma. Estava claro que ter outras atividades dignas de nota no currículo me daria uma vantagem durante as entrevistas. Então ouvi falar da JA e das maravilhosas oportunidades que ela oferecia. Eu poderia contribuir para a sociedade por intermédio do programa da JA para escolas de ensino fundamental ensinando crianças sobre negócios e vendo-as crescer enquanto representavam diferentes funções.

Pouco depois de meu primeiro programa voluntário no verão de 2001, fui selecionado para participar, como um dos 40 jovens profissionais, da Venture Into Management Program (ViMP) da JA em Lagos. Essa experiência me impressionou muito. Foi um curso de uma semana, um miniMBA, ministrado por professores renomados da Escola de Negócios de Lagos (agora Universidade Pan Atlantic). Foi uma espécie de retiro, o que tornou a experiência ainda mais valiosa, com os trabalhos do curso sendo discutidos madrugada adentro. Muitos dos participantes tornaram-se colegas muito próximos e bons amigos.

Fazer o programa ViMP me ajudou a responder à pergunta que sempre me incomodara. Eu tinha o perfil para ser um empreendedor ou estava mais para um funcionário tradicional? Obter a resposta para essa pergunta tão cedo foi muito útil para o restante da minha vida profissional. Deixei o ViMP em 2001 acreditando que poderia me sair bem como empreendedor. Uma década mais tarde, comecei minha jornada empresarial no Co-Creation Hub Nigeria, sentindo-me bem preparado para esta fase de minha carreira graças à experiência na JA.

Minha carreira/Meus negócios

Comecei numa firma prestadora de serviços com o objetivo de me tornar consultor de gestão. Enquanto estive lá, fiz parte de uma equipe que conduziu alguns dos mais bem-sucedidos projetos de transformação de empresas no setor bancário da Nigéria. Meu trabalho envolvia ajudar companhias a desenvolver e executar estratégias para incrementar seu crescimento. Entre os clientes estavam instituições bancárias e não bancárias e pequenos negócios. Após nove anos como consultor de gestão, decidi me juntar a uma organização sem fins lucrativos focada na inclusão financeira na Nigéria. Lá tive a oportunidade de trabalhar numa pesquisa em âmbito nacional sobre o uso e a demanda de nigerianos por serviços financeiros. Foi uma experiência enriquecedora que me fez percorrer o país inteiro e a ter perspectivas que não teria como um profissional baseado predominantemente em Lagos.

Depois, em 2011, Bosun Tijani, o cofundador e CEO da Co-Creation Hub (CcHUB), que provê capital e assessoria de negócios a empreendimentos sociais, me convidou para fazer parte de sua equipe. Eu me joguei de cabeça naquela oportunidade, sobretudo porque isso envolvia trabalhar com pessoas que estavam transformando ideias de negócios sociais em projetos viáveis. Desde o começo, fui tratado como um parceiro e me envolvi na tomada de decisões cruciais da organização. Dois anos mais tarde, tornei-me legalmente dono de parte do CcHUB. E no ano passado, depois de cinco anos nessa jornada, Bosun e eu fundamos juntos uma nova companhia CcHUB, a Growth Capital, que se concentra em capital semente para empresas de tecnologia que buscam crescer e escalonar o negócio na Nigéria. Sou o sócio-gerente dessa nova empreitada.

Meus conselhos aos jovens

- É ótimo ser jovem e ter o mundo nas pontas dos dedos, graças à internet, mas ainda assim é importante ter uma missão ou um plano e persegui-los desde cedo. Crie metas, adapte-as segundo as necessidades, compreenda as tendências do mercado e, o mais importante, permaneça sempre um passo à frente, dedicando-se de verdade ao seu ofício.
- Para empreendedores eu digo: simplesmente comecem! Você não tem como saber qual será o fim olhando apenas do início, então não há por que ser cauteloso demais. O segredo é posicionar seu negócio de modo a obter feedback imediato de seus clientes e melhorar seus produtos.
- A tecnologia possibilita a todo negócio ser nacional, regional ou global. Aproveite totalmente as vantagens dessa tecnologia, mas comece com protótipos baratos para testar os mercados.
- Criatividade, persistência, conhecimento e bons mentores, tudo isso pode guiá-lo em sua jornada.

CAPÍTULO 8
CRIATIVIDADE
Usar a imaginação para criar e inovar

ENTREVISTAS COM EX-ALUNOS DA JA

BONNIE CHIU
Fundadora da Lensational,
ex-aluna da JA Hong Kong

> Comece sempre pelo "por quê". É a pergunta mais importante a ser feita na construção de sua vida e de sua carreira: por que estou fazendo isso? Por que me importo com isso? Por que isso é relevante para mim?

Minha experiência na JA
Eu tinha 16 anos quando ingressei no programa da JA em Hong Kong. Para ser sincera, nunca me vi como uma mulher de negócios. Eu estava determinada a estudar direito, mas achei que poderia ser interessante mesmo que não fosse necessariamente contribuir com minha futura carreira. Éramos 16 estudantes, orientados por dois mentores. Tivemos a ideia de fazer uma caneca que chamamos de iCup. Era parecida com as vendidas na Starbucks, mas era possível abrir o recipiente e trocar o invólucro de papel, personalizando-o.

Chamamos a companhia de iLove porque queríamos demonstrar amor ao produto, aos clientes e a nós mesmos como funcionários. Tivemos 200% de lucro sobre nosso investimento e doamos cerca de 40% desses ganhos à Fundação Make-A-Wish. Ganhamos os prêmios Potencial de Mercado e Responsabilidade Social Corporativa, da JA Hong Kong. Mesmo naquela época já havia dentro de mim o desejo profundo de fazer alguma diferença na sociedade.

Para mim, a grande lição da experiência na JA foi compreender que qualquer um pode ser empreendedor. Aos 16 anos, eu nem sabia que era um possível caminho para a vida profissional. Assim, foi uma oportunidade muito valiosa e definitivamente mudou meu modo de pensar sobre minha carreira. De fato, abandonei meus planos de cursar direito na universidade e, em vez disso, estudei negócios internacionais. Ou seja, a JA teve um forte impacto sobre mim. Sem essa vivência eu não estaria hoje conduzindo meu próprio empreendimento social.

Minha carreira/Meus negócios
Nasci e cresci em Hong Kong. Mudei-me para Londres em 2013 para completar um mestrado em relações internacionais, na London School of Economics. Quando estava finalizando o último ano da pós, com financiamento zero e o sonho de criar um sistema que conectasse mulheres marginalizadas em todo o globo, fundei a Lensational. É uma organização que visa a combater a desigualdade entre gêneros, provendo às mulheres meios de expressão e também a opção de criar uma fonte independente de renda. Se as participantes quiserem, poderão continuar seu trabalho em fotografia após a conclusão de nossa oficina gratuita, e a Lensational venderá seu trabalho em exposições e numa plataforma de comércio eletrônico.

Como CEO, fiz a Lensational crescer, e hoje temos uma equipe de 100 voluntários no mundo inteiro treinando mais de 600 mulheres marginalizadas em 15 países. O trabalho criativo e as histórias delas chegaram a milhões de pessoas e foram apresentados em vários veículos da mídia, incluindo o *The Huffington Post*, o TEDx e o *The Guardian*. Também firmamos parcerias com grandes corporações, como Standard Chartered, Getty Images e WPP. Além disso, fui convidada a apresentar a história da Lensational em lugares prestigiados, como a Clinton Global Initiative, e tive a honra de sair na lista da Forbes de 30 Empreendedoras Sociais com menos de 30 anos da Europa em 2017.

Meu desejo é que a Lensational cresça mundialmente como empresa de cunho social e continue a se concentrar em ajudar mulheres por meio da fotografia – contando suas histórias e lhes provendo subsistência com a venda de seu trabalho através de nossas plataformas.

Meus conselhos aos jovens

- Meu primeiro conselho é na verdade o que escrevi no relatório anual da Miniempresa da JA oito anos atrás. Foi algo que permaneceu comigo desde então. Eu disse que, para ter sucesso, você tem que ter o coração em seu negócio e seu negócio em seu coração. Creio que a emoção do amor é subestimada como força no mundo dos negócios e que é muito importante saber como canalizá-la.
- Além disso, comece sempre pelo "por quê". É a pergunta mais importante a ser feita na construção de sua vida e de sua carreira: por que estou fazendo isso? Por que me importo com isso? Por que isso é relevante para mim?

CHRISTOPHE ROBILLIARD
Fundador da Easy Taxi Peru,
ex-aluno da JA Peru

> Você pode imaginar como foi "divertido" anunciar para minha mãe que eu estava deixando a McKinsey & Company, a principal firma de consultoria do mundo, para abrir uma companhia de táxis.

Minha experiência na JA

Ingressei no programa da JA porque sempre tinha tentado fazer de tudo um negócio. Por exemplo, aos 10 anos, apresentava um número de comédia nos intervalos entre as aulas e cobrava das pessoas que quisessem me assistir. Eu admirava o empreendedorismo e também queria aprender a como dirigir uma companhia. Fui encarregado das finanças da Miniempresa da JA, o que me ajudou a compreender como custos e impostos impactam os negócios e como obter o melhor resultado financeiro. O programa me convenceu do potencial do empreendedorismo e guiou minhas decisões profissionais desde então.

Minha carreira/Meus negócios

Quando estudava engenharia industrial, percebi que não havia na minha universidade muitos eventos para as pessoas se encontrarem e festejarem. Assim, comecei um negócio de entretenimento noturno organizando festas para comemorar o fim das provas, o Halloween, o Ano-Novo, etc. Os 20 eventos que organizamos produziram uma receita de 700 mil dólares e tiveram mais de 16 mil participantes.

Abandonei a indústria do entretenimento quando terminei a faculdade para me juntar à McKinsey & Company, uma reconhecida firma de consultoria de negócios. Lá aprendi muito sobre estratégia, processos e finanças corporativas, mas também reconheci que eu não nascera para ser um consultor. Minha paixão era ver coisas sendo feitas e estava ficando frustrado no mundo teórico da consultoria de gestão.

Antes de completar meu segundo ano na McKinsey, fui procurado por um investidor que buscava um jovem consultor entediado com o estilo de vida corporativo e disposto a lançar o Easy Taxi no Peru. O Easy Taxi era uma startup criada no Rio de Janeiro para resolver problemas de transporte público urbano facilitando o acesso aos taxistas. Na época, operava com base apenas no Brasil, e a equipe queria alguns novos cofundadores para expandir o negócio em toda a América Latina. Aproveitei a oportunidade e pulei na piscina sem saber se estava cheia ou vazia. Você pode imaginar como foi "divertido" anunciar para minha mãe que eu estava deixando a McKinsey & Company, a principal firma de consultoria do mundo, para abrir uma companhia de táxis.

Após quatro anos na Easy Taxi, liderando uma equipe de mais de 100 pessoas no Peru, a empresa se tornou a maior da América Latina em tecnologia de transporte urbano. O crescimento da Easy Taxi permitiu que nos associássemos a um grupo regional cujo valor de mercado ultrapassa 1 bilhão de dólares e que está lutando no mesmo nível que o Uber, concorrente baseado nos Estados Unidos e avaliado em mais de 60 bilhões de dólares globalmente.

Meus conselhos aos jovens
- Descubra todo dia novos problemas que você gostaria de resolver, mas nunca se apaixone por suas soluções atuais. Se estiver fazendo as coisas direito, suas soluções para os problemas estarão sempre mudando.
- Busque parceiros que sejam brilhantes e leais e que complementem suas habilidades.
- Aprenda com cada experiência, por mais que pareçam não ter relação com sua atividade empreendedora, porque tudo que aprender se somará a suas capacitações e seu conhecimento que poderá usar no futuro.

ALAN TSUI
Fundador da Kites,
ex-aluno da JA Hong Kong

> Na mídia, dizem que você deve fazer aquilo de que gosta e seguir sua paixão. Eu diria que, se você quer ser bem-sucedido, deve fazer primeiro aquilo que sabe fazer bem.

Minha experiência na JA

Cresci na Austrália e depois minha família retornou a Hong Kong. Sempre gostei de experimentar pequenos negócios de risco, fosse uma venda de garagem, uma competição de Pokémon ou o comércio de eletrônicos on-line, de Hong Kong para os Estados Unidos. Assim, quando a JA apareceu na escola foi bem natural que eu me juntasse ao programa.

Extraí duas coisas muito importantes da experiência na JA. A primeira foi ter foco. Aprendemos em primeira mão a regra dos 80/20 para nossos produtos e que ter foco era essencial para a companhia. A segunda coisa foi como é difícil ser um líder e gerenciar outras pessoas. Eu frequentava uma escola particular em Hong Kong onde havia uma porção de personalidades "tipo A". Todo mundo no programa queria ser o líder, escolher o produto e tomar todas as decisões. Fui eleito CEO da miniempresa da JA, e foi muito complexo lidar com todas aquelas personalidades fortes.

Minha carreira/Meus negócios

Fui para a Universidade de Chicago. Depois de formado, de volta a Hong Kong, abri uma empresa especializada em localizar dados, ou pontos de interesse, como um restaurante ou o que fosse no Google Maps. Isso era um problema na Ásia, e minha companhia estava tentando resolvê-lo. Levantamos algum dinheiro e organizamos uma equipe de 12 pessoas. Eu imaginei que, mesmo se fracassássemos, seria uma grande experiência de aprendizado. O que acabou acontecendo foi que nossa tecnologia e a expertise de nossa equipe foi mais valiosa do que a receita que nossos clientes nos trouxeram e um deles simplesmente quis comprar nossa empresa inteira.

Fomos adquiridos pela Cathay Pacific Airways, a transportadora líder em Hong Kong. Pensei que íamos receber um pagamento e dizer adeus, mas a transportadora quis que eu e minha equipe ficássemos para construir um negócio de análise de dados dentro da Cathay Pacific. Seria como uma startup dentro de uma companhia maior. Assim, hoje sou chefe de *audience analytics* e ainda continuo fazendo o que comecei com meu próprio negócio, mas sob o guarda-chuva da Cathay Pacific. Experimento agora o gostinho de ser um empreendedor no ambiente de uma grande corporação.

Meus conselhos aos jovens

- Na mídia, dizem que você deve fazer aquilo de que gosta e seguir sua paixão. Eu diria que, se você quer ser bem-sucedido, deve fazer primeiro aquilo que sabe fazer bem. Mesmo que não goste daquilo em que se destaca, ainda assim poderá ser bem-sucedido nisso, o que permitirá que faça mais tarde algo que considere mais significativo.
- Outra coisa que aprendi durante meus dois últimos anos no mundo corporativo é que existem na vida mais coisas do que uma carreira de sucesso. Aproveitei muito de meu tempo pessoal e dos benefícios de trabalhar numa transportadora aérea para fazer muitas viagens. Assim eu diria, especialmente para aquelas personalidades do tipo A: pense em mais do que apenas ser bem-sucedido na carreira. Não se esqueça de sua família, sua saúde, seus hobbies, etc. É muito importante ter essas coisas em mente.
- Por fim, quando você é jovem, é um sujeito inteligente e se graduou numa faculdade de ponta, acha que sabe tudo. No entanto,

é importante encontrar mentores sinceros. Não busque gente que fique aplaudindo você, e sim que o chame para uma conversa e lhe diga que você é um idiota e arrogante demais. Alguém que lhe diga a verdade. Eu experimentei isso com a CEO da JA Hong Kong, Vivian Lau. Conhecê-la foi o melhor presente que ganhei da JA.

RAYMON SETIADI
Fundador e CEO do Aitindo, ex-aluno da JA Indonésia

> Sonhe o mais alto que puder, mas também seja realista. Encontre o equilíbrio entre sonhar e executar.

Minha experiência na JA

Entrei no programa da JA na Indonésia quando foi oferecido por minha universidade. Queria saber mais sobre empreendedorismo e liderança. Disseram que no Programa Miniempresa da JA iríamos abrir uma empresa de verdade, o que realmente me interessou. Acreditava que o fato de ter uma experiência organizacional real seria uma boa maneira de aprender. Fui ganhando confiança à medida que vislumbrava o que era conduzir uma empresa. Ganhei a perspectiva multidimensional de dirigir um negócio – desde conduzir reuniões até estimular o trabalho em equipe para resolver conflitos. Penso que todas essas experiências, no início de minha carreira universitária, ajudaram a formar minha mentalidade e minha compreensão do empreendedorismo. Continuo a dar apoio à JA Indonésia de várias formas, para retribuir o maravilhoso aprendizado e a mentoria que recebi dela desde cedo.

Minha carreira/Meus negócios

Na época da passagem pela JA eu estudava ciência da computação na universidade, e meu negócio hoje é marketing digital, então estou na mesma área. A Aitindo foi fundada como uma companhia de TI logo após minha graduação. Meus sócios são ex-colegas de faculdade. O negócio já tem 10 anos e contamos hoje com cerca de 60 funcionários. Com o tempo, passamos a ser uma companhia de marketing digital.

Basicamente, aprendemos tudo fazendo. No início a equipe toda era formada por graduados em ciência da computação, assim tivemos que aprender coisas como vendas, gerenciamento de projeto, finanças, questões jurídicas e RH. Somos uma companhia de tecnologia criativa e temos hoje dois focos no negócio; o primeiro são nossos serviços de agenciamento e o segundo é a produção de plataformas on-line. Em nossa agência digital trabalhamos com proprietários de marcas em suas estratégias de marketing digital para *branding*, aquisição de clientes ou conversão em vendas. Fornecemos serviços desde consultoria, execução e monitoramento de seus websites, aplicativos móveis e presença nas mídias sociais por intermédio de vários canais, como Google, YouTube e Instagram. No setor de produto, temos parceria com especialistas na produção de plataformas on-line em vários campos, como moda, estilo de vida e assistência de saúde, em que conectamos pacientes e médicos on-line. Nosso serviço mais recente é um diretório para casamentos para todo o mercado Ásia-Pacífico.

O marketing digital está crescendo muito rápido por conta de todos os avanços tecnológicos. Trata-se também de uma "indústria de pessoas", por se basear pesadamente nos talentos dos funcionários para produzir boas estratégias, bons projetos e bom conteúdo.

Para mim, é uma ótima combinação; gosto de interagir com pessoas, assim como de participar da evolução tecnológica. Acredito que tudo isso pode levar a muitas novas oportunidades para nossa empresa no futuro.

Meus conselhos aos jovens
- Sonhe o mais alto que puder, mas também seja realista. Encontre o equilíbrio entre sonhar e executar. Muita gente sabe como executar, mas se esquece de sonhar. Por outro lado, algumas pessoas só ficam sonhando e têm medo de se mexer ou executar.
- Nunca pense que sabe tudo e nunca se sinta confortável demais. Quando pensa e se sente assim, você não está dando a si mesmo espaço para se aprimorar.
- Por último, sempre lembro a mim mesmo e a minha equipe para continuar aprendendo e se manter humilde.

JEROME COWANS
Membro do Jamaica House Fellowship, ex-aluno da JA Jamaica

> Viajei para Nova York e recebi um prêmio de empreendedorismo das Nações Unidas – tudo graças ao acesso que tive à JA na Jamaica.

Minha experiência na JA
Sou muito apaixonado pela JA. Ingressei muito tempo atrás, aos 16 anos, porque havia algo bem diferente em seu programa. Eu fazia

parte de um grupo comunitário na periferia de minha cidade e, um dia, a JA veio à nossa comunidade para nos ensinar sobre negócios e gestão financeira. Tudo parecia ser muito prático. Após a primeira reunião eu tinha comprado totalmente a ideia e me inscrevi. Iniciamos nossa miniempresa e nossa linha de produtos seria uma cerâmica "que brilha no escuro". Fabricávamos as peças de cerâmica e depois usávamos tinta refletiva para fazer desenhos em estilo jamaicano. Começamos a enviar o produto pelos correios enquanto aprendíamos mais e mais sobre o mercado. Os consumidores adoravam as peças. Éramos apenas adolescentes, mas vendíamos as peças de cerâmica para empresas e bancos, para decorarem seus saguões e escritórios. Eu era o gerente de RP da companhia.

Aprendi muita coisa na JA. A mais importante foi não só obter conhecimento sobre negócios mas efetivamente colocá-lo em prática. Foi a melhor coisa que eu trouxe de lá. É ótimo aprender em sala de aula assuntos como contabilidade e marketing, mas quando você faz isso na prática, em especial na adolescência, isso lhe dá uma compreensão sem paralelos. Ajudou-me na escola também quando, por exemplo, discutimos negócios e economia. Na JA eu estava literalmente fazendo as coisas sobre as quais conversávamos na classe. Continuamos com nossa empresa após o programa se encerrar porque ela tivera muito sucesso. E eu acabei sendo reconhecido pela ONU. Viajei para Nova York e recebi um prêmio de empreendedorismo das Nações Unidas – tudo graças ao acesso que tive à JA na Jamaica.

Depois que saí do Programa Miniempresa da JA, tornei-me instrutor em outros programas da JA para jovens estudantes. E agora, 10 anos depois, ainda estou envolvido. Se o presidente da JA Jamaica me chama e me pede qualquer coisa, eu faço!

Minha carreira/Meus negócios
Este ano entrei para o Jamaica House Fellowship, no gabinete do primeiro-ministro da Jamaica. É um programa especial, semelhan-

te a ser membro do White House Fellows, nos Estados Unidos. Sou analista econômico no programa e consultor em vários projetos em todo o país. Comecei a atuar há apenas quatro meses, assim que concluí meu mestrado em gestão na Universidade de Birmingham, no Reino Unido. Sou também bacharel em economia pela Universidade das Índias Ocidentais aqui na Jamaica.

Meus conselhos aos jovens

- O primeiro seria dar igual atenção ao conhecimento prático e ao conhecimento acadêmico. Foi o que eu aprendi na JA e que considero crucial para todos os jovens. Durante toda a sua vida será essencial compreender o lado prático do que está fazendo assim como o lado teórico.
- Segundo, é trabalhar realmente duro. Pode parecer um clichê, mas creio que os jovens começaram a se afastar um pouco da realidade ao fazer as coisas com mais facilidade usando tecnologia. É importante equilibrar isso com algum esforço também.
- Por fim, tente encontrar algo em que realmente esteja interessado. Eu também encorajaria os jovens a pensar em perspectivas a médio e longo prazo para suas carreiras. Você pode estar trabalhando em algo agora que estará obsoleto dentro de 5 ou 10 anos. Portanto, faça algo que goste de fazer, mas também esteja preparado para mudar a rota no futuro.

CLAUDIO ROSSI
Cofundador da polarlab ag,
ex-aluno da JA Suíça

No final das contas, creio que tudo diz respeito a inspiração. Você precisa achar o negócio ou a carreira que lhe interessa e o inspira.

Minha experiência na JA

Foi lá atrás, em 1999, que li um artigo num jornal sobre o novo programa da JA na Suíça. Parecia ser interessante, então fui até a escola para me informar e decidi que iria tentar. Tínhamos por volta de 18 anos e começamos com noções de negócio realmente básicas, mas acho que nossa ideia de produto era única e muito legal. O ano seguinte ao do projeto de nossa miniempresa seria o centenário da morte da Johanna Spyri, autora de *Heidi*, a mais famosa personagem suíça. Bem, talvez hoje Roger Federer seja mais famoso, mas naquela época *Heidi* ainda era a suíça mais famosa da história! Seja como for, estávamos pensando em fazer algo ligado a *Heidi* e sua criadora.

Decidimos publicar um novo livro ressaltando os paralelos entre as histórias de vida da autora Johanna Spyri e sua famosa personagem. E, como descobrimos em nossa pesquisa, havia muitos. Assim, o produto de nossa miniempresa seria uma nova obra sobre *Heidi* e sua criadora. Nós o chamamos de guia turístico cultural. Soubemos também que os japoneses são loucos pelo livro *Heidi*. Assim, junto com a edição em alemão, traduzimos e imprimimos uma versão em japonês, pois haveria um bom mercado para ela também. Eram muitos desafios, é óbvio, mas tivemos um faturamento de 20 mil francos suíços com as primeiras impressões. Hoje pode parecer uma quantia pequena, mas achamos incrível termos conseguido realizar algo assim, e ficamos muito orgulhosos. Trabalhamos duro noite e dia porque amávamos aquilo. O progresso que fizemos, em pequenos passos, para o sucesso, com todos os reveses, é claro, foi muito inspirador e despertou em nós a vontade de tentar coisas novas.

O programa da JA naquela época não chegou a nós por intermédio da escola; foi com um anúncio num jornal. Lemos o artigo, sugeri aos meus colegas que déssemos uma chance e todos concordaram. Entramos de cabeça e fizemos por merecer o sucesso.

Minha carreira/Meus negócios
Depois do Programa Miniempresa da JA, não saiu mais da minha cabeça a ideia de começar um negócio próprio. Mas, na Suíça, após terminar a universidade, você fica muito acomodado, pois mesmo seu primeiro emprego lhe paga um salário incrível. E isso realmente é muito confortável. Assim, comecei trabalhando num banco de investimentos. Era o auge do setor, mas mesmo com toda a consolidação, não era o lugar em que eu gostaria de ficar para sempre. Aí eu disse para mim mesmo: ainda sou jovem, vou tentar outra coisa. E mudei para uma pequena firma de financiamento de imóveis. Depois de algum tempo pensei que ainda não era aquele o lugar onde eu queria estar e decidi que queria mesmo ter meu próprio negócio. Falei com alguns colegas e achamos que poderíamos ter uns poucos clientes que confiariam em nós, ao menos nos dariam uma chance.

Assim, decidimos tentar. Hoje somos na verdade três companhias, todas relacionadas com finanças. Uma é de serviços de software para finanças, outra é um serviço de consultoria e corretagem de valores e a terceira tem a ver com financiamento de dívidas. Queremos muito que nossa especialidade nos três setores seja trabalhar com empreendedorismo financeiro, e acho que ajuda o fato de sermos nós mesmos empreendedores – e compreendermos as necessidades financeiras de outros empreendedores. Começamos com um bom cliente e ganhamos dinheiro desde o início, o que foi realmente importante em nossa fase de startup. Ainda somos uma companhia jovem, mas todos os quatro sócios têm experiência, conhecimento e contatos no setor financeiro, de modo que estamos entusiasmados com nossas possibilidades.

Todos nos perguntam sobre nosso nome, polarlab. Nomes são às vezes apenas exercícios aleatórios, mas escolhemos o nosso porque nos faz lembrar a Estrela Polar – algo que lhe mostra o caminho a seguir, que brilha durante a noite. Algumas pessoas riem disso, mas também gravam na memória – e esse é o ponto.

Hoje tenho o prazer de estar no conselho da JA Suíça. E este ano sou também o presidente do júri para a Competição Nacional das Miniempresas da JA. Mantive-me sempre próximo da instituição. Pouco depois de terminar meu próprio projeto como estudante, anos atrás, juntei-me efetivamente à equipe da JA e tenho trabalhado com eles desde então, numa ou noutra função.

Meus conselhos aos jovens
- A JA é incrível porque ela inspira os jovens e os expõe a ideias que eles nunca teriam num ambiente tão protegido quanto é a Suíça. Ela ensina o que os empreendedores fazem na vida real: você tem que conseguir o dinheiro para a startup, tem que criar um produto, tem que encontrar clientes. Não é aprender com teorias, mas aprender fazendo. Em resumo, a JA foi uma das melhores experiências que tive na vida – e aqui estão apenas alguns conselhos:
- No final das contas, creio que tudo diz respeito a inspiração. Você precisa achar o negócio ou a carreira que lhe interessa e o inspira.
- Meu melhor conselho, na verdade, é participar do programa da JA. Como se sabe, o sistema educacional na Suíça é bem tradicional. Ensina-se muito pouco sobre negócios, ou mesmo economia, às crianças na escola. Assim, há muito espaço para a JA atuar e ajudar os estudantes.

CAPÍTULO 9
TRABALHO EM EQUIPE
Cooperar e trabalhar com outras pessoas para alcançar um objetivo comum

ENTREVISTAS COM EX-ALUNOS DA JA

BILL COVALESKI
Cofundador da Victory Brewing, ex-aluno da JA Estados Unidos

> Se não tivéssemos nossos restaurantes como um lugar de encontro para contar nossa história e receber feedback de nossos clientes, não creio que tivéssemos obtido sucesso.

Minha experiência na JA

Minha experiência na JA está ligada a meu sócio, Ron Barchet. Foi sugestão do pai dele que nós dois dedicássemos um pouco de nosso tempo ocioso ao programa da JA. Começamos em 1978 quando tínhamos 15 anos e morávamos em Collegeville, na Pensilvânia. Ron e eu fazíamos quase tudo juntos e assim ingressamos juntos na JA. Tivemos dois produtos no programa. O primeiro foi um aparelho de iluminação de emergência para uso na estrada. Se você estivesse no encostamento precisando fazer algum reparo no carro à noite, poderia plugar a luz no acendedor de cigarros e fazer o conserto com segurança. Era um belo produto. O outro foi um porta-caneta esculpido em madeira.

A coisa mais importante que tirei desse tempo foi a colaboração – entre os estudantes e com os mentores da JA. Éramos jovens, e nossa única experiência em matéria de colaboração era brincar nos campos da escola e participar de equipes esportivas. O fascinante do programa da JA era que, enquanto nossos professores na escola tentavam nos ensinar para obter de nós resultados acadêmicos, os instrutores da JA, conselheiros com experiência de verdade nos negócios, nos ajudavam a conseguir *nossos próprios* resultados práticos. Era uma dinâmica diferente. Não estávamos tentando ser bem-sucedidos para ganhar uma boa nota; tínhamos pessoas nos ajudando a fazer nossas ideias vingarem, trabalhando dentro de um ambiente colaborativo de equipe.

Minha carreira/Meus negócios

Meu pai cresceu logo após a Grande Depressão na região carvoeira da Pensilvânia e era uma pessoa muito engenhosa. Era horticultor e preparava legumes em conserva para a família. Também tinha gosto por cervejas no estilo europeu, mas não dispunha de orçamento para isso. Então, em 1979, a administração do presidente Carter legalizou a fabricação de cerveja nos Estados Unidos, e meu pai aproveitou a oportunidade. Depois de muitos anos como seu assistente, produzindo cerveja em nosso porão, comecei a brincar com isso por conta própria.

Em 1985, quando me formei na faculdade, já era completamente fascinado pela fabricação artesanal de cerveja. Inclusive naquele ano dei a Ron um kit de fabricação de cerveja como presente de Natal. Ele tinha se graduado na Universidade da Califórnia e estava trabalhando em Washington como analista financeiro, e eu tinha me formado na Universidade Temple e trabalhava como diretor de arte e designer na região da Filadélfia. Mas pouco a pouco nossa paixão pela fabricação de cerveja começou a se sobrepor a nossas carreiras. Em 1989 Ron deu o salto e eu o segui um ano depois. Primeiro trabalhamos para cervejeiros americanos e depois fomos estudar fabricação de cerveja na Alemanha. As oportunidades nessa indústria expandiam-se em ritmo acelerado, e começamos a planejar e levantar dinheiro em meados da década de 1990. Fundamos a Victory Brewing Company em fevereiro de 1996. Fizemos algumas coisas interessantes, como abrir um restaurante em nossa primeira cervejaria para usá-lo como instrumento de publicidade e para educar o público no gosto e na qualidade do estilo europeu de uma cerveja produzida localmente. Tivemos a sorte de estar nos estágios iniciais da explosão da arte cervejeira nos Estados Unidos.

Temos agora três locais de fabricação de cerveja, todos com restaurantes, na Pensilvânia. Nossas marcas são distribuídas em 37 estados nos Estados Unidos e em nove países pelo mundo. Quando estávamos preparando o primeiro plano de negócio havia 1.100 cervejarias artesanais nos Estados Unidos e hoje há 5.300. Nossa primeira fábrica custou 1,3 milhão de dólares, o que incluiu um empréstimo de 650 mil dólares, e a mais recente que construímos custou 39 milhões de dólares. Por aí dá para ver como o setor está crescendo.

Meus conselhos aos jovens

- Faça muita pesquisa e solicite sugestões de outras pessoas. Trate de conhecer profissionais do seu setor de interesse que tiveram ideias bem-sucedidas ou que fracassaram. É nos fracassos que você deve prestar atenção, porque podem ocorrer de novo se estiver alheio a eles.
- Mantenha a mente aberta. Se sua visão não é compreendida nem apreciada por determinados críticos, não os ignore. Aprenda com eles. Aprender com gente que diz que sua ideia não é boa pode ser muito valioso.
- A última dica é permanecer atento à comunidade à qual você serve. Por exemplo, se não tivéssemos nossos restaurantes

como um lugar de encontro para contar nossa história e receber feedback de nossos clientes, não creio que tivéssemos obtido sucesso. Ter um envolvimento real com seu mercado e um retorno das pessoas logo no início é muito valioso.

GCINA DLAMINI
Cofundador da Smiling Through Investments, ex-aluno da JA Suazilândia

O empreendedorismo é uma carreira que não só fornece uma receita ao proprietário – ela também dá emprego para que outros sustentem suas famílias e, finalmente, contribui para a prosperidade econômica de todo o país.

Minha experiência na JA

Quando ingressei no Programa Miniempresa da JA, eu tinha várias opções de atividades extracurriculares, como esportes e outras práticas culturais em minha escola. Considerei todas as opções e descobri que estava muito interessado na ciência dos negócios. Queria aprender como pessoas ganham dinheiro com empreendimentos. Quando ouvi o que a JA Suazilândia estava oferecendo, soube que os participantes iriam além de só adquirir conhecimento sobre negócios – também seríamos expostos aos aspectos práticos de realmente tocar uma empresa. Isso me motivou a optar por investir meu tempo e minha energia em aprender como poderia me tornar meu próprio patrão no futuro, enquanto ganhava experiência prática em negócios. Quando me inscrevi no programa, comecei a experimentar o gosto e a paixão pelo empreendedorismo, o que me impactou tanto que decidi estudar administração de empresas na universidade e, depois, escolher uma carreira nos negócios. O programa me influenciou a conduzir minhas aptidões numa direção totalmente nova, não mais me vendo como um empregado, e sim tornando-me um empreendedor e criando empregos para outros jovens em meu país.

Minha carreira/Meus negócios

Na universidade, optei por me graduar em administração de empresas, especificamente na área do agronegócio. Escolhi o agronegócio porque alimentação é o principal problema que o continente africano enfrenta. A população mundial está crescendo a um ritmo alarmante, mas na África os recursos agrícolas permanecem estagnados. Era muito importante para mim conhecer as estratégias que poderíamos adotar para assegurar alimentos suficientes para a África e o mundo inteiro. Isso também parecia ser uma oportunidade de carreira – juntar forças com o governo para identificar as necessidades da agricultura em nosso país e, quem sabe, achar uma solução lucrativa para essas necessidades.

Assim, durante meu segundo ano na Universidade da Suazilândia, formei uma equipe com outros ex-alunos da JA e fundamos a Smiling Through Investments (STIN). A STIN é um negócio 100% pertencente a jovens, especializado em produção de milho verde, sementes de feijão e na organização de feiras de agronegócio. Nossos projetos durante os anos na universidade foram os primeiros do tipo: fomos anfitriões do evento para agricultores na fazenda da universidade, onde apresentamos nosso mostruário de sementes de feijão para mais de 100 agricultores comunitários. O motivo de termos nos aventurado na produção de sementes de feijão é que a segurança do alimento depende da segurança da semente, e feijões são a principal fonte de proteína para a maioria das famílias. Depois, promovemos seminários para agricultores com o intuito de abrir novas oportunidades de agronegócio para eles. Organizamos também cerimônias de premiação para homenagear novas companhias no agronegócio. Finalmente, hospedamos a primeira Feira do Agronegócio Nacional, em 2015. Foi um evento com três dias de duração que começou com um festival escolar para estudantes do ensino médio, para apresentar-lhes as oportunidades do agronegócio. Eles visitaram empresas e ouviram testemunhos de outras jovens startups do agronegócio, como é a STIN. A Universidade da Suazilândia adotou recentemente nossa Feira do Agronegócio, que hoje é um evento anual celebrado em âmbito nacional, para revolucionar o setor agrícola da Suazilândia.

Os projetos e empreendimentos que começamos na universidade também obtiveram reconhecimento em outros países africanos. Fui convidado a apresentar nossas ideias na África do Sul, no Quênia e em outros países. Nosso tema nessas conferências é: Combatendo o Desemprego entre os Jovens mediante Projetos Empreendedores do Agronegócio.

Meus conselhos aos jovens
- Os jovens devem seguir sua paixão empreendedora não importa o que aconteça, e sua atitude irá determinar se obterão ou não sucesso.
- O empreendedorismo é uma carreira que não só fornece uma receita ao proprietário – ela também dá emprego para que outros sustentem suas famílias e, finalmente, contribui para a prosperidade econômica de todo o país.
- Algumas das empresas abertas por jovens irão fracassar, mas eles precisam continuar tentando até terem êxito. Como jovens precisamos estar prontos para pagar o preço de sermos empreendedores. As recompensas fazem isso valer a pena.

VANESSA TOBIAS
Fundadora e presidente do Grupo Vanessa Tobias, ex-aluna da JA Brasil

> Conhecer os aspectos técnicos envolvidos em abrir e gerenciar uma empresa foi fundamental, mas talvez o maior ganho tenha sido o autoconhecimento.

Minha experiência na JA

A JA surgiu na minha vida em 1999. O Colégio Catarinense, onde eu estudava, em Florianópolis, convocou os alunos para uma seleção para o Programa Miniempresa da JA. Eu tinha 15 anos e esse negócio de aprender a empreender e ter uma visão de negócio me encantou. Então me inscrevi, fui selecionada e me apaixonei pelo projeto. Abrimos uma empresa chamada Arte e Vidro, em que fabricávamos porta-retratos de madeira e vidro. Tivemos um desempenho muito bom e conseguimos dar lucro aos acionistas.

Além da equipe da JA e do Evandro Badin – diretor da JA Santa Catarina –, contávamos com a orientação dos mentores, que eram funcionários do Sebrae, o Serviço de Apoio às Micro e Pequenas Empresas.

Sempre fui muito voltada para pessoas e vi que no projeto da miniempresa eu obteria método e estrutura para ser gerenciada e gerenciar. Fui presidente da minha empresa e o aprendizado durante o programa foi imenso. Conhecer os aspectos técnicos envolvidos em abrir e gerenciar uma empresa foi fundamental, mas talvez o maior ganho tenha sido o autoconhecimento, porque nas dinâmicas aprendíamos muito sobre nossas forças e fraquezas ao trabalhar em equipe, gerenciar pessoas, sempre voltados para o resultado.

Acredito que tudo na vida é consistência, é passo a passo, é processo, e desde cedo tive oportunidade de me relacionar com gente muito boa e de manter esse contato, especialmente os mentores, a equipe da JA e os colegas com quem trabalhei na miniempresa. O fato de a gente seguir cultivando essa relação há mais de 20 anos mostra a consistência desse projeto e quanto conseguem inspirar na gente uma atitude empreendedora.

Minha carreira/Meus negócios

Fiz o programa da JA enquanto estava no segundo ano do ensino médio. Depois de formada, cursei um semestre de jornalismo e depois mudei para administração e marketing na Faculdade Única (hoje FGV) em Florianópolis. Nessa época, abri uma empresa chamada Friends, uma consultoria em marketing, e fiz questão de praticar o que eu tinha aprendido na JA e na faculdade.

Com o diploma na mão, fui trabalhar na Assembleia Legislativa como coordenadora de projetos especiais da Escola do Legislativo, porque eu sempre quis contribuir politicamente de alguma forma para minha cidade. A experiência foi muito profunda e me inspirou a buscar habilidades que eu não iria desenvolver no trabalho de rotina. Então resolvi morar fora e fiquei de 2006 a 2007 na Austrália. Aprendi inglês, viajei e voltei ao Brasil direto para o mestrado em administração pela Esag.

Na sequência, eu quis retomar o caminho empreendedor e abri um pequeno negócio que funcionava na garagem da casa da minha mãe. Trabalhei nesse esquema por dois anos, oferecendo aos clientes processos de planejamento de vida e coaching, até fundar a empresa Vanessa Tobias Coaching em maio de 2010.

Criei meu próprio método de desenvolvimento humano, abordando temas na área de coaching, justiça restaurativa (com a aplicação dos círculos de paz), administração de empresas, relações humanas, empreendedorismo e comunicação. Sou pioneira em processos de Life Coaching em grupo no Brasil e vencedora e atual madrinha do Prêmio Mulheres que fazem a Diferença da Associação Comercial e Industrial de Florianópolis.

Nesses quase 10 anos, uma das coisas mais legais é ver como o projeto avançou e inovou. Estamos em 26 estados – só falta o Amapá

– e 13 países. Com o tempo, fomos desenvolvendo outras estratégias, lançamos cursos de oratória e outros produtos relacionados com autodesenvolvimento e autopesquisa para expansão da consciência. De 2012 para 2013 um dos meus irmãos, Juliano, abriu sua empresa de coaching executivo em sociedade comigo. Nossas habilidades são complementares, e existe um DNA compartilhado que é estimular cada um a encontrar sua forma de viver, questionar os pensamentos que são crenças limitadoras, de forma bastante profunda e consistente, mas buscando também alguma diversão e irreverência.

Atuo como colunista da revista *Versar* do *Diário Catarinense* e apresentadora especialista do quadro "Quero saber" do *Jornal do Almoço*, da NSC TV, afiliada da Rede Globo em Santa Catarina. Também ministro cursos on-line em parceria com o Sebrae.

Inspirada pela Junior Achievement, em 2014 fundei o Instituto Vanessa Tobias, uma ONG que trabalha para ampliar a consciência, o autoconhecimento e as oportunidades de crianças e adolescentes inserindo o método do Coaching Educacional em escolas públicas e privadas. Até o momento, o Instituto já atendeu 25 turmas em Santa Catarina e no Paraná e é financiado por recursos de doações e de parcerias com a iniciativa privada.

Meus conselhos aos jovens
- Busque sempre o máximo da vida, independentemente do que tenha acontecido com você. Toda experiência existe para nos fortalecer e nos desenvolver, desde que a gente encare as crises como um treinamento para o nosso autoconhecimento e a nossa realização.
- Tenha clareza em todas as suas relações, estabelecendo regras desde o início. Lá atrás quando comecei, eu tinha muita pressa e acabei atropelando um pouco alguns passos. Mas hoje sei que calma e clareza para fazer as coisas garantem negócios e relacionamentos saudáveis.
- Na hora de contratar, busque referências, procure conhecer a his-

tória da pessoa, seus valores. Dessa forma as equipes já começarão fortalecidas, com colaboradores que valorizam a mesma coisa que você e um ambiente mais harmonioso para que possam se desenvolver juntos.
- Por fim, uma coisa que eu gostaria que tivessem me dito no início da minha carreira empreendedora: seja conservador com seus ganhos. Com o sucesso da empresa acabei me empolgando, mas hoje vejo que gostaria de ter ido com mais calma, deixando o fluxo de caixa sempre saudável para os momentos de transição. Invista só no que for absolutamente necessário, mantendo a extrema qualidade e o capricho em tudo que fizer.

CHRIS SLATER
Cofundador da Simply Business, ex-aluno da JA Reino Unido

> Meu conselho é escolher uma atividade na qual o nível ainda esteja baixo.

Minha experiência na JA
Só tenho palavras de carinho para falar da Young Enterprise – ou, como vocês a chamam, Junior Achievement. Faço muitos trabalhos com eles no Reino Unido e passarei a fazer nos Estados Unidos, pois vou me mudar para Boston em breve. Minhas primeiras experiências com a instituição foram o catalisador do apetite empreendedor que tenho hoje. Eu era muito estudioso na escola, do tipo que enfia a cara nos livros. Fui apresentado à Young Enterprise quando tinha 15

anos e a vi como uma oportunidade interessante. Sempre quis entrar no comércio, no setor jurídico ou financeiro de uma corporação, e por sorte acabei não indo para lá. Na verdade fui o diretor financeiro da companhia de minha equipe na Young Enterprise. Levantamos o capital, elaboramos três tipos de kits de primeiros-socorros como nossos produtos e conseguimos vendê-los.

As principais coisas que levei comigo da JA foram: ter sido obrigado a trabalhar em equipe com pessoas com as quais nunca tinha trabalhado, processar uma ideia a partir de um conceito até apresentá-la como produto a clientes e conhecer as bases rudimentares na construção de um negócio. Eu comecei empresas duas vezes no Reino Unido e vou fazer isso pela terceira vez nos Estados Unidos, e esse aprendizado fundamental no programa da YE ainda está me servindo hoje. Trata-se de encontrar pessoas qualificadas em que você possa confiar, focar em solucionar as questões de curto prazo e resolver problemas de clientes pondo em suas mãos um produto o mais rapidamente possível.

Minha carreira/Meus negócios

Eu me sentia frustrado quando trabalhava para grandes seguradoras. Assim, cofundei a Simply Business seguindo os conceitos que tinha visto no pequeno negócio e no cenário das startups. Seguros são minha paixão, mas o produto enfrenta um enorme problema de imagem. O setor não faz um bom trabalho para simplificar ou facilitar aos clientes a compreensão daquilo que estão comprando. Assim, o que estamos realmente tentando fazer na Simply Business é usar tecnologia, produzir boas experiências para o usuário e utilizar dados para resolver problemas dos clientes. Criamos um marketplace, ou plataforma, para oferecer aos clientes uma experiência melhor, no tempo deles, com transparência quanto ao que estão comprando. E para as seguradoras, a plataforma oferece canais de distribuição a baixo custo, dados mais eficientes e uma visão melhor dos problemas dos clientes.

Tivemos a vantagem de termos sido os primeiros e passamos 13 anos investindo em nossa tecnologia, em nossos dados e, o mais importante, em nosso pessoal. Em 2015 e 2016 estivemos na lista das 100 melhores empresas para se trabalhar no Reino Unido.

Essa é a história do nosso negócio. Somos agora a maior corretora de seguros on-line do Reino Unido, com 420 mil clientes, e estamos só começando nossa expansão internacional nos Estados Unidos, como a mais recente aquisição da gigante The Travelers.[13] Por isso estou me mudando para Boston!

Meus conselhos aos jovens

- As oportunidades que se abrem hoje aos jovens para iniciarem uma carreira são ilimitadas. Anos atrás a ideia de começar seu próprio negócio estava fora de questão, ao passo que agora você pode criar um site, montar uma campanha nas mídias sociais, pôr um produto diante dos clientes em dias, e não em anos, tudo isso a partir do conforto do seu quarto. Meu principal conselho é: se você tiver uma ideia, saia e faça um teste, mesmo com o risco de fracassar. Muitos dos melhores empreendedores vão fracassar uma, duas ou três vezes. Qual é a pior coisa que pode acontecer? O negócio fracassar e você acabar trabalhando para uma grande companhia.
- Outro conselho é reconhecer que você não pode fazer tudo sozinho. Vejo muitos jovens com grandes ideias, mas, com certa arrogância, dizerem que podem fazer tudo sozinhos. Creio que uma das razões do meu sucesso é ter uma atitude humilde. Eu adoro trabalhar em equipe. À medida que sua carreira evoluir, você precisará de redes de pessoas em diferentes pontos ao longo do caminho, portanto seja humilde e peça ajuda.

---

13 *Nota do autor:* Chris foi modesto demais ao mencionar isso, mas a imprensa relatou em março de 2017, um mês antes de eu entrevistá-lo, que a Traveler's Insurance nos Estados Unidos tinha adquirido a Simply Business pela imensa quantia de 490 milhões de dólares! Chris será o CEO da nova operação baseada nos Estados Unidos.

- Fui bem-sucedido nos seguros porque, francamente, nessa área você não precisa ser tão bom assim (pode registrar isso no seu livro, não me importo). Assim, meu conselho é escolher uma atividade na qual o nível ainda esteja baixo, uma atividade que seja vista como maçante, excessivamente complicada ou penosa. São setores interessantes para se experimentar, porque, se fizer direito, você poderá causar uma grande mudança, um enorme impacto. E há muitas dessas atividades por aí, que são feitas do mesmo jeito desde a década de 1950.

MAX TANG
Desenvolvedor imobiliário,
ex-aluno da JA China

> Leva tempo para alguém se tornar um especialista, mas é exatamente essa experiência que confere a você seu valor.

Minha experiência na JA

Entrei no programa da JA em 2002. Fui apresentado a ele em minha universidade e me tornei voluntário da JA após me graduar. O programa me deu uma nova perspectiva sobre educação, diferente da oferecida por nosso sistema escolar contemporâneo. Primeiro, você compreende que não há apenas uma resposta certa. Segundo, aprende a trabalhar em equipe. Terceiro, fica conhecendo o mundo real dos negócios, não apenas por intermédio dos professores. E, por fim, você entende o valor do voluntariado.

A JA me ajudou a me equipar melhor antes de começar minha carreira. O programa mostrou como as variáveis nas decisões podem afetar os resultados. Ele proveu uma lógica de negócios para estudantes que não entendiam do assunto e casos reais compartilhados pelos voluntários. O espírito de grupo assimilado no programa me levou a ter mais confiança nas equipes. Toda essa experiência me fez compreender melhor o modelo de negócio dos meus empregadores e o processo de tomada de decisões, coisas que contribuíram para que eu crescesse muito rápido em minha organização. E tudo aquilo que recebemos por meio dos voluntários da JA me encorajou a ajudar outras pessoas ao compartilhar meu próprio conhecimento e minha experiência.

Minha carreira/Meus negócios

Estou no setor imobiliário desde que terminei meu curso de graduação. Passei seis anos como associado em investimentos em desenvolvimento residencial e depois três anos trabalhando com imóveis comerciais. Fiz o MBA em 2009, antes de fazer 30 anos, e realizei investimentos em imóveis industriais durante cinco anos. Atualmente, trabalho num fundo de investimentos imobiliários, começando uma nova divisão.

Para ser honesto, entrei no mundo imobiliário por acidente. Na época eu estava tentando vender uma solução de TI para uma imobiliária. Pensava em seguir carreira em TI, já que a internet estava bombando. Mas quando compreendi melhor o que eram os negócios imobiliários, comecei a gostar de verdade daquilo. De qualquer maneira, minha experiência abrange marketing, gestão de investimentos, posicionamento de projeto e gestão inicial de projetos. Passei também pelo mau período do setor financeiro e decidi que financiamento imobiliário poderia ser meu próximo passo de aprendizado. Assim, graças à minha atividade na JA, comecei meu MBA após a crise financeira.

Meu trabalho atual é tocar uma espécie de startup interna. Decidimos atuar mais no estágio inicial de companhias imobiliárias.

Então, comecei este negócio como uma ideia bem nova, e ele se encaixará na tendência em expansão de startups de pequenos negócios e será uma atividade bastante inovadora.

Meus conselhos aos jovens
- Você precisa descobrir qual é sua paixão antes de planejar toda a sua carreira. Tem que ser em sua área de interesse, de modo que, mesmo se tiver dificuldades, ainda assim será capaz de continuar. Tente diferentes tipos de trabalho antes de tomar sua decisão final quanto à carreira.
- Não mude de carreira quando decidir o que quer ser. Você pode alterar seu roteiro específico, mas não necessariamente a própria carreira. Leva tempo para alguém se tornar um especialista, mas é exatamente essa experiência que confere a você seu valor.
- Fique de olho no que seus colegas estão fazendo e veja como as experiências deles podem ser aplicadas ao seu negócio. Esse seria um modo de ser mais inovador.
- Não perca a paixão por seu negócio – tudo depende disso.

RICHARD CHANG
Investidor de risco nos Estados Unidos e na China, ex-aluno da JA Canadá

A combinação de ter prazer no que faz e de ser bom nisso é o santo graal do desenvolvimento de uma carreira.

Minha experiência na JA
Fiz o Programa Miniempresa da JA de 1987 a 1989 em Toronto, durante o ensino médio. Cada empresa JA tinha um patrocinador, e o nosso era a General Mills, que fornecia voluntários para serem nossos mentores. Para mim, foi uma oportunidade de expansão para além da área limitada da vizinhança onde cresci – para estar com estudantes de outras partes da cidade e colaborar com eles a fim de fazer algo empolgante como começar uma companhia. Eu sempre me interessei por negócios, e a JA forneceu a plataforma e o planejamento para isso. Foi uma experiência muito positiva.

O programa era bem estruturado e contávamos com a supervisão de profissionais. Tínhamos que pensar em tudo, desde incorporar a companhia até realizar eleições para os cargos, criar a ideia do produto e depois desenvolver um plano de marketing. Tudo correu bem e assim fui apresentado ao mundo dos negócios. Mais tarde, fui para a convenção nacional da JA juntamente com outros estudantes do ensino médio de todo o Canadá e isso me fez entrar em contato com garotos de fora de Toronto. O programa da JA teve grande impacto na minha vida.

Fui para a faculdade, fiz o bacharelado em economia na Wharton e mestrado em política, filosofia e economia em Oxford, tudo isso parcialmente influenciado pela experiência na JA. Enquanto estava na faculdade, quis retribuir o apoio que recebi, por isso me tornei instrutor voluntário no Programa Miniempresa da JA. Acabei participando de outro programa da JA, para ensinar economia básica a alunos do sexto ano de escolas públicas. O contato com a JA sempre foi muito positivo e, agora que estou mais estabelecido na carreira, espero me envolver novamente, na área de São Francisco, onde moramos agora.

Minha carreira/Meus negócios
Comecei uma carreira relativamente tradicional, trabalhando em Wall Street e para grandes companhias, como a Sony, na Ásia. Para

ser franco, Wall Street era muito atraente e popular na época. A maioria dos meus colegas de turma acabou indo para grandes firmas de consultoria ou bancos. No entanto, posteriormente fui para o Vale do Silício a fim de trabalhar com capital de risco. Este foi o início de minha vida como empreendedor. Trabalhei com muitas startups, e o que mais me agradou foi estar envolvido na prática com as companhias nas quais investíamos. Era uma espécie de combinação entre ser um investidor de risco para startups e ao mesmo tempo trabalhar estreitamente ao lado do empreendedor e da equipe de gestão nessa etapa inicial. O tempo que passei na Ásia foi também fundamental para atrair companhias de lá para trabalhar conosco. O Vale do Silício ainda é um lugar incrível, mas com a ascensão da China e do restante da Ásia, você vê muitas empresas no Vale pensando mais na China e empresas na China pensando mais no Vale do Silício e nos Estados Unidos. Assim, hoje eu me considero um investidor do Vale do Silício com conhecimento e interesse especiais na Ásia e, especificamente, na China. É uma espécie de nicho meu.

Meus conselhos aos jovens
- Primeiro, jovens não devem ter medo de assumir riscos, sobretudo no início de suas carreiras. Há bem poucas desvantagens em tentar coisas diferentes, coisas que parecem fugir do padrão, ou serem talvez o oposto do padrão.
- Segundo, a combinação de ter prazer no que faz e de ser bom nisso é o santo graal do desenvolvimento de uma carreira. Essa é a verdade!
- Terceiro, ter acesso a ótimos mentores pode, obviamente, ser uma mão na roda. Pode fazer você economizar muito tempo e lhe fornecer uma porção de bons conselhos. Assim, encontre-os logo no início de sua carreira.

CAPÍTULO 10
PERSEVERANÇA
Completar tarefas e atingir metas apesar de dificuldades e atrasos

ENTREVISTAS COM EX-ALUNOS DA JA

YESENIA CARDENAS
Advogada e sócia da Bowman and Brooks, ex-aluna da JA Estados Unidos

> Um dos voluntários da JA era uma advogada que tinha cursado a Universidade Oxford graças a uma bolsa de estudos Rhodes. Isso foi muito inspirador para mim, uma jovem oriunda de um dos distritos mais pobres do estado do Texas.

Minha experiência na JA

Minha primeira experiência na JA foi no oitavo ano, como parte de um programa de estudo qualificado em minha escola. Os voluntários eram da companhia de seguros USAA. Minha escola foi selecionada pela JA porque ficava numa comunidade muito pobre. Era um programa de ensino básico de finanças e explicava como calcular impostos, como abrir uma conta bancária, etc., e eu realmente gostei. Até tínhamos talões de cheque do banco com nossos nomes – sendo que a maioria dos pais dos meus colegas nem sequer tinha conta em banco –, então foi muito estimulante para todos nós. Também chegamos a interagir e aprender com funcionários de empresas, que se vestiam bem e trabalhavam num escritório. Minha mãe trabalhava numa fábrica e, para mim, aquelas pessoas faziam parte de um mundo completamente diferente. Uma coisa é ter um professor ensinando em sala de aula, outra é ter profissionais de negócios desconhecidos doando tempo de sua vida para falar conosco sobre finanças, negócios e coisas do tipo.

A segunda vez que estive com a JA foi no ensino médio. Eu estava cursando uma disciplina de economia avançada e fui selecionada para participar do programa da Junior Achievement. Àquela altura, eu já estava pensando em ir para a faculdade e na minha futura carreira. Mais uma vez os mentores vieram da USAA. Um dos voluntários da JA era uma advogada que tinha cursado a Universidade Oxford graças a uma bolsa de estudos Rhodes. Isso foi muito inspirador para mim, uma jovem oriunda de um dos distritos mais pobres do estado do Texas, onde muitas pessoas não se formam no ensino médio e muito menos vão para a faculdade.

Vim de uma família humilde e em casa raramente se falava sobre nossas ambições quanto ao futuro. Mas esses voluntários da JA eram muito incentivadores e debatiam conosco sobre nossos objetivos e desejos. Lembro-me de ter dito que queria estudar um dia na Inglaterra e meus colegas riram de mim, dizendo: "Ela é só uma sonhadora, não tem condições para isso." Mas os voluntários da JA não riram. Eles levaram a sério e disseram: "Isto é ótimo, Yesenia. Vá em frente!" Foi algo muito impactante.

Sei que a maioria dos jovens diz que a JA os ajudou a se tornarem bem-sucedidos empreendedores ou profissionais de negócios. Mas, para mim e meus colegas, o que a JA fez foi apresentar exemplos que poderíamos seguir e aos quais não tínhamos acesso em nossa vida cotidiana. Acho que também era a intenção dos voluntários fazer mais do que apenas nos ensinar o que estava no currículo da JA, ou seja: abrir as diversas possibilidades de futuro para nós. Assim, a principal coisa que levei comigo da JA foi ter esses exemplos a seguir e que mostraram novos caminhos para minha vida. Foi inspirador demais.

Minha carreira/Meus negócios

Após me formar no ensino médio fui para a Southern Methodist University em Dallas e me graduei como bacharel em finanças/contabilidade e em línguas estrangeiras – francês e espanhol. Depois disso, fiz faculdade de direito na mesma universidade e me graduei com louvor. Desde então tenho trabalhado para uma firma de advocacia de âmbito nacional, a Bowman and Brooks, e represento principalmente fabricantes de veículos como Toyota, General Motors e Honda em seus casos de responsabilidade pelo produto. Dois anos atrás tornei-me sócia, num papel empreendedor, suponho, já que somos os donos da firma. Estou feliz com minha carreira. Trabalho numa empresa maravilhosa e temos clientes incríveis.

Fui a primeira pessoa em minha família a ir para a faculdade. E, de fato, cheguei a ir para a Inglaterra. Fiz um curso de um ano na University College London e depois estudei na Universidade Oxford, quando estava na faculdade de direito. Portanto, meu sonho de infância se tornou mesmo realidade.

Meus conselhos aos jovens

- Tenha perseverança. Se você tiver um objetivo ou um sonho que quer ver realizados, não importa se é se tornar advogado, abrir um negócio ou ter uma família, haverá obstáculos e pessoas que vão questionar seu sonho. É muito importante manter-se fiel a seus objetivos e desejos e trabalhar duro para perseverar. Deu certo comigo, e eu incentivo os jovens a fazê-lo também.
- O segundo conselho é: retribua. Muitas vezes nossas vidas são modeladas por voluntários ou outros indivíduos que se aproximaram de nós e nos influenciaram ou encorajaram. Por exemplo, os voluntários que vinham para minha comunidade toda tarde de sexta-feira, postavam-se na frente de nossa sala de aula e fa-

lavam conosco fizeram toda a diferença do mundo para mim. É importante retribuir o que você recebe e venho tentando fazer isso. Sou voluntária na JA e trabalho num programa para jovens socialmente desfavorecidos. Ainda costumo retornar à minha comunidade e procuro ser um exemplo para os mais novos.
- Finalmente, eu diria às mulheres jovens que não existe essa coisa de carreira prioritariamente masculina e carreira prioritariamente feminina. Somos capazes de fazer o que quisermos, em qualquer profissão e qualquer carreira. Eu vejo isso no setor jurídico e você verá em toda parte.

RONNEY PORTELA
Fundador e diretor comercial do Shopping da Casa, ex-aluno da JA Brasil

Acho muito eficiente a metodologia de ensino adotada na JA, pois abre nossa mente e amplia nossas possibilidades, muitas vezes limitadas pelo meio em que vivemos.

Minha experiência na JA

Em 2005, selecionaram 20 alunos do segundo ano do ensino médio da escola em que eu estudava, em Brasília, para um programa da JA. Fui um dos escolhidos e não tinha noção da grandiosidade e do impacto que a instituição traria para minha vida. Já no primeiro encontro pude perceber que se tratava de uma ONG séria e muito bem organizada. Fomos apresentados ao Programa Miniempresa e decidimos montar um negócio de bombons caseiros. Ali pudemos aprender na prática sobre todas as áreas de uma empresa, desde produção, marketing e financeiro até vendas. Trabalhei no setor de produção, dando suporte à equipe da cozinha. A empresa se saiu muito bem: sempre conseguíamos vender tudo o que produzíamos.

Eu tinha 16 anos e algumas dúvidas sobre o que queria fazer da minha vida. Meus pais tiveram uma pequena empresa que foi à falência e a situação financeira da minha família era muito delicada. Talvez por conta disso, eu não me via como futuro empreendedor. Com a experiência na JA, porém, pude ampliar minha visão e entender que eu poderia criar oportunidades únicas para minha vida por meio do empreendedorismo. Acho muito eficiente a metodologia de ensino adotada na JA, pois abre nossa mente e amplia nossas possibilidades, muitas vezes limitadas pelo meio em que vivemos. Nossos mentores, em especial o Lurí Martins, nos auxiliavam muito e nos estimulavam a criar meios de resolver todas as barreiras que nos desafiavam, sempre dando as melhores dicas.

Acabei perdendo contato com a JA por mais de 13 anos até participar de um evento onde a empresária Janete Vaz, cofundadora do Laboratório Sabin, estava palestrando. Lembrei-me de que ela era uma das patrocinadoras da JA e em conversa com ela me reaproximei da instituição com grande sentimento de gratidão por todos os ensinamentos e pela experiência. Tenho certeza de que a JA tem influência até hoje na minha vida.

Minha carreira/Meus negócios
Depois do colégio, iniciei a graduação em administração de empresas pela Universidade Católica de Brasília. Comecei a trabalhar em 2008 como estagiário em uma empresa de telemarketing. De 2009 a 2011, quando me formei na faculdade, estagiei em um grupo de concessionárias de veículos. Em seguida, fui consultor de vendas de uma marca de veículos importados. Rapidamente recebi um convite para gerenciar uma equipe de vendas em uma conces-

sionária Chevrolet, onde durante um ano vivenciei os desafios da liderança e da gestão.

Em 2012, com minha família, abri o Shopping da Casa, uma loja de utilidades para o lar, decoração e brinquedos. Nosso diferencial é ter produtos de qualidade e oferecer o melhor atendimento da cidade, buscando proporcionar boas experiências para nossos clientes. Esperamos abrir mais lojas Shopping da Casa e iniciar um trabalho on-line mais forte, fazendo nossos produtos chegarem ao maior numero de pessoas possível em qualquer parte do país.

Estou concluindo um MBA em gestão de negócios pelo IBMEC em Brasília e participo de um conselho de empresários local chamado Soma Business. Espero deixar um legado relacionado a desenvolvimento de pessoas. Acredito que a maior riqueza que podemos construir é ajudar alguém a ter uma vida melhor e sei do poder transformador do trabalho. As pessoas podem ser melhores trabalhando e almejando conquistas.

Hoje contamos com 102 colaboradores, sendo 10 estagiários menores de idade, e penso que, assim como a JA foi uma luz na minha vida, eu também posso contribuir para a vida desses jovens, plantando essa semente da vontade de vencer e conquistar. Sou muito grato à JA por ter me dado a oportunidade de sonhar grande e realizar. Foi um grande incentivo e hoje sou fruto dessa linda iniciativa.

Meus conselhos aos jovens

- Não tenha medo de errar e também não tenha medo de continuar após várias tentativas, pois com certeza seu propósito vai falar mais alto e você vai conseguir seu objetivo, desde que trabalhe duro para isso.
- Se você quer ter seu negócio próprio, estude sobre o que deseja fazer. Meu conselho é fazer algo de que goste e, se dominar o assunto, melhor ainda. Agora, se ainda precisa desenvolver algum conhecimento ou habilidade, não tenha dúvida de que a prática vai ajudá-lo a ser melhor a cada dia.

- Comece pequeno, mas comece. Nossa geração quer tudo para ontem, mas pouca gente encara passar por todas as etapas de um negócio. Temos muitos jovens com muita capacidade e intensidade para começar um negócio de sucesso, mas que postergam o início por quererem começar só quando tiverem tudo perfeito ou tudo ajustado. Os ajustes e aperfeiçoamentos acontecem no dia dia. Então vá lá e comece!
- Aprendi com meus pais que sonhar grande e sonhar pequeno dá o mesmo trabalho. E acrescento a essa fala algo que a vida me ensinou: um sonho sem ação sempre será apenas um sonho.

BOB COUGHLIN
Fundador e CEO da Paycor, ex-aluno da JA Estados Unidos

Hoje em dia as pessoas me perguntam: "Como foi que você começou sua empresa?" Eu sempre lhes digo que isso me leva ao início da miniempresa da JA, na década de 1970.

Minha experiência na JA

Entrei na JA no primeiro ano do ensino médio, em 1975. Na escola eu não me destacava particularmente em nada, mas um dia alguém veio à sala de aula e começou a falar em abrir uma miniempresa após o horário escolar. Não sei dizer o que exatamente me atraiu, mas eu me juntei ao grupo de calouros e seniores, todos misturados, de várias escolas. Nossos mentores eram profissionais de negócios. Vendemos ações da companhia no valor de 1 dólar cada uma. Precisamos elaborar um produto, ter controle de qualidade e vender o que produzimos. Tínhamos que manter registros e calcular nossos custos. E, se restasse algum lucro, nós o distribuíamos entre os investidores. Fomos patrocinados pela Formica Corporation, e nossos produtos eram vasos de acrílico. Eu era o gerente do controle de qualidade, e gostei demais da experiência no primeiro ano, por isso continuei nos dois anos seguintes. Também fui à convenção nacional da JA. Estive em contato com muitas coisas, muitas pessoas, muito know-how sobre como funciona um negócio. Realmente me diverti e desenvolvi a partir dessa experiência uma grande dose de confiança. A JA sem dúvida plantou em mim a semente empreendedora.

Minha carreira/Meus negócios
Hoje em dia as pessoas me perguntam: "Como foi que você começou sua empresa?" Eu sempre lhes digo que isso me leva ao início da miniempresa da JA, na década de 1970. Vendi ações a amigos e a familiares na hora de abrir minha empresa, criei um serviço do qual o mercado tinha necessidade e investi muito suor, sabendo que tínhamos que gerar receita o bastante para cobrir as despesas e dar aos acionistas um bom retorno. Então senti que já tinha passado por isso antes quando jovem, com a JA. Isso certamente me deu confiança para seguir em frente e dizer: "Está bem, isto não é um bicho de sete cabeças, posso dar conta..."

Realmente não creio que tivesse começado a Paycor se não tivesse estado no programa da JA. Digo isso às pessoas o tempo todo – e foi por isso que fizemos do *desenvolvimento de jovens* a missão de nossa empresa. Estamos muito envolvidos na comunidade, não só com a JA, mas de muitas outras maneiras, adotando turmas nas escolas, participando de atividades comunitárias e de fato ajudando a garotada. Os mentores que tive na JA eram profissionais de negócios disponibilizando voluntariamente seu tempo, e eles me deram algo que me permitiu depois começar meu próprio negócio, assim quero retribuir e ajudar hoje os jovens da mesma maneira.

Minha empresa e eu estamos muito envolvidos com a JA aqui em Cincinnati. Fornecemos muitos mentores, damos suporte a seus programas e eu, bem como meu ex-diretor financeiro, que estava no mesmo programa comigo tantos anos atrás, somos os maiores patrocinadores individuais da JA local.

É difícil pôr os 27 anos da Paycor em um parágrafo, mas nosso negócio, essencialmente, ajuda a aliviar a carga de nossos clientes ao cuidar da automação na administração de seu capital humano – que se costumava chamar de serviços de RH –, cobrindo tudo desde o recrutamento de funcionários, seu pagamento, o gerenciamento dos benefícios e o que está no meio de tudo isso, de modo que o cliente possa se concentrar em seu verdadeiro negócio. Como você sabe, nossa vantagem competitiva fundamental seria prover a nossos clientes o mais alto nível de serviços do setor – e isso ainda é válido, mas creio hoje que nosso "ingrediente secreto" é que fornecemos uma tecnologia de software de capital humano melhor e com uma qualidade de serviço pessoal mais elevada que a dos nossos concorrentes. Hoje, a Paycor é uma companhia de tecnologia para capital humano com a missão de alto nível de prover um grande serviço ao cliente.

Meus conselhos aos jovens
- Considere seu primeiro emprego, e depois cada emprego que tiver, como seu emprego mais importante. Todo emprego é um bloco de construção na aquisição de experiência, no desenvolvimento de bons hábitos e no estabelecimento de credibilidade. Toda a sua carreira será constituída a partir de uma série desses blocos de construção.
- Arregace as mangas e se envolva. Não faça apenas o mínimo necessário. Busque oportunidades para ser voluntário. Aproveite o máximo de treinamento que puder. Faça o possível para se aprimorar.
- Conheça a si mesmo. Não tente ser o que não é. Compreenda quais são suas forças, use-as e cerque-se de pessoas capazes de ajudá-lo a superar suas fraquezas.

- Se quer realmente ser um empreendedor, não imponha limites a seus esforços. Não é um emprego das nove às cinco, de cinco dias por semana. Todas as horas do dia não serão suficientes para fazer o que precisa ser feito – e você não pode simplesmente contratar mais pessoas ou terceirizar o trabalho quando está começando.
- E, por fim, quando se começa um negócio, tudo gira em torno de sua credibilidade pessoal junto aos investidores que atrair, aos funcionários que contratar, aos clientes para os quais vai vender. Todos olharão em seus olhos e dirão: por que devo acreditar em você?

GEORGI KADREV
Fundador e CEO da IMAGGA,
ex-aluno da JA Bulgária

Acho que as pessoas precisam ter objetivos na vida que sejam enormes e ambiciosos, porque então empreenderão esforços igualmente enormes e ambiciosos para realizá-los.

Minha experiência na JA
Desde os 16 anos, estive sempre trabalhando em algum tipo de projeto de software. Trabalhei com meu professor de matemática do ensino médio em alguns projetos de reconhecimento de imagem, análise de imagem e coisas assim. Entrei em algumas competições nacionais e ganhei prêmios por projetos escolares para computador. Um de meus projetos foi sobre metamorfoses de imagens digitais. Você sabe, como no videoclipe de Michael Jackson da música "Black

and White", em que rostos vão se transformando uns em outros, metamorfoseando-se de uma imagem para outra. Assim, esse tipo de tecnologia me deu um suporte técnico muito forte. Eu estava sempre criando softwares e tentando comercializar a tecnologia. Mas ainda era jovem, ingênuo e inexperiente.

Terminei minha graduação como bacharel em ciência da computação e esperava começar uma pós. Tive sorte porque naquele ano teria início um programa de mestrado em tecnologia e empreendedorismo. Era uma colaboração entre a Intel Education e a Universidade da Califórnia (Berkeley) nos Estados Unidos e um professor aqui na Universidade da Bulgária, em Sofia. Uma das disciplinas era na verdade um programa da JA em nível universitário. Foi quando tive a oportunidade de conhecer Milena Stoycheva, chefe da JA Bulgária, e fiquei muito inspirado. Isso foi em 2007.

Inscrevi-me no programa. Formamos uma equipe para participar da competição de estudantes na universidade. Ainda éramos muito jovens e na Bulgária não era comum as pessoas abrirem um negócio. Se 10 anos atrás você dissesse que era um empreendedor na Bulgária, diriam algo como: "Ah, ele deve estar construindo um prédio em algum lugar ou trabalhando no ramo imobiliário." Essa era nossa ideia de empreendedor na época. Mas eu estava muito empolgado e fiz muitos novos amigos a partir da experiência na JA. Formamos a miniempresa com uma ideia nova e diferente: modificar o aspecto dos telefones, colando um adesivo com uma imagem customizada. Poderia ser uma foto sua com seu marido ou sua esposa, ou do seu cachorro, ou uma imagem do seu filme ou desenho favoritos, enfim, qualquer imagem que quisesse para cobrir a parte de trás do aparelho. O nome era Sticker Art.

A experiência na JA me proporcionou muitas oportunidades. Uma delas foi desenvolver minhas habilidades interpessoais: ser capaz de me comunicar melhor, defender minhas ideias e ouvir as ideias dos outros. Mesmo tendo obtido sucesso com nossa miniempresa da JA, tivemos alguns reveses e algumas expectativas frustradas – e creio que desenvolvemos o tipo de resiliência que é fundamental para empreendedores. Finalmente, mas não menos importante, a experiência nos levou a ter a oportunidade de retribuir à comunidade de certa maneira. Por termos tido sucesso em nível local e ficado em segundo lugar na competição nacional na Bulgária, fomos convidados para ser mentores de outros estudantes. A JA pediu que voltássemos para a escola e orientássemos os mais jovens, e daí aprendi a ter certo nível de responsabilidade,

Assim, o programa da JA foi muito importante para mim. Hoje, quando todos nós, da equipe, nos lembramos de nossa miniempresa, falamos muito positivamente sobre isso. Não estou dizendo isso da boca para fora. A JA de fato desperta sua vontade de empreender e provê um ambiente seguro e ao mesmo tempo competitivo e ambicioso para se começar.

Minha carreira/Meus negócios

Como mencionei antes, durante toda a minha vida eu me interessei por programação de computadores. E, por 16 anos, de um jeito ou de outro estive envolvido no campo de reconhecimento de imagem. Mesmo quando começamos nossa miniempresa da JA eu já trabalhava com as ideias sobre reconhecimento de imagem que estou usando em meu negócio hoje em dia. A IMAGGA consolida diferentes tipos de serviços de reconhecimento de imagem. Não criei outras companhias em outras áreas. Isso é tudo para mim. É a minha vida.

Originalmente minha empresa começou como um mecanismo de busca visual para bancos de fotografias e de imagens. Construímos uma tecnologia na qual você fornece uma imagem e com base nela pode buscar quaisquer outras imagens semelhantes. Isso foi antes de Google e Microsoft estarem nesse negócio. O usuário típico pode ser qualquer pessoa, ou qualquer companhia, que precisa encontrar a imagem certa para oferecer instantaneamente uma referência visual – por exemplo, uma agência de publicidade, uma agência de notícias ou, é claro, indivíduos. Em 2013 introduzimos um modelo avançado de nossa tecnologia, e Google e Microsoft mais uma vez nos seguiram, dois anos depois. Não é muito modesto, mas posso afirmar que fomos visionários ao expandir o número de imagens que podem ser pesquisadas e sabemos que essa tendência está em alta, especialmente com smartphones. Pessoas e organizações vão tirar cada vez mais fotografias. O problema com elas é que é muito mais fácil tirá-las do que catalogá-las ou explicá-las. Mas somos capazes de otimizar muito esse processo e torná-lo funcional para novas organizações, publicitários, pesquisadores e indivíduos.

Atualmente temos mais de 200 clientes em todo o mundo, espalhados em 35 países. Estamos presentes na Europa, na Ásia e nos Estados Unidos. Nossos grandes concorrentes são Google, Microsoft e IBM Watson. Posso dizer com orgulho que, quando competimos com eles por clientes comerciais, em geral ganhamos o contrato. No ano passado fomos selecionados como uma das três companhias mais inovadoras nesse setor em âmbito mundial. As outras duas ficam em São Francisco e em Nova York. Veja bem, estamos aqui em Sofia, na Bulgária, onde só tivemos meio milhão de dólares de financiamento externo e o resto levantamos nós mesmos – ao passo que as outras duas empresas americanas tiveram financiamento de dezenas de milhões de dólares. Assim, temos muito orgulho do que alcançamos.

Meu conselho aos jovens

- Tenho apenas um conselho, que sempre compartilho com os jovens: quanto maior sua ambição, mais probabilidade você terá de realizá-la. Acho que as pessoas precisam ter objetivos na vida que sejam enormes e ambiciosos, porque então empreenderão esforços igualmente enormes e ambiciosos para realizá-los.

DAVID MELTZER
Cofundador e CEO da Sports 1 Marketing,
ex-aluno da JA Estados Unidos

> Estamos colecionando honrarias e vivendo segundo nosso lema de criar abundância – ganhando bastante dinheiro, ajudando muita gente e nos divertindo à beça.

Minha experiência na JA

Fui criado por mãe solteira, com mais cinco irmãos. Quando jovem, eu tinha um grande objetivo. Cresci numa casa muito feliz, mas queria ser rico, porque as únicas vezes em que havia tristeza e decepção em minha casa era quando minha mãe não tinha condições de consertar a lavadora, ou de me mandar para uma colônia de férias, ou quando um de meus irmãos precisava de algo caro. Para mim, ganhar dinheiro e ser rico era equivalente à felicidade. Portanto, a oportunidade de ser um jovem empreendedor e de compreender como gerar riqueza, por meio do programa da JA, pareceu-me muito atraente. Fui para um acampamento em San Diego e participei com outros garotos do programa da JA, tive contato com os mentores e tudo isso me inspirou muito.

Venho de uma família judaica conservadora e meus irmãos foram todos para faculdades de elite. Fomos estimulados a ser médicos, rabinos e advogados – profissões que ofereciam uma renda muito estável. Minha mãe, por exemplo, era professora. Mas na JA eu me senti bem ao vislumbrar algo bem grande para mim, que não seria limitado a um emprego que me pagasse pela hora de trabalho. Lembro-me de minha mãe me dizendo: "Ah, você poderia ganhar 500 dólares por hora como advogado." E eu pensando comigo mesmo: *eu valho mais do que isso! Quero ganhar 5 milhões, e não 500.*

Então, por que me limitar? Para mim, essas ideias não foram apenas ratificadas pelo programa da JA, mas encorajadas.

A JA me capacitou a acreditar que poderia fazer o que quisesse, porém, ainda mais importante, que isso poderia ter um propósito social. Assim, ainda muito jovem aprendi a mudar o paradigma. Eles me desafiaram a não somente criar riqueza, como também analisar o que precisava mudar para o bem social. Eu queria imaginar como poderia ganhar dinheiro nos negócios e também como provocar mudanças na sociedade. Foi essa a inspiração que tive a partir do programa da JA quando jovem. Mais tarde, até escrevi um livro que foi um best-seller, *Compassionate Capitalism* (Capitalismo de compaixão), sobre esse tema.

Minha carreira/Meus negócios

Como disse, cresci querendo ser rico. Pensei que só havia duas opções: ser jogador profissional de futebol americano ou advogado. Mas eu também tinha esse enorme espírito empreendedor dentro de mim. Bem, fui para faculdade e joguei futebol americano, mas logo me dei conta de que não seria um jogador profissional. Assim, tratei de ser advogado e descobri que tinha novamente duas opções. Fui para a faculdade de direito da Universidade Tulane, que era conhecida por sua especialização em petróleo e gás. Havia também oportunidades na área jurídica numa coisa nova chamada internet. Fui buscar o conselho de minha mãe e lhe perguntei se deveria ser um advogado de verdade, um litigante na área de petróleo e gás, ou se deveria aceitar um emprego vendendo pesquisa jurídica on-line na internet. Minha mãe respondeu: "Seja um advogado de verdade, porque essa coisa de internet é moda passageira." Pela primeira vez na vida eu me dei conta de que só porque alguém ama você não quer dizer que sempre vai lhe dar um bom conselho. Seja como for, senti que a internet ia ser mais do que uma tendência passageira e fui trabalhar com a editora jurídica Westlaw. Bem, em nove meses fiquei milionário, pois a Westlaw foi adquirida pela Thomson Reuters por 3,5 bilhões de dólares em 1995! Com isso pude negociar um cargo executivo na Everypath, uma startup de servidores proxy wireless, no Vale do Silício. Daí acabei sendo o CEO do PC-E Phone, que foi o primeiro smartphone do mundo. E aos 32 anos eu me tornara multimilionário.

Eu costumava dizer às pessoas que ia me aposentar aos 32, mas a verdade é que nosso negócio na Samsung ficou tão grande que eu estava "à frente de mim mesmo", e eles me obrigaram a sair em troca de muito dinheiro, o que aceitei de bom grado. Tornei-me então um verdadeiro empreendedor: um investidor-anjo e consultor/conselheiro com múltiplos interesses. Porém, infelizmente, transgredi uma regra de ouro que tinha aprendido muito cedo na JA: a ideia de que você deve se cercar das pessoas certas e das ideias certas. E lá estava eu, um jovem muito poderoso que realizara seu sonho, vindo do nada para chegar a tudo que tinha desejado, mas pela primeira vez não estava feliz – porque eu tinha me cercado das pessoas erradas e das ideias erradas. É uma longa história, mas basta dizer que consegui perder tudo. Tudo, exceto meus valores, minha esposa e minhas três lindas filhas.

Nesse ponto, decidi reconstruir minha carreira e minha vida. Conheci Leigh Steinberg, fundador da mais famosa agência esportiva no mundo, a firma na qual se baseou o filme com Tom Cruise, *Jerry Maguire*. Tornei-me o CEO da Steinberg Sports & Entertainment, na qual eu e Warren Moon, o quarterback do Hall da Fama, éramos sócios de Leigh. Para reconstruir minha carreira, comecei me cercando das pessoas mais excepcionais do planeta. Warren e eu montamos sete anos atrás um negócio de marketing esportivo que deu muito certo. Estamos trabalhando com os maiores eventos de esporte e entretenimento no mundo, como Super Bowl, Pro Football Hall of Fame, Torneio de Masters do Golfe, Kentucky Derby, ESPY, Emmy, Oscar, Grammy, Festival de Cinema de Cannes, na França, e Festival de Filmes de Tribeca, em Nova York. Estamos colecionando honrarias e vivendo segundo nosso lema de criar abundância – ganhando bastante dinheiro, ajudando muita gente e nos divertindo à beça.

Meus conselhos aos jovens

- Primeiro, descubra o que o deixa feliz. Depois, curta a busca por seu potencial em sua carreira ou seu negócio. Desligue-se do resultado e aproveite realmente a busca por seu potencial.
- Compreenda que ser um empreendedor é acreditar em si mesmo e se cercar das pessoas certas e das ideias certas. Um verdadeiro empreendedor é alguém que cria mais valor do que recebe. Porém, com todas essas diferentes lições, você também tem que entender que seu objetivo como empreendedor é permanecer no negócio. Se vou mesmo curtir a busca por meu potencial, preciso permanecer no negócio.
- Por fim, há quatro coisas que você deve considerar em sua carreira, não importa se quer ou não ser um empreendedor. A primeira são seus valores pessoais – como família, saúde, caráter, integridade. A segunda são valores advindos de experiência – as que tive que se alinham com minha busca pela felicidade. A terceira coisa são seus valores altruístas. Como ajudar os outros durante minha carreira? Que legado deixarei? E por fim, considere seus valores financeiros. Que caminho devo seguir na carreira considerando meus valores quanto a recompensas financeiras? Quando você tiver bem claros esses quatro valores e se concentrar neles, isso lhe dará a confiança de saber que está seguindo a carreira certa.

CAPÍTULO 11
VERSATILIDADE
Observar situações e lidar de forma competente com dificuldades

ENTREVISTAS COM EX-ALUNOS DA JA

CAMILLA LJUNGGREN
Fundadora da Pluring,
ex-aluna da JA Suécia

> Continuei a tocar a miniempresa depois que o programa da JA terminou porque não consegui dizer não a meus clientes, que continuaram ligando para dizer que queriam encomendar mais unidades do produto.

Minha experiência na JA

Entrei no programa da JA com 16 anos e logo me dei conta de que seria mais divertido se eu tivesse minha própria ideia do produto que iria vender. Fiquei pensando em coisas que poderia produzir e percebi que não seria fácil. Um dia, estava na cozinha bebendo água e vi o pano de lavar louça sujo, pendurado na torneira. Imediatamente questionei: por que estamos pendurando panos sujos na torneira? Depois disso, meus priminhos foram nos visitar em nossa casa de praia e não conseguiam alcançar a toalha pendurada no banheiro. Puxaram com tanta força que o gancho quebrou. Comecei então a pensar por que penduramos panos de lavar louça sujos na torneira e por que penduramos toalhas em ganchos muito longe do alcance de crianças – e a partir dessas perguntas cheguei a uma ideia de produto para minha miniempresa da JA.

Projetei tipos completamente novos de penduradores para pano de lavar louça e toalhas, no qual se enfia o pano ou a toalha numa argola e pode-se fixar a argola em qualquer parede. Um fabricante nos ajudou a fazer o protótipo, e assim começamos. Foi muito divertido vender o produto, conhecer os clientes e ouvir seu feedback. Não era o tipo de feedback que se tem nas escolas. O professor lhe dá uma nota num papel, mas os clientes estavam me dizendo como o novo penduradoor era inteligente e útil. Achei isso incrível. Eu me diverti tanto na JA que decidi fazer o programa de novo. No segundo ano meu negócio foi a importação de sandálias de couro feitas por um grupo de jovens no Quênia. E eu tinha um novo objetivo: participar do campeonato europeu da JA, que seria em Paris. Vencemos a competição na Suécia e conseguimos ir para Paris, onde tiramos o segundo lugar.

Este ano completo 34 anos, e já estou nos negócios há 16 anos. Estes não eram os meus planos, já que eu pretendia ser advogada. Mas a JA realmente mudou minha cabeça. Aprendi como é divertido ter um negócio próprio.

Minha carreira/Meus negócios

Continuei a tocar a miniempresa depois que o programa da JA terminou porque não consegui dizer não a meus clientes, que continuaram ligando para dizer que queriam encomendar mais unidades do produto. Então decidi que tinha que seguir e abri minha própria empresa. Resolvi também que tudo que ganhasse seria reinvestido no negócio, para que ele crescesse organicamente. Quando comecei a miniempresa da JA, eu tinha posto nela 10 coroas suecas, cerca de um dólar, e desde então nunca tive que pôr mais dinheiro.

Logo começamos a fabricar os penduradores nós mesmos, utilizando sobretudo robôs, portanto temos uma fábrica muito enxuta. Decidimos também entrar em grandes lojas de varejo com o produto, que tem a marca Pluring. A primeira loja em Estocolmo que aceitou o produto foi uma bem grande localizada no centro da cidade. As vendas foram ótimas. Estamos em sua lista de 10 produtos mais vendidos já faz 15 anos. Claro que temos muitos outros varejistas vendendo o produto, que ficou muito conhecido na Suécia e nos países escandinavos. Também exportamos para o mundo inteiro. Quero continuar a crescer dessa maneira: fabricando nós mesmos o produto na Suécia e despachando para o mundo.

Tive ofertas de grandes corporações querendo adquirir a empresa, mas decidi não vendê-la, porque nunca foi uma questão de dinheiro. Estou no negócio porque gosto, acho divertido e conheço pessoas interessantes.

Meus conselhos aos jovens

- Seja lá o que optar por fazer, você tem que saber que vai demorar. Contar como construí nossa fábrica leva 10 minutos e parece ter sido muito fácil. Mas não é fácil. Leva tempo. No meu caso, foram 16 a 17 anos.
- Quero dizer também que é importante se cercar de profissionais excepcionais. Tenho uma rede formada por cerca de 400 líderes de ponta no mundo aos quais posso pedir conselhos, em diferentes áreas. Acho essencial trabalhar com outras pessoas, aprender com a experiência delas e ouvir seus conselhos.
- O último conselho é que você se divirta com aquilo que faz. A coisa mais importante na vida é se divertir e ser feliz.

DANIEL ANTWI
Fundador da People Initiative Foundation,
ex-aluno da JA Gana

> Paixão, tempo e aptidões, não dinheiro, são seus principais ativos nos estágios iniciais de seu empreendimento.

Minha experiência na JA

A melhor decisão que tomei na vida foi entrar para o Clube JA, no ensino médio, no Colégio St. Augustine, em 2003. Eu já tinha cursado uma disciplina optativa de administração no ensino médio e tinha uma mente inquisitiva em questões relacionadas a negócios. Ao saber que havia no campus um clube de negócios que realizava programas de empreendedorismo, fiquei interessado e rapidamente juntei-me a ele. Outro fator que me convenceu foi que o patrono do clube era também meu professor de administração. O Clube JA parecia o lugar certo para mim.

Em 2004 fui eleito executivo de marketing do Clube JA. Quando começamos, não tínhamos dinheiro, então tivemos que pensar em maneiras de levantar capital. Trabalhando em equipe, imaginamos algo que, penso eu, nunca tinha sido feito em nenhum clube de ensino médio na África. Saímos pela escola oferecendo ações para os estudantes comprarem com seu dinheiro do lanche.

Precisávamos levantar o capital para produzir bandeiras e faixas da escola e outras parafernálias que a maioria dos estudantes gosta de usar durante as competições esportivas. Na região central de Gana, onde nossa escola estava situada, os jogos eram muito disputados e havia forte rivalidade entre as várias escolas. Nossa estratégia, que eu conduzi como executivo de marketing, era ir às salas de aula e falar sobre nossa próxima oferta de ações e sobre o que os estudantes iriam ganhar como acionistas. Também fomos aos refeitórios e fizemos anúncios, e afixamos folhetos nos quadros de aviso. Nossas ações tiveram uma supervalorização e levantamos muito dinheiro. Usamos imediatamente metade dele para comprar ações da Companhia de Petróleo de Gana, como reserva, e empregamos o resto para produzir nossa parafernália esportiva, que tinha grande demanda. Obtivemos uma grande receita, com boas margens de lucro.

Hoje, sou um empreendedor social, e olhando para trás posso dizer que ter entrado no Clube da JA no ensino médio foi meu passo mágico. Minha aptidão para falar em público, minha perspicácia para negócios, meu talento para o marketing e para me relacionar com as pessoas foram estimulados em reação à minha associação com a JA.

Minha carreira/Meus negócios

Desenvolvi uma paixão pelo empreendedorismo, que na fase inicial foi resultado do meu ingresso no Clube da JA no ensino médio. No entanto, o início de minha carreira profissional, que se estendeu por sete anos, foi passado em duas grandes companhias: a Hewlett-Packard e a Guinness Ghana Breweries, onde aprendi muito sobre liderança e gerenciamento. Após a experiência nessas corporações, meu sócio e eu estabelecemos a People Initiative Foundation, uma fundação que cria programas para promover diversidade cultural enquanto estimula e orienta a visão, os talentos e as ideias de jovens que estejam realizando mudanças positivas na África. As iniciativas de nossa fundação incluem TEDxAccra, Africa Internship Academy e Africa Dialogues. Temos também um Consultoria para Impacto Social, que tem feito um trabalho extensivo para organizações como Reach for Change Africa e Smart Africa.

Meus conselhos aos jovens

- Comecei cedo como jovem empreendedor e cometi muitos erros. Eles se revelaram como bênçãos disfarçadas em minha jornada. Assim, aqui estão 10 pepitas garimpadas de minha própria

experiência, que quero compartilhar com futuros empreendedores sociais.
- Tenha uma ideia com algum impacto social – que atenda a uma questão social.
- Conheça os Objetivos de Desenvolvimento Sustentável da ONU para resolver as questões urgentes do mundo e alinhe sua inovação social com qualquer um deles, a fim de contribuir para a mudança global.
- Comece pequeno, com seus recursos atuais, mas tenha em mente uma visão panorâmica.
- Concentre-se em seu objetivo e permaneça no caminho escolhido para causar impacto.
- Conecte-se com outros geradores de impacto e laboratórios de inovação para adquirir novos conhecimentos e novas ideias.
- Experimente e trabalhe com todas as inovações sociais com que deparar em seu caminho.
- O voluntariado pode ser o divisor de águas no ecossistema de criar impacto social.
- Paixão, tempo e aptidões, não dinheiro, são seus principais ativos nos estágios iniciais de seu empreendimento.
- A viabilidade financeira, nos primeiros passos de sua jornada, pode não estar claramente definida.
- Acredite em *si mesmo* e descubra seus *pontos fortes*.

BORIS KOLEV
Cofundador da DigiMark,
ex-aluno da JA Bulgária

> Éramos uma das nações mais pobres na competição de 2005, por isso foi muito motivador ganhar de grandes países como Alemanha, França e Reino Unido. Tivemos um sentimento muito patriótico.

Minha experiência na JA

Fui apresentado pela primeira vez ao programa da JA quando tinha apenas 12 anos. Creio que estava no sétimo ano. Tínhamos três opções de atividades extracurriculares e uma delas era a Miniempresa. Alguns colegas de turma e eu nos inscrevemos. No primeiro dia o professor disse que os alunos iam montar um negócio. Perguntamos se íamos ganhar dinheiro e, diante da resposta afirmativa, ficamos ainda mais interessados. Ele nos deu livros da JA e começamos o programa. Desenvolvemos nossa miniempresa e fomos para a competição nacional. Éramos a equipe mais jovem. Naquele ano não ganhamos nenhum prêmio, mas ficamos muito motivados. No segundo ano, não ganhamos o prêmio de melhor miniempresa, mas ganhamos quatro outros, entre eles o de Melhor Plano de Marketing. No terceiro ano, estávamos novamente no programa, com um produto muito interessante. Produzíamos cartões de visita feitos de CDs. Ganhamos a competição nacional da Bulgária e fomos para competição internacional, em Bruxelas. Lá, competindo com toda a Europa, ficamos em terceiro lugar. Foi um dos momentos mais empolgantes da minha vida. Éramos uma das nações mais pobres na competição de 2005, por isso foi muito motivador ganhar de grandes países como Alemanha, França e Reino Unido. Tivemos um sentimento muito patriótico.

Individualmente, venci outra competição da JA, em 2006. Foi um concurso de ensaios, e eles me enviaram para os Estados Unidos, para a Conferência de Liderança Júnior, na Flórida, com mais de 500 jovens da JA de todo o mundo, e foi muito legal. Eu tinha 17 anos e me apaixonei pelos Estados Unidos. Assim, quando voltei, tive aulas de inglês, fiz os exames SAT (Scholastic Aptitude Test, teste de aptidão escolar) e todos os exames necessários para estudar no Estados Unidos. Fui aceito em algumas boas escolas, mas alguns meses antes de ir houve um acidente e perdi meu pai. Foi algumas semanas antes de eu completar 18 anos, e meus planos foram todos desfeitos. Fiquei com minha mãe e minha irmãzinha, que tinha 8 anos, e tive que arranjar um emprego muito rapidamente para ajudar minha família.

Eu estava com 18 anos, não tinha diploma universitário, e era difícil achar um bom emprego. A primeira pessoa a me estender a mão foi Milena Stoycheva, a CEO da JA Bulgária. Ela pediu que eu cuidasse dos computadores no escritório da JA. Assim, meu primeiro emprego foi efetivamente no escritório da JA em Sofia. Ela não podia me pagar um grande salário, mas foi o bastante para eu poder ajudar minha família. E depois Sacha, que era do conselho diretor da JA Bulgária e CEO da Hewlett-Packard, ligou para mim e disse que havia um estágio disponível na HP. Ela era uma pessoa muito importante na Bulgária e disse: "Sou Sacha, da HP, sei o que aconteceu com sua família e quero ajudar. Temos uma vaga de estágio na HP que pode ser sua." Assim, entrei como estagiário na HP, o que fez toda a diferença. A JA Bulgária e a HP Bulgária me ajudaram muito.

Minha carreira/Meus negócios

Eu disse a meus colegas: estamos fazendo o Programa Miniempresa da JA há muitos anos, então por que não continuá-lo como uma empresa de verdade? Eu só tinha 18 anos. Começamos fazendo apenas mais websites, mas logo me dei conta de que o mercado precisava de algo mais inovador, então buscamos outras tecnologias e serviços nos quais ingressar. Procurei em toda a Europa e descobri o marketing de bluetooth, o que levou à criação de nossa segunda companhia, BlueMark.

Agora já faz 10 anos que estamos no negócio, trabalhando sob o nome de grupo DigiMark. Também temos investimentos em outras companhias de tecnologia. Passo muito tempo tentando encontrar novas empresas para ajudar. Nosso CEO é meu sócio original e ele gerencia todas as equipes, e assim posso viajar para o exterior a fim de encontrar novos negócios. Hoje a DigiMark tem 30 funcionários e abrimos escritórios em Portugal e nos Estados Unidos.

Por fim, estou no clube de ex-alunos da JA na Europa. Continuo muito envolvido com a JA na Bulgária e no resto da Europa porque devo muito à instituição e ela nos provê uma valiosa rede de contatos. Por exemplo, temos atualmente três bons clientes do clube de ex-alunos. Os ex-alunos são jovens, mas todos estão em boas posições, seja em empresas, no governo ou na política. Trabalhamos todos juntos porque nos conhecemos e confiamos uns nos outros. A JA nos oferece um networking realmente incrível.

Meus conselhos aos jovens

- Estabeleça metas muito grandes, e mesmo que não as alcance você chegará longe. É muito motivador saber que, se trabalhar duro, o sucesso virá.
- É da minha experiência que ofereço este conselho final aos jovens de todos os lugares: entre na JA como estudante ou mesmo como mentor. Acredite em mim: será uma das mais importantes e gratificantes atividades que você vai exercer na vida.

ALEX KYALO
Fundador da Tapifare Kenya,
ex-aluno da JA Quênia

> Como empreendedor, esteja preparado para resolver um problema real, criar um produto global e percorrer a estrada correndo e sem olhar para trás.

Minha experiência na JA

Dez anos atrás, quando entrei no Programa Miniempresa da JA, tinha pouca ideia do impacto que isso teria em minha vida. Minha experiência no programa foi o verdadeiro início da minha carreira. A JA foi meu primeiro "professor" no sentido de mostrar o que é o mercado global.

Começamos estabelecendo a estrutura da empresa e a divisão de responsabilidades, e me lembro com orgulho de ter sido o secretário corporativo e vice-presidente de recursos humanos. Foi estimulante ter um cargo tão importante em meu primeiro envolvimento com uma companhia. Em seguida, veio o desenvolvimento do produto, incluindo embalagem, marca e venda de nossos produtos, cujo carro-chefe era o mel de nossas colmeias. O ciclo de 19 meses de vida da miniempresa foi divertido, mas incluiu também lições de negócio muito importantes que ainda são relevantes em minhas operações cotidianas hoje em dia.

Minha carreira/Meus negócios

Minha carreira seguiu um caminho não convencional graças à minha experiência na JA. Tendo feito uma graduação técnica na universidade, nunca esperei começar como assessor executivo do diretor administrativo da maior concessionária de automóveis do Quênia. No entanto, como trampolim para uma carreira, nada poderia ter sido melhor para um rapaz de 22 anos. Essa experiência por lá me levou diretamente a fundar a Tapifare Kenya em 2014. Minha nova companhia tem a concessão para desenvolver uma rede de distribuição que abrange Quênia, Tanzânia, Etiópia, Burundi e Ruanda para a Ctrack-Inseego, que presta serviços de gerenciamento de frotas e de rastreamento de transporte.

Optei por criar um negócio do tipo startup, mas com o suporte de um líder mundial naquele setor. Criar uma empresa do zero e torná-la lucrativa em 12 meses era uma tarefa quase impossível. Mas com seis meses eu já tinha uma equipe ativa e técnicos bem treinados, um veículo que levava demonstrações para clientes potenciais e um departamento de pesquisa capaz de identificar clientes promissores para nossos produtos. Avançando rapidamente até 2017, a Tapifare Kenya está totalmente operacional e é um negócio lucrativo. Foi uma aposta empreendedora que realmente deu resultado!

Meus conselhos aos jovens
- Ser jovem nesse momento na África pode ser a maior dádiva que você terá. Cerca de metade das 10 economias de crescimento mais rápido do mundo está na África, tornando-a um terreno fértil para empreendedores incipientes.
- Não tenha medo de falhar, e quando falhar, simplesmente falhe melhor da próxima vez. Os jovens devem entender que o empreendedorismo com frequência vem com muitos tropeços pelo caminho. Trata-se de como aprender a fazer melhor na próxima vez, sem desistir.
- Realize aquele esforço extra sem perder o foco. Os mais jovens têm que buscar o "algo a mais" se quiserem ser bem-sucedidos. Você não pode ser mediano em suas tomadas de decisão, ou na intensidade de seu foco, e ainda esperar colher o máximo de benefícios de seus empreendimentos.
- Como empreendedor, esteja preparado para resolver um pro-

blema real, criar um produto global e percorrer a estrada correndo e sem olhar para trás. Aceite conselhos de especialistas e mentores em sua área, não tenha medo de críticas e não aceite visões convencionais.
- O mais importante: seja um mentor voluntário da JA (ou de uma organização similar) para retribuir a seus irmãos e irmãs mais jovens, compartilhando sua experiência. Não custa nada dividir seu conhecimento e experiência com outras pessoas – e você tem tudo a ganhar retribuindo o que recebeu totalmente grátis da JA.

BENJAMIN KAINZ
Fundador da Young Care,
ex-aluno da JA Suécia

> A experiência nos deu uma educação mais prática do que a que tínhamos na escola, porque foi a primeira vez que fizemos algo nós mesmos, sem que ninguém nos dissesse como ou o que fazer.

Minha experiência na JA

No início, eu não pensava em ter minha própria empresa. Eu me via estudando e depois trabalhando para uma grande companhia. Mas então ficamos sabendo do programa da JA. A ideia era interessante, e assim eu e mais três amigos nos inscrevemos no programa. Começamos com uma ideia trazida por um deles – tijolos que se pareciam com peças de Lego, só que muito maiores, a ponto de ser possível construir paredes de verdade com eles. Funcionavam como tijolos comuns, mas não precisavam de argamassa. Parecia ser uma boa ideia, mas foi mais difícil do que imaginamos. Criamos todo o conceito e depois vimos que o investimento necessário para levar o produto ao mercado seria grande demais para o primeiro ano. Mesmo assim, acho que a experiência nos deu uma educação mais prática do que a que tínhamos na escola, porque foi a primeira vez que fizemos algo nós mesmos, sem que ninguém nos dissesse como ou o que fazer. Na JA você vê os resultados do que faz. Investe esforço em algo e rapidamente vê qual é o retorno. Também faz contato com pessoas novas fora da escola. Acho que todo esse processo significou o maior benefício que obtivemos do ano escolar. Foi prazeroso, e houve um pouco de competição com outras equipes. Chegamos apenas ao estágio de protótipo com nosso produto, mas ganhamos o prêmio de Minimpresa JA do Ano na Suécia. No fim do ano chegamos a ter uma reunião com o fundador da IKEA, e ele também gostou do produto. Portanto, foi recreativo, além de uma grande experiência de aprendizado.

Minha carreira/Meus negócios

Nós realmente gostamos do modo como funcionava o programa da JA e, como ainda tínhamos um ano letivo, decidimos abrir uma empresa de verdade em nosso último ano. A ideia do negócio foi inspirada numa situação pessoal. Minha avó morava a alguma horas de nossa casa e meu avô estava aposentado e vivendo na Alemanha, bem longe, portanto. Eu os via só umas poucas vezes por ano e notei que muitos outros estudantes também tinham parentes idosos morando em outra cidade ou outro país. Ao mesmo tempo, sabíamos que era muito difícil para os jovens acharem um emprego em tempo parcial. No setor da assistência social, por exemplo, há muitos requisitos legais. Então pensamos em combinar esses dois problemas: assistência a idosos e emprego para jovens. E assim criamos nossa empresa, Ung Omsorg, ou Assistência Jovem, logo antes de nos formarmos no ensino médio. No início achamos que seria só um projeto para o verão, e eu fui para a universidade para estudar economia. Porém, pouco depois larguei os estudos, pois estava interessado demais em meu projeto – meu novo negócio.

Percebemos que era uma necessidade em todo o país. Não estou certo de que tenhamos visto isso de cara como um mercado. Era apenas uma coisa necessária, e tentamos fazer algo a respeito de maneira organizada. A ideia era bem simples: queríamos contratar jovens que prestassem uma assistência moderada aos idosos, os levassem para dar uma volta, conversassem com eles, lessem o jornal para eles, simplesmente os confortassem – uma troca de experiência entre gerações.

Fomos à Câmara Municipal e tivemos um pouco de sorte. Encontramos um político que gostou do nosso plano e que conseguiu a aprovação do projeto. A prefeitura pagou pelo serviço e tivemos patrocínio de companhias locais. Anunciamos as vagas de emprego, que pagariam algo como 7 dólares por hora, treinamos os adolescentes e em poucas semanas tínhamos nossos primeiros 20 contratados. E assim começamos nosso programa-piloto em nossa cidade.

Hoje, 10 anos depois, temos mais de 900 funcionários, em projetos por toda a Suécia. No início, não encarávamos isso como um negócio de verdade. O que começou como um belo projeto para o verão acabou se tornando um negócio forte e em crescimento. Poderíamos operar como uma ONG, mas logo constatamos que não queríamos depender de caridade ou do financiamento de fundações. Pensamos que, se era para a Ung Omsorg sobreviver no longo prazo, deveria haver alguém disposto a pagar pelo serviço – como em qualquer negócio que visa o lucro. Assim, operamos como um negócio lucrativo legalizado e promovemos a Ung Omsorg como uma empresa privada que tenta fazer o que é bom para a sociedade.

Meus conselhos aos jovens

- Comece com uma ideia na qual acredite, algo que você ache promissor. Caso contrário, após alguns anos poderá ficar entediado

ao descobrir que existe outra coisa que você gostaria mais de fazer. No meu caso, por exemplo, após 10 anos no negócio tenho mais energia para dar à minha empresa do que quando comecei.
- Falando em termos práticos, sei de uma porção de empresas que fracassaram porque começaram a vender tarde demais. Assim que lhe ocorrer uma ideia, comece a falar com possíveis clientes ou com aqueles que têm o problema que você espera resolver – porque esse feedback inicial pode esclarecer alguns problemas que você poderá resolver desde cedo. Então poderá se concentrar na melhor estratégia para seu negócio desde o início. Portanto, comece logo a vender.
- Dê a si mesmo muitas oportunidades para ter sorte. O que quero dizer é que é importante conhecer pessoas que saibam muito sobre a área ou o setor de mercado que você escolheu. Você nunca sabe quem poderá lhe abrir portas ou ensinar coisas. Por exemplo, nós não tínhamos experiência no setor da assistência médica e precisamos aprender rápido com outras pessoas.
- E, finalmente, eu incentivaria os jovens, em qualquer lugar, a considerar fazer algo no setor da assistência à saúde. Conforme a população envelhece, há grande necessidade de pessoas novas e soluções novas. É um problema enorme na Suécia e na maioria dos outros países também. Mas é também uma imensa oportunidade para que os jovens se inspirem em trabalhar com idosos – e se tornem empreendedores sociais na busca de soluções novas para esse mercado em rápido crescimento.

CAPÍTULO 12
AUTOEFICÁCIA
Ter crença ou confiança em sua capacidade de ser bem-sucedido

ENTREVISTAS COM EX-ALUNOS DA JA

WISE BANDA
Fundador da Primelink, ex-aluno da JA Zâmbia

> Com uma atitude empreendedora você pode acrescentar valor à vida das pessoas, contribuir para o desenvolvimento de seu país e assegurar sua própria independência financeira.

Minha experiência na JA
Fui uma criança empreendedora. Eu vendia uma porção de coisas, como bebidas e roupas, criava galinhas e por aí vai. Portanto, fiquei muito animado quando soube que a JA Zâmbia tinha introduzido nas escolas um programa para ensinar aos alunos sobre negócios. Rapidamente me inscrevi no programa, em 2002. Por meio dessa experiência, aprendi como levantar dinheiro com a emissão de ações. Foi a primeira vez que compreendi de fato como funciona o investimento em ações. Aprendi também a como organizar e administrar

um negócio de maneira estruturada e formal. Constatei que, quando uma empresa é registrada formalmente, ela tem acesso mais fácil a financiamento e pode usufruir de outras oportunidades, como isenção de impostos, licitação para contratos e assim por diante.

Desde o treinamento na JA, minha maneira de pensar nunca mais foi a mesma. Continuei com várias atividades empreendedoras. Depois do ensino médio abri uma lan house que fornecia digitação, impressão e fotocópias, bem como outros serviços de secretaria, em minha comunidade de Mandau. Logo se tornou um negócio muito popular, pois eu era o único provedor desses serviços. O mercado gostou e fiquei conhecido em toda a comunidade. Comecei só com um computador e uma impressora, mas consegui crescer até ocupar três escritórios. Os recursos obtidos com essa atividade me ajudaram a financiar minhas despesas na Universidade de Zâmbia. Ajudou também a dar emprego a meus irmãos e irmãs. Mais tarde, na universidade, estabeleci uma empresa de microfinanças e toquei também outros negócios, inclusive de transporte, de marketing para o agronegócio e no ramo imobiliário.

Minha carreira/Meus negócios

Tenho bacharelado em economia e mestrado em finanças para o desenvolvimento. No entanto, minha carreira profissional tem se voltado para o setor bancário.

O nome da associação estudantil de microfinanças que estabeleci na época da faculdade era Junior Entrepreneurs Company, inspirado em minha experiência no programa da JA. O objetivo da associação era fazer empréstimos em condições suaves para estudantes da comunidade. Eu também considerava isso um modo de compartilhar meu conhecimento sobre empreendedorismo com estudantes universitários, para que eles também pudessem aprender a montar os próprios pequenos negócios. Embora tenhamos começado pequenos, nossa clientela cresceu rapidamente, à medida que mais estudantes apreciavam nosso trabalho. Provemos financiamento para livros e outros requisitos escolares, assim como para pequenas despesas pessoais.

Mais recentemente, fundei a Primelink, agência com interesses especiais em marketing para o agronegócio, setor imobiliário e microfinanças. Agora, tendo adquirido conhecimento e experiência no setor financeiro, estou planejando lançar vários novos negócios em agricultura, financiamento para pequenas e médias empresas, energia e desenvolvimento imobiliário.

Meus conselhos aos jovens

- Aconselho os jovens a levarem o empreendedorismo muito a sério como opção de carreira.
- Um grande desafio, principalmente na África, pode ser o de levantar fundos para startups. Eu mesmo vi como os bancos relutam em financiar esses pequenos negócios. Uma forma de levantar fundos seria vender ações a amigos e familiares. Outra seria fazer parceria com instituições que possam ter interesse particular nos setores em que você optou por trabalhar.
- Outro aspecto vital do empreendedorismo é a criação de uma rede com pessoas que compartilhem seu ímpeto empreendedor. Valer-se de mentores, entrar em programas de treinamento e fazer uma boa rede de contatos são medidas úteis para isso. Mediante essas atividades, você poderá também encontrar investidores ou sócios.
- Por fim, há uma porção de oportunidades para empreendedorismo das quais os jovens podem se aproveitar. Com uma atitude empreendedora você pode acrescentar valor à vida das pessoas, contribuir para o desenvolvimento de seu país e assegurar sua própria independência financeira.

JIM HEMAK
Fundador da Webincs, Inc.,
ex-aluno da JA Estados Unidos

> Para um garoto como eu, foi a maior emoção da minha vida!

Minha experiência na JA

Eu cursava o primeiro ano do ensino médio em Minneapolis, Minnesota. Era um garoto extremamente tímido e reservado, e não me envolvia em muitas coisas, até que fui convidado a participar do Programa Miniempresa da JA. Minha função na companhia era organizar a linha de produção que recebia as partes, já cortadas, das casas de passarinhos que montávamos e vendíamos. Estávamos tendo um problema de qualidade ao tingi-las e me ocorreu que deveríamos tingi-las e pintá-las antes de montá-las. Isso resolveu a questão e de repente todos acharam que eu era um guru da engenharia! No fim do ano, ganhamos um prêmio da JA e tive que subir ao palco na frente de mil pessoas para recebê-lo. Para um garoto como eu, foi a maior emoção da minha vida! Ainda sinto arrepios quando penso nisso.

A coisa mais importante que aprendi na JA foi que eu era capaz de fazer a diferença. Que valia a pena investir energia e esforço num projeto ou objetivo e que eu seria recompensado com meu sucesso e minha realização. Segundo, aprendi que a inspiração não é só importante, ela é vital. Sem inspiração, que eu obtive na JA, você não tem muito com o que trabalhar. Assim, foi importante para mim aprender a importância de estar inspirado e saber que eu realmente poderia fazer diferença. Essas lições da JA permaneceram comigo durante toda a minha carreira.

Minha carreira/Meus negócios

Fui para a Universidade de Minnesota e estudei administração de empresas. Depois de formado ingressei no Exército e servi no Vietnã. (*Nota do editor:* Jim foi condecorado com a Estrela de Bronze.) Após o serviço militar, trabalhei para a JA em Richmond, Indiana. Depois fui para a organização nacional por alguns anos e em seguida me tornei o presidente da JA em Seattle, Washington, uma operação muito grande. Eu só tinha 27 anos, mas mesmo assim obtive essa oportunidade maravilhosa. De lá, voltei para a organização nacional e fiquei responsável pelas operações da JA no oeste dos Estados Unidos.

Com a família crescendo e tendo que me mudar de tempos em tempos por causa da JA, comecei a pensar no que poderia ser uma alternativa. Voltando à minha experiência na JA, achei que deveria haver algumas oportunidades de negócios lá fora. Em um seminário sobre negócios aprendi que quatro em cada cinco startups sairão do mercado em cinco anos, mas 90% das franquias permanecerão no negócio – e assim comecei a pesquisar sobre franquias. Um dia, do nada, recebi um folheto de uma empresa chamada Great Clips. Por coincidência tinha acabado de ler no *The Wall Street Journal* uma história sobre a atividade de salões de beleza e logo me interessei. Marquei uma reunião com eles e soube que na época tinham apenas 15 franquias. Fiquei impressionado com as pessoas e com o conceito, e comecei a trabalhar com eles em 1984. Ainda se referem a mim como seu primeiro franqueado que não era um amigo ou um familiar. Hoje, com mais de 4 mil salões em sistema de franquia nos Estados Unidos e no Canadá, a Great Clips é a maior do mundo no ramo de salões de beleza – e eu me tornei o maior franqueado, com o maior número de lojas.

Ao longo de minha carreira aprendi que a educação e a inspiração andam juntas como fatores de sucesso. Agora, quando contrato pessoas, procuro saber qual é o nível de motivação delas e o nível e tipo de educação. Quanto à motivação, volto à minha experiência na JA no ensino médio e à necessidade de inspiração no que quer que se faça. E quanto à educação, há muitas coisas relevantes em termos de sucesso que não são ensinadas nas escolas de negócios.

São aprendidas por meio da experiência pessoal ou, talvez, de um mentor como os que a JA oferece.

Meus conselhos aos jovens
- Aproveite toda oportunidade de se envolver em organizações enquanto estudante e ao longo da vida. Podem significar grandes experiências de aprendizado para qualquer tipo de carreira ou negócio. Certamente, o envolvimento com a JA tem me trazido benefícios. Ainda hoje estou encarregado de duas ou três funções e apoio a JA financeiramente. Junte-se ao grupo.
- Para quem estiver pensando em adquirir uma franquia ou começar um negócio, meu conselho é que faça o dever de casa. As pessoas estão sempre dizendo: "Descubra qual é a próxima grande ideia." Essa é a abordagem errada. O mais importante é se perguntar o que pode deixar você mais inspirado. Descubra algo por que esteja pessoalmente interessado e apaixonado, e não apenas a próxima franquia da moda.

DAVID MATA
Fundador da Pynk Systems (Ergon Desk), ex-aluno da JA Espanha

> Além de ser sempre criativo e inovador, é ainda mais importante simplificar as coisas e se concentrar nos pontos cruciais – além de manter os pés no chão.

Minha experiência na JA

Havia duas forças atuando sobre mim. Uma era minha formação em arquitetura e design. Estudei isso durante anos e já estava trabalhando na área quando decidi entrar no programa de gestão na universidade, para aprender também sobre negócios. Foi na escola de gestão que entrei no programa da JA – e isso me fez pensar mais em começar meu próprio negócio, mas usando meu conhecimento em arquitetura e design. No programa da JA, minha equipe e eu começamos um projeto que chamamos de Pynk Systems, para projetos ergonômicos de mobiliário para escritório. Foi esse projeto que levamos para as competições da JA. Após vencer várias competições e prêmios da JA, ficamos muito entusiasmados e confiantes, e decidimos começar oficialmente a companhia, chamando nossa linha de produtos de Ergon Desk. E, claro, tivemos o dinheiro do prêmio para ajudar a dar início ao negócio. Portanto, foi graças ao programa da JA que comecei meu primeiro negócio.

Minha carreira/Meus negócios

Após ganhar o prêmio da JA em 2014, decidimos ir até o Vale do Silício para desenvolver o conceito do primeiro produto, considerando tudo que os Estados Unidos poderiam oferecer. Passamos três meses lá, pensando que talvez pudéssemos dizer que somos uma "startup do Vale do Silício", mas a realidade se impôs quando nossos vistos expiraram e tivemos que voltar para a Espanha. De qualquer jeito, aquele foi o início da Pynk Systems, meu negócio atual. Nossos clientes são grandes empresas que compram para seus escritórios nossas mesas e cadeiras ergonômicas, em lotes de 4 a 40 mesas por venda. Os dois maiores benefícios que oferecemos aos clientes são colaboração e produtividade mais altas no escritório, e além do conforto e da saúde do funcionário. Ainda somos uma companhia jovem, com marketing feito sobretudo na Europa, mas também visando aos Estados Unidos – onde a entrada para nossos produtos é muito grande – e também aos mercados da África e do Oriente Médio.

Devo dizer que a JA me ofereceu uma grande oportunidade, conectando meu projeto à vida real e dando-me o necessário empurrão para começar a empresa. Para retribuir tudo que recebi, ainda estou ligado à JA como membro da associação de ex-alunos da JA na Espanha, onde trabalho com outros estudantes e jovens empreendedores para ajudá-los em seus projetos. Acredito que os ex-alunos da JA, que experimentaram a realidade dos negócios e cometeram erros que podem ser convertidos em lições, têm a capacidade de dar uma ajuda prática transformando mais projetos de estudantes da JA em realidade. Esse é o nosso objetivo na associação de ex-alunos.

Meus conselhos aos jovens
- Meu primeiro conselho é sonhar grande em relação às coisas que o motivam e o deixam feliz, e não perder tempo pensando nas coisas que não lhe interessam.
- O segundo seria nunca desistir. Esse conselho me ajudou muito. Os jovens precisam acreditar que, embora às vezes as coisas sejam difíceis, sempre se pode encontrar um modo de superar os obstáculos.
- Por fim, além de ser sempre criativo e inovador, é ainda mais importante simplificar as coisas e se concentrar nos pontos cruciais – além de manter os pés no chão.

MARIO A. ESCUTIA
Fundador do The Barber's Spa,
ex-aluno da JA México

> Aos 8 anos, comecei minha carreira em vendas. Eu guardava as balas e os brinquedos que ganhava nas *piñatas* das festas de aniversário e os vendia aos meus amigos.

Minha experiência na JA

Quando eu era criança, sempre pensei que seria médico. Tratar de pacientes e salvar vidas parecia incrível, mas eu também tinha paixão por vendas e negócios. Aos 8 anos, comecei minha carreira em vendas. Eu guardava as balas e os brinquedos que ganhava nas *piñatas* das festas de aniversário e os vendia aos meus amigos. Chegava a vender até meus próprios brinquedos, mas essa não era uma ideia muito boa, pois meus pais tinham que ir falar com nossos vizinhos e amigos para pegar os brinquedos de volta e devolver o dinheiro. Aos 9 ou 10 anos, eu fazia shows de marionetes em festas de crianças. Foi nesse momento que contratei meu primeiro empregado: meu irmão era quem carregava o teatrinho. Depois disso, sempre tive um emprego no verão.

Eu estava no ensino médio quando a JA entrou na minha vida. Meus amigos e eu criamos a miniempresa, e no começo isso foi mais uma desculpa para nos reunirmos fora da escola do que vontade de nos preparar para o mundo dos negócios. Meu primeiro cargo foi de diretor de marketing, pois eles diziam que eu falava bem e era muito criativo.

Foi uma experiência enriquecedora e um espaço no qual pude desenvolver meu espírito empreendedor. No ano seguinte, continuei essa aventura, mas como CEO. Tivemos muito sucesso, tanto que uma rede de lojas de departamentos quis vender nosso produto.

No entanto, o que isso exigiria do nosso tempo implicaria em termos que abandonar o ensino médio e nos dedicar exclusivamente à empresa. Decidimos não prosseguir com isso e continuamos na escola.

No mesmo ano, nossa miniempresa representou o México como parte da delegação da JA em El Salvador e Porto Rico. Daquele momento em diante compreendi o valor das viagens ao exterior, e a viagem de negócios internacional tornou-se uma grande parte da minha vida profissional. Após esses dois anos na JA, resolvi mudar o rumo da minha carreira para o marketing, a fim de me concentrar em satisfazer as necessidades dos clientes e, por sua vez, dos consumidores deles.

Minha carreira/Meus negócios

Minha carreira profissional começou aos 20 anos, na JA, quando fui contratado como gerente de operações da JA na Cidade do México. O espírito e as lições que aprendi com a equipe da JA me levaram a mobilizar centenas de estudantes para participarem, e mais de 900 jovens aderiram, o que foi um recorde na época. Uma das experiências mais satisfatórias foi visitar CEOs. Tive a oportunidade de conhecer e de falar com os líderes de companhias importantes como IBM, Bimbo, Bacardi and Co., P&G, Kodak, Colgate, Avon e muitas outras. Dessas experiências adquiri um novo sonho: ser o futuro líder de uma grande empresa multinacional.

Persegui esse sonho por mais de 23 anos. Atuei como executivo em multinacionais, com cargos em vendas e marketing. Fui parte fundamental no desenvolvimento de novos produtos, estratégias de expansão, fusões entre empresas, e liderei forças de venda com mais de mil funcionários. Fui agraciado local e internacionalmente com prêmios como de Executivo do Ano, e desenvolvi campanhas de marketing que se tornaram ícones no mundo da publicidade no México. Morei em países como Polônia e Costa Rica e, após 19 anos de dedicação, obtive o cargo de diretor geral de uma das mais importantes companhias farmacêuticas do mundo.

Em 2014, com o conselho do empreendedor que mais admiro, meu pai, decidi embarcar numa nova fase profissional, como empreendedor, e desenvolvi uma franquia de barbearias na Cidade do México. Apenas três anos após começar a operação, temos mais de 25 lojas, 150 funcionários e atendemos a mais de 10 mil clientes por mês. Mas o mais importante é que restauramos o status dos barbeiros, adicionando um recém-descoberto prestígio a uma profissão que estava desaparecendo no México. Com essa incrível demanda, criamos nossa própria escola para barbeiros e estamos aguardando o certificado oficial do Ministério da Educação. Será a primeira escola para barbeiros no país a receber essa designação. Também temos planos para uma expansão internacional.

Meus conselhos aos jovens
- Não importa de onde venha nem sua classe social, sua ideologia ou a escola onde estudou, seus sonhos podem se tornar realidade. Trabalho duro e honestidade sempre são recompensados.
- Confie na sua intuição, cerque-se de especialistas, desenvolva a sua inteligência e dê o seu máximo para atingir os seus objetivos.
- Quando começar um negócio, busque maneiras de se diferenciar de outros no mercado e comunique isso com clareza. Hoje em dia os consumidores querem experiências de vida, portanto você precisa criá-las.
- Por último, mas não menos importante, aprecie o processo de criação e geração de empregos, porque numa sociedade onde há trabalho há menos crime e menos violência.

JOSEPH FORTUNO
Diretor de criação da Gladeo e estudante universitário, ex-aluno da JA Estados Unidos

> Às vezes você precisa assumir alguns riscos na vida para se tornar uma pessoa melhor.

Minha experiência na JA

Sou filipino naturalizado americano e cresci em Hercules, uma cidadezinha perto de São Francisco, na Califórnia. Fui um menino com espírito livre e cheio de ambição, mas que não sabia que caminho seguir. No colégio era um desses garotos meio excluídos e não tinha muitos amigos. Tinha também crises de depressão e de ansiedade, e as pessoas pareciam não me compreender. Quando comecei o primeiro ano do ensino médio, minha mãe iniciou um novo relacionamento e me disseram que iam se mudar para longe de Hercules, o que eu não queria fazer. Tive uma grande briga com minha família e minha mãe me expulsou de casa. Assim, aos 17 anos, eu me vi nas ruas, praticamente um sem-teto.

Precisei me virar sozinho: cursava o ensino médio, trabalhava em tempo parcial e me sustentava graças à compaixão de alguns amigos que me acolheram. Eu pensava todo dia em como iria encontrar um novo caminho para o meu futuro, a minha vida. Queria descobrir o que poderia me deixar inspirado para correr atrás. E então aconteceu. Foi no meu aniversário de 18 anos que ouvi falar da JA. Eu estava na sala de aula quando os instrutores me disseram que iam dar início ao Programa Miniempresa. Perguntaram se eu gostaria de me inscrever e eu disse "com certeza", sem saber exatamente do que se tratava. Acho que viram algum potencial em mim, porque depois me perguntaram se eu gostaria de me candidatar à posição de CEO.

Eu pensei: *Por que não? Serei o CEO e vamos todos descobrir o que eles estão enxergando em mim.* E de repente lá estava eu: um garoto comum que mal tinha dinheiro para comer, CEO da miniempresa de estudantes da JA – e minha vida começou a mudar na mesma hora.

Primeiro, nosso negócio, Herban Movement, que publicou um livro de culinária saudável campeão de vendas e produziu uma sacola ecologicamente correta para substituir as sacolas de compras feitas de plástico, recebeu os prêmios de Melhor Plano de Negócios e Melhor Anúncio Comercial na competição anual da JA no norte da Califórnia. Em seguida, minha equipe e eu fomos para a Reunião de Cúpula Nacional de Liderança Estudantil da JA em Washington e recebemos a honraria máxima do empreendedorismo social, além de ganharmos o Prêmio por Inovação Social da Microsoft daquele ano. Depois, durante a cerimônia anual do Dia do Graduado Americano, no Lincoln Center, em Nova York, fui entrevistado pela âncora do programa *Nightline*, da ABC, Juju Chang, que foi, ela própria, aluna da JA.

Por fim, no final de 2015, fui convidado para ir à Casa Branca para um encontro com o presidente Barack Obama no Salão Oval, como parte das comemorações do Mês Nacional do Empreendedorismo. Fui selecionado, com outras cinco pessoas, como um bom exemplo de empreendedorismo jovem nos Estados Unidos. O simples fato de estar na Casa Branca foi, para mim, surreal, tudo parecia um sonho. No encontro com o presidente eu lhe contei como desenvolvi minha miniempresa da JA, e ele me deu um conselho valioso.

Por intermédio da JA consegui descobrir um sentido para minha vida, o que me ajudou a chegar aonde queria chegar. Como uma pequena forma de agradecimento, eu ainda trabalho com a JA como ex-aluno embaixador de empreendedorismo, compareço a eventos da instituição para falar sobre minha experiência e sou mentor de jovens estudantes. Portanto, ainda hoje estou muito envolvido com a JA.

Minha carreira/Meus negócios
Hoje estudo na Faculdade Cogswell, em San Jose, Califórnia. Estou

cursando administração e gestão de mídia digital. Mas também preciso trabalhar. Sou diretor de criação de uma ONG chamada Gladeo, dedicada a ajudar jovens a descobrir e seguir a carreira de seus sonhos no mundo da mídia. Sou um estudante em tempo integral e trabalho em tempo parcial para ajudar a me manter na faculdade. E, devo acrescentar, recuperei meu relacionamento com minha família.

Meu conselho aos jovens

- Tenho apenas um conselho: nunca tenha medo de tentar nem mesmo de falhar. Se eu tivesse tido muito medo de sair de casa e me virar sozinho aos 17 anos, eu nunca teria chegado aonde estou hoje. Nunca teria descoberto a JA. Nunca teria conhecido o presidente Obama. Provavelmente nem teria ido para a faculdade. E não estaria hoje aqui sendo entrevistado por você, Larry. Às vezes você precisa assumir alguns riscos na vida para se tornar uma pessoa melhor.

YOUMN MAHZOUL
Embaixadora de ex-alunos da INJAZ, ex-aluna da JA Marrocos

O resultado da experiência da JA nem sempre é a criação de uma startup. Também pode ser uma mudança na mentalidade dos estudantes – de saírem da zona de conforto do status quo para passarem a se concentrar em crescimento e realização pessoais.

Minha experiência na JA

Entrei na JA com 16 anos, quando o programa foi lançado pela primeira vez em minha escola, no ensino médio. Foi quando minha vida literalmente mudou para melhor. Em cinco meses eu aprendi que iniciar um negócio e fazê-lo funcionar de fato não é um luxo reservado aos privilegiados, e sim um desafio que qualquer um pode empreender. Mesmo estudantes do ensino médio com zero conhecimento de negócios! Para muitos de nós foi o primeiro contato com uma empresa, com instituições privadas e com dirigentes de grandes corporações. Ouvir suas palavras de incentivo ao nosso trabalho foi transformador para nossas mentes de adolescentes.

Ainda consigo me lembrar do olhar dos membros do júri durante a competição: com uma expressão séria no rosto, eles nos tratavam como adultos, CEOs, gerentes, e, o mais importante, como os líderes que aspirávamos nos tornar. Foi uma experiência reveladora e a chance de ter um gostinho do que nos esperava no futuro.

Após a participação no Programa Miniempresa da JA, decidi mudar meu plano de carreira, de engenharia para administração de empresas. Acabei de me formar na universidade e comecei agora minha carreira em marketing digital no Marrocos.

Eu realmente cresci na INJAZ. Ao participar no programa da JA, tornar-me embaixadora de ex-alunos da INJAZ e lançar a rede de ex-alunos no Marrocos e na região árabe, criei laços com muitos empreendedores, candidatos a empreendedores e consultores. Também participo em muitos eventos da JA: representando a Iniciativa de Alunos Árabes na Conferência dos Ex-Alunos da JA Europa, em Copenhague, sendo mentora na competição do Programa Miniempresa árabe, em Omã, e representando os ex-alunos árabes como jurada na competição do Programa Miniempresa da JA Europa, em Bruxelas. Hoje posso dizer com orgulho que a organização INJAZ/JA é minha rede de suporte empreendedora.

Minha carreira/Meus negócios

Hoje concentro-me na carreira profissional que comecei, no marketing digital. Quero dominar essa área e aprender o máximo possível enquanto me preparo para minha jornada empreendedora. No futuro, gostaria de lançar uma iniciativa que combinasse arte e educação para facilitar o aprendizado e o desenvolvimento pessoal.

Como observação extra, um aspecto da experiência na INJAZ que costuma ser tema de debates com os marroquinos e outros ex-alunos é que o resultado da experiência da JA nem sempre é a criação de uma startup. Também pode ser uma mudança na mentalidade dos estudantes – de saírem da zona de conforto do status quo para passarem a se concentrar em crescimento e realização pessoais. Ter feito essa mudança é algo de que me orgulho profundamente.

Meus conselhos aos jovens
- O primeiro é sobre como julgamos o que é ser bem-sucedido. A métrica que usamos para medir o sucesso muitas vezes está distorcida, levando mais em conta o êxito financeiro. Embora seja importante ser financeiramente estável, a humanidade deveria se empenhar mais em ter uma vida com significado. O sucesso pode vir de se trabalhar numa organização que não visa a lucro, por um salário baixo, mas salvando vidas, assim como de lançar sua startup e vê-la avaliada em 1 bilhão de dólares.
- Segundo, se tiver uma ideia de negócio/iniciativa/projeto que realmente quer transformar em realidade, não espere pelo momento perfeito para fazer isso. Vá em frente o mais cedo possível. A perfeição é a inimiga do desenvolvimento de boas ideias e o superplanejamento é o inimigo da execução.
- Faça o seu melhor para ter sucesso e transforme seus sonhos em realidade!

CONCLUSÃO
A ATITUDE EMPREENDEDORA
Fazer algo realmente importante

"Tem sido minha vocação na vida realizar coisas e criar coisas que darão prazer às pessoas de maneiras novas e incríveis. Ao fazer isso eu agrado e satisfaço a mim mesmo."
WALT DISNEY, fundador da Walt Disney Company

O objetivo deste livro é ajudar você a fazer algo de fato importante em sua carreira e em sua vida pessoal. E, uma vez mais, o que significa isso exatamente? Bem, em resumo, a melhor descrição que já vi do que é ter uma atitude empreendedora nos negócios e na vida vem do mestre na criação de sonhos para jovens, Walt Disney. Ele descreveu com perfeição as quatro práticas fundamentais dos empreendedores: "vocação" como missão; "criar coisas que darão prazer às pessoas" tem tudo a ver com o conceito de cliente/produto; "maneiras novas e incríveis" é uma descrição perfeita de inovação; e, finalmente, "ao fazer isso eu agrado e satisfaço a mim mesmo" diz que sou automotivado pelo meu trabalho. Neste livro, sintetizamos esses elementos básicos do empreendedorismo da seguinte forma:

> **OS QUATRO ELEMENTOS BÁSICOS DO EMPREENDEDORISMO**
> **Senso de missão**
> Como criar uma estratégia e uma cultura empreendedoras
> **Visão cliente/produto**
> Meu cliente, meu produto, meu amor-próprio

> **Inovação em alta velocidade**
> A necessidade de inventar, a liberdade para agir
> **Comportamento automotivado**
> Ame o que você faz e torne-se muito bom nisso

Assumir e praticar uma atitude empreendedora é a melhor maneira já inventada para criar prosperidade para você, para a sua família e até para o seu país. De fato, a economia mundial em mudança acelerada, combinada com um ambiente cada vez mais favorável ao empreendedorismo em todo o mundo, faz do momento atual o melhor em toda a história para os jovens aproveitarem o incrível poder do espírito empreendedor. Milhões de pessoas de todos os cantos do mundo estão começando a cada ano novos negócios, novos empreendimentos sociais, novas carreiras no estilo empreendedor. Portanto, por que você não experimenta também? Tudo de que realmente precisa é adotar uma atitude empreendedora.

ENTREVISTAS COM EX-ALUNOS DA JA

DAVID LAMMY
Membro do Parlamento do Reino Unido, ex-aluno da JA Reino Unido

> Eu queria mudar o mundo, e foi isso que me levou da área jurídica para a política.

Minha experiência na JA

Meu nome é David Lammy e sou membro do Parlamento, de Tottenham. Venho de um contexto de verdadeira pobreza. Meu pai chegou à Grã-Bretanha em 1956, vindo da Guiana, na América do Sul. Trazia grandes sonhos. Queria ser farmacêutico. As coisas não correram muito bem, mas ele conheceu minha mãe e eles se instalaram num pequeno apartamento no norte de Londres. Aliás, a área na qual se estabeleceram é a mesma que represento como membro local do Parlamento. Enfim, os negócios do meu pai não deram muito certo e ele nos deixou quando eu ainda era muito jovem. Foi uma época difícil para nós na Inglaterra.

Tive meu grande momento de mudança quando ganhei uma bolsa de estudos numa escola de Peterborough. Era uma grande oportunidade, e foi lá que eu cruzei com a JA. Não venho de um contexto empreendedor. Minha única experiência nesse sentido tinha sido acompanhar o fracasso do pequeno negócio de meu pai. A JA, ou Young Enterprise, como a chamamos no Reino Unido, transmitiu-me uma espécie de confiança. Deu-me a sensação de que eu daria certo na vida. Nossa equipe era formada por colegas da escola de todas as idades, trabalhando juntos pela primeira vez, produzindo coisas e as vendendo. Lembro-me disso com muita alegria.

Minha carreira/Meus negócios

Depois de estudar direito na Universidade de Londres, consegui ir também para a Escola de Direito de Harvard.[14] Você sabe, advogados cuidam de um problema de cada vez, caso a caso, mas eu queria muito mais. Eu me perguntava: por que esse sujeito está na cadeia? Por que esse negócio faliu e todos perderam seu dinheiro? Eu queria mudar o mundo, e foi isso que me levou da área jurídica para a política. Mas como se sabe, essas duas coisas, ser advogado e ser político, exigem que se tenha confiança em si mesmo e que não haja dúvida quanto a isso, e a JA foi parte dessa construção de confian-

---

14 *Nota do editor:* David Lammy foi o primeiro britânico negro a frequentar a Escola de Direito de Harvard.

ça, me levando a acreditar que poderia realizar coisas diferentes na vida. Como membro do Parlamento, você deve ter uma mentalidade independente, tem que fazer julgamentos e às vezes precisa vender, no sentido de convencer pessoas a segui-lo – e acho que muitos desses talentos que hoje utilizo vieram daquele período na JA.

Meus conselhos aos jovens

- Acho que é realmente importante que os jovens comecem desde cedo a trabalhar naquilo que gostam de fazer e depois continuem investindo nisso.
- Algumas pessoas sabem exatamente o que querem da vida. Eu era um pouco assim. Estava bem claro na minha mente que eu queria ajudar outras pessoas por meio do serviço público, e foi por isso que me tornei político. Mas se você não tem algo que o impulsione, se não sabe o que quer fazer, creio que seja muito importante saber do que *não* gosta, saber o que *não* faz bem.
- Estamos todos vivendo mais, porém não existe isso de um trabalho para toda a vida. Você sabe que 40% dos empregos que as crianças de hoje terão no futuro ainda nem sequer foram inventados. Assim, temos que continuar a aprender e a adquirir conhecimento, pois aquilo que achamos que sabemos poderá mudar no decorrer de décadas e de gerações. Acredito muito num aprendizado de vida inteira para todos.
- E, por fim, a educação é o passaporte para o sucesso. O maravilhoso é que, na maioria dos países no mundo, ela é gratuita. Tudo que você tem que fazer é assimilar o que recebe de graça de seus professores. Vá para a escola, preste atenção nas aulas, estude, passe nos exames e você estará no caminho do sucesso. Esse é o meu conselho.

FEYZI FATEHI
Fundador e CEO da Corent Technology, voluntário na JA Estados Unidos

> Minha experiência como voluntário na JA provavelmente causou mais impacto em mim do que causei nos estudantes que eu estava orientando.

Nota do autor: Este bem-sucedido empreendedor iraniano naturalizado americano não se engajou na JA como estudante, e sim como mentor voluntário. Incluí aqui a história de Feyzi por conta de seu enfoque único no valor pessoal de ser um voluntário na JA.

Minha experiência na JA

Nasci no Irã e fui para os Estados Unidos em 1976, ainda adolescente. Cursei o colégio em Princeton, Nova Jersey, e em Norman, Oklahoma, e depois fui para a Universidade do Texas, onde obtive a graduação em engenharia solar, o mestrado em arquitetura de software e por fim fiz meu MBA. Depois da faculdade, fui contratado pela Hewlett-Packard, e foi assim que me envolvi com a JA.

A HP estava fazendo uma parceria com a JA e pediu aos funcionários que fossem mentores voluntários da instituição. Eu me inscrevi e fui designado para uma escola de ensino médio. O objetivo era ajudar os estudantes no programa da JA a efetivamente criar e gerenciar uma empresa. Éramos cinco voluntários da HP e vivemos uma experiência fenomenal. Nós os orientamos na construção de uma companhia a partir do zero e treinamos cada um deles em suas respectivas funções.

Anos depois, encontrei numa conferência de negócios uma mulher que reconheceu meu nome e me perguntou se eu havia sido instrutor em programas da JA na escola de ensino médio em Mountain View em que seu filho estudara. Eu disse que sim, e ela começou a me contar que o programa tinha inspirado tanto seu filho que ele decidira estudar administração na faculdade e havia pouco tempo tinha aberto uma empresa – e ele afirmava que o programa e os mentores da JA, especificamente eu, tínhamos contribuído para a experiência mais impactante em sua vida no ensino médio.

Esse relato serviu como um ótimo feedback para mim, porque constatei que o que nós, mentores, considerávamos ser apenas uma atividade divertida e uma ação de boa cidadania na realidade fazia uma enorme diferença na vida dos estudantes da JA. E na época não percebemos algo ainda mais significativo: nossa experiência como mentores pode ter ajudado a nós mesmos ainda mais do que ajudou os estudantes. Ser um voluntário e um mentor da JA foi uma magnífica oportunidade para mim e impactou fortemente minha carreira. Para começar, tive uma noção do que é construir uma empresa do zero. Também me fez pensar que eu também podia fazer isso em vez de só ajudar outros a fazê-lo. Após o programa da JA, tornei-me um empreendedor interno da HP, o que acabou por me levar a me tornar um empreendedor independente e a criar minhas próprias startups. Posso afirmar que o maior estímulo para minha carreira empreendedora foi meu envolvimento com a JA, ajudando aqueles estudantes a desenvolverem um negócio.

Outra coisa importante que extraí dessa experiência foi o valor e a alegria que existem em treinar outras pessoas. Foi minha primeira vez como mentor e alterou para sempre minha percepção sobre esse papel. Por essa razão, recomendo enfaticamente a todas as pessoas da área de negócios que atuem como voluntárias na JA.

Minha carreira/Meus negócios
Nota do autor: A carreira de negócios de Feyzi e a história de como fundou a Corent Technology estão bem documentadas em outros lugares, assim, me concentrei aqui em seu papel singular na JA.

Meus conselhos aos jovens
- O melhor conselho que posso dar, e que teria dado a mim mesmo quando era mais jovem, é tratar de conhecer melhor a si mesmo. Isso lhe permitirá compreender o que quer fazer na vida, com base em seus próprios valores. Pergunte a si mesmo quais são as coisas que mais importam para você e então construa sua vida em torno daquilo que valoriza, curte e o entusiasma.
- Segundo, trate de saber que tipo de pessoa quer se tornar. Pense em quem seria um exemplo perfeito, 20 ou 30 anos mais velho que você, que você gostaria de vir a ser. Isso pode se tornar um objetivo fantástico para o resto da sua vida.
- Por fim, você terá sucesso se gostar de ser quem é, gostar do que faz e gostar de como o faz. Isso diz tudo!

LEO MARTELLOTTO
Presidente da JA Américas, ex-aluno da JA Argentina

> Quando viram 800 garotos e garotas vindos de todas as áreas vizinhas para aprender sobre a internet, eles disseram: "Vocês transformaram a casa de Deus num inferno, mas parece que foi por uma boa causa."

Minha experiência na JA
Em meu último ano no ensino médio em Córdoba, na Argentina, tivemos a visita de uma pessoa muito bem-vestida. Era a primeira

vez que alguém de terno se apresentava na minha classe. Ele estava lá fazendo um convite para nos tornarmos empreendedores. Eu nem sabia o que isso significava, mas soava muito empolgante. O sujeito disse que nos ajudaria a conceber um projeto, mas seríamos nós que tocaríamos a miniempresa, algo que pareceu realmente desafiador. Quando mencionou também que a JA era uma rede global, fui fisgado, porque eu tinha muita vontade de viajar e conhecer pessoas de outros países.

Naquela época, o que costumávamos ouvir dos adultos, nossos professores e nossos pais, era que os jovens pareciam estar perdidos, indo para as drogas, criando problemas na vizinhança, de modo que a mensagem que recebíamos era em geral bem negativa e sombria. Assim, para mim, estar na JA seria um modo de provar que os jovens são capazes de fazer coisas boas acontecerem. Bem, nossa miniempresa foi muito bem-sucedida. Tivemos um retorno de 800% em apenas três meses. Nosso produto foi, na realidade, um evento. A internet era algo recente, assim realizamos uma conferência sobre o assunto para todas as escolas da área. Conseguimos muitos patrocínios e tivemos um público de 800 pessoas de toda a cidade. Estudávamos numa escola religiosa e convertemos a igreja num salão de conferências para o evento. Quando os líderes da igreja depararam com todas as nossas faixas e os cartazes no espaço, eles não gostaram. Mas quando viram 800 garotos e garotas vindos de todas as áreas vizinhas para aprender sobre a internet, disseram: "Vocês transformaram a casa de Deus num inferno, mas parece que foi por uma boa causa." A melhor parte foi contar aos acionistas, os mesmos adultos que nos consideravam uma "juventude perdida", que estávamos lhes dando um retorno de 800% de seu investimento. Eles ficaram muito surpresos e nós, muito orgulhosos.

Aos 18 anos, eu não percebi totalmente o valor do que havíamos feito. Hoje, tenho plena noção. Quando aquele voluntário nos convidou a participar do programa da JA, minha simples resposta afirmativa foi o motivo para eu estar aqui hoje, sendo entrevistado por você.

Minha carreira/Meus negócios

Como eu me saí muito bem conseguindo patrocínios, o diretor executivo da JA Córdoba me chamou para integrar sua equipe, como voluntário, para trazer novos parceiros à JA. Foi meu primeiro emprego, e trabalhei lá durante o verão, antes da faculdade. Tomei então um decisão, que meus pais apoiaram, de que cursaria a universidade à noite e trabalharia durante o dia. Precisei de oito anos para me graduar, mas continuei a trabalhar para a JA como assistente – e tenho trabalhado lá desde então.

Aos 22 anos tornei-me o diretor de desenvolvimento da JA Córdoba. Pouco tempo depois, o fundador da JA Córdoba se afastou e convenceu o conselho de que eu era a pessoa certa para substituí-lo. Tínhamos 25 mil estudantes por ano, 200 parceiros e uma equipe de 14 pessoas quando me tornei o diretor executivo da JA Córdoba, com apenas 24 anos. Quando completei 28, senti que havia completado meu ciclo em Córdoba; eu estava recebendo mais do que estava retribuindo e precisava de novos desafios. Informei à diretoria que ia sair para fazer outra coisa. No entanto, não tinha realmente um plano, mesmo estando prestes a me casar. Então, surpreendentemente, Linda Reimer, presidente da JA para América Latina e Ásia, ligou para mim e disse: "Leo, tenho uma nova função para você. Dentro de um mês você vai começar a atuar como meu diretor de operações para toda a América Latina, Caribe e Canadá." Era o emprego dos sonhos para mim e, naturalmente, aceitei.

A etapa final veio vários anos depois. Linda decidiu se aposentar e disse: "Leo, você é a pessoa certa para assumir minha posição." Eu tinha 32 anos e o conselho se manifestou: "Não achamos que você esteja preparado, porque não tem um doutorado, nem um MBA, e só tem 32 anos, mas vamos lhe dar essa chance por um ano enquanto procuramos um presidente permanente." Assumi o cargo e disse ao conselho que me informasse quando encontrasse o novo presidente. Assim que se passou um ano eles me avisaram que tinham parado de buscar um novo presidente e supus que o tivessem encontrado, porém me disseram: "Leo, queremos que seja o presidente permanente da JA para a região das Américas." Eu tinha pensado que iam me mandar embora após um ano, mas me deram o emprego. Fiquei muito feliz. Assim, em 2014 tornei-me o presidente da JA para a região das Américas, cargo em que estou hoje.

Meus objetivos para a JA Américas

Pela primeira vez, temos uma estratégia regional para a JA Américas. Primeiro, vamos nos envolver profundamente e mostrar relevância como uma solução para a questão social número um que preocupa a todos – a de emprego para os jovens. Como poderemos ajudar nossos jovens que estão numa situação de vulnerabilidade por fatores como desigualdade de gênero, lacunas na aquisição de conhecimento, uso de drogas, participação em gangues e envolvimento no crime organizado? Pesquisas mostram que 20% da população jovem em toda a nossa região não está estudando nem procurando emprego. Estão totalmente excluídos do sistema e da economia. E se não os trouxermos de volta, não apenas iremos perdê-los, mas poderão se tornar criminosos, viciados em drogas e, é claro, implicarão um enorme custo social.

Em todos os problemas sociais nos vários países de nossa região, seja em áreas rurais ou urbanas, o denominador comum é o desemprego entre os jovens. Esta é *a* questão social de nossa época. A JA não está tentando ser a solução para tudo e para todos, mas estamos propondo ações e programas que ajudem a resolver esse enorme desafio social e econômico. Nossas nações membros estão agora se alinhando e se concentrando em como lidar com isso e em como conseguir convencer os governos de que somos o parceiro certo para ajudá-los.

Atualmente alcançamos mais de um milhão de jovens em 31 países. Nossas três maiores economias, México, Brasil e Canadá, representam hoje 75% de nossas operações. Nosso plano estratégico objetiva ter 2 milhões de jovens em 2022. Estamos confiantes em que atingiremos nossos objetivos porque estamos prestes a assinar novos e grandes acordos com o Ministério da Educação de alguns países. No Peru, por exemplo, serão treinados meio milhão de jovens.

Em resumo, enquanto a JA Américas está crescendo rápido, estamos também no processo de ajustar nossos objetivos e táticas. Sim, temos que ser consistentes com a missão da JA Worldwide e com nossos três pilares – preparação para o trabalho, conhecimento financeiro e empreendedorismo. Mas hoje também precisamos ser muito específicos quanto às soluções da JA para a questão do emprego para os jovens, e é exatamente isso que estamos fazendo em toda a região.

JEFF HANSBERRY
Presidente da Advantage Solution, membro do conselho diretor da JA Estados Unidos, ex-aluno da JA Estados Unidos

> O valor da JA não se resume apenas aos programas específicos de preparação para o trabalho, empreendedorismo e conhecimento financeiro. O que a JA realmente pretende é ajudar os jovens a ter esperança ao compreenderem as possibilidades que existem para eles.

Minha experiência na JA

Cresci em Pittsburgh, Pensilvânia. Éramos uma família da classe trabalhadora. Meu pai era carpinteiro e quando eu era muito jovem ele ficou incapacitado. Assim, cresci numa família de meios muito modestos, a ponto de recebermos ajuda do governo nos programas de merenda escolar. Deparei com a JA quando estava no oitavo ou nono ano. Fui a uma apresentação do Programa Miniempresa e foi fantástico. Àquela altura, eu não tinha a menor noção sobre negócios, mas mesmo assim pus meu nome no chapéu para a escolha do presidente, e meus colegas votaram em mim para ser o CEO de nossa empresa.

Foi realmente fascinante: aprendemos tudo sobre como conduzir um negócio, num nível básico. Compramos materiais e fizemos tabuleiros para assar biscoitos, cabides e suportes para livros, e depois vendemos os produtos para amigos e familiares. No fim, até ganhamos algum dinheiro, o que foi muito legal. Aquele meu primeiro contato com os negócios foi simplesmente incrível. O que aprendi ali ajudou a moldar quem sou hoje. Trata-se na verdade de duas coisas: uma foi saber como funciona uma empresa, coisa que eu nunca tinha visto na vida. A outra foi aprender que havia pessoas boas, além do mundo que eu conhecia, que estavam interessadas de verdade no meu futuro. Assim, a JA foi uma experiência profunda e com a qual eu me diverti muito também.

O valor da JA não se resume apenas aos programas específicos de preparação para o trabalho, empreendedorismo e conhecimento financeiro. O que a JA realmente pretende é ajudar os jovens a ter esperança ao compreenderem as possibilidades que existem para eles.

Minha carreira/Meus negócios

Fui o primeiro de minha família a fazer faculdade. Fui para a Universidade de Pittsburgh, graças a muitos empréstimos estudantis, e me graduei em economia. Mais tarde, voltei a Pitts para meu MBA. Tive a sorte de ter meu primeiro emprego na Procter & Gamble, em Nova York, e passei 17 bons anos com eles, numa variedade de atribuições, em vendas, marketing e administração, nos Estados Unidos e na Ásia. Depois fui para a E. & J. Gallo, a grande empresa familiar fabricante de vinhos, para ajudá-los a lançar suas marcas na China e no Sudeste da Ásia, baseado em Tóquio. Para mim foi uma ótima posição, eu gostava do que estava fazendo e trabalhava muito próximo à família Gallo. Depois fui chamado pela Starbucks para trabalhar com Howard Schultz, o fundador e CEO. Como dizer não a isso? Estavam lançando seu negócio global de comercialização de produtos embalados e queriam que eu fosse o líder da operação. Conduzi esse lançamento durante três anos e então Howard pediu-me que fosse para a Ásia e administrasse as lojas de varejo da Starbucks em 15 mercados – da Índia à China e ao Japão, baseado em Hong Kong. Finalmente, voltei para os Estados Unidos com a Starbucks e liderei a integração de seu negócio no ramo da saúde e do bem-estar, chamado Evolution Fresh, voltado para o varejo. Assim, trabalhei para três grandes organizações e passei muito tempo na Ásia em cada uma delas.

Em 2016 entrei na Advantage Solutions, a enorme agência de vendas e marketing, como presidente da organização. Provemos serviços de vendas, marketing e tecnologia para mais de 1.200 empresas que produzem bens de consumo embalados. Temos atualmente 50 mil associados atendendo clientes em 36 países e estamos sediados em Irvine, Califórnia. Obviamente, é uma tremenda oportunidade para mim. Sinto que minha trajetória profissional foi abençoada.

Durante toda a minha carreira sempre tentei retribuir à JA e me manter em contato com ela. Quando voltei a Pittsburgh para meu MBA, ajudei a patrocinar uma miniempresa da JA como parte de seu programa noturno e foi ótimo. Depois, quando me juntei à Starbucks e me estabeleci em Seattle, integrei o conselho diretor da JA para o estado de Washington. E finalmente, em 2014, entrei para o conselho diretor da JA Estados Unidos, onde ainda estou servindo hoje.

Meus conselhos aos jovens

- Você tem que acreditar que existe uma vida diferente para além de um raio de três ou quatro quarteirões de onde você mora, ou além das pessoas que conhece, ou das experiências que vivencia agora. Existe algo melhor para você além do mundo em que vive hoje.

- Mesmo que às vezes você não enxergue seu destino, se fizer as coisas certas da maneira certa e mantiver uma atitude positiva, coisas maravilhosas vão acontecer em sua vida. Eu lhe prometo!
- Todo mundo precisa ter modelos de conduta e mentores. Podem ser seus pais, seu orientador na escola ou até os ótimos mentores que encontrarão nos programas da JA.
- Por fim, acredito firmemente na educação como um elemento libertador. É um fator de mudança para as pessoas. Assim, obtenha toda instrução que puder, em qualquer forma que conseguir. Compreender melhor as suas possibilidades gera esperança e confiança.

CECILIA NYKVIST
CEO da JA Suécia,
ex-aluna da JA Suécia

Finalmente, achei meu emprego dos sonhos, que foi me tornar a CEO da JA Suécia.

Minha experiência na JA

Já faz algum tempo, mas lembro-me bem daqueles dias. Participei do Programa Miniempresa da JA em 1991 e 1992. A JA Suécia começou em 1980, e em 1991 ainda era bem pequena como organização. Atendia cerca de 4 mil estudantes por ano. Meus cinco colegas de classe e eu crescemos numa cidadezinha nas cercanias de Estocolmo e decidimos fazer o programa da JA. Resolvemos fabricar cuecas samba-canção. Nós mesmos as confeccionávamos, ou seja, não era uma ideia que envolvesse alta tecnologia. Na época havia um grande debate na Suécia sobre entrar ou não na União Europeia, então fizemos as cuecas com a bandeira azul e amarela da União Europeia. Produzíamos as peças no porão da casa dos meus pais.

Foi uma época ruim na Suécia. Havia recessão e muito desemprego. Assim mesmo, fizemos nossas cuecas da União Europeia e tivemos muita publicidade. Estávamos nos jornais e todos falavam sobre isso. Até aparecemos na TV com nosso produto. Essas cuecas são usadas ainda hoje como exemplo de marketing pela JA. Quando nosso pessoal visita as escolas, eles as mostram e perguntam: "Vocês acham que este é um produto de sucesso?" Todos dizem que não, que é muito feio. Nós então explicamos: "Bem, vocês têm que considerar o contexto naquela época, em 1991. Nosso primeiro-ministro quis vários pares. Até alguns membros da realeza sueca quiseram dá-las como brindes! Assim, tivemos um ano muito bom e isto serve de lição em matéria de marketing."

De fato, ganhamos o prêmio de Miniempresa do Ano da JA Suécia em 1992 e fomos para Malta, para o campeonato europeu. Lá, vencemos a competição e nos sagramos a melhor Miniempresa da JA da Europa do ano de 1992 – com nossas cuecas samba-canção! Aprendemos muito naquele ano e foi tudo graças à JA. Na escola você pode estudar várias matérias, mas na JA você aprende e coloca o que aprendeu em prática. Foi isso que fizemos.

Minha carreira/Meus negócios

Aquele ano no programa da JA me fez pensar sobre o rumo que minha formação seguiria depois. Então comecei a estudar administração e ciências têxteis na Universidade da Suécia – tudo por causa das cuecas samba-canção. Eu ia optar por economia, mas fiquei tão inspirada pela experiência em minha miniempresa que isso despertou meu interesse pelo empreendedorismo. Após a universidade trabalhei por alguns anos no escritório regional da JA em minha cidade. Eu visitava escolas e orientava os estudantes do programa. Depois fui trabalhar para uma organização patronal na Suécia, a Confederação de Empresas Suecas, onde também atuei em questões ligadas ao empreendedorismo. Continuei envolvida com a JA Suécia e fui posteriormente eleita para o conselho diretor. Quando fiz 30 anos, decidi que queria fazer outra coisa em minha vida e naquele ano comecei meu próprio negócio. Abrimos uma loja de design de interiores e trabalhamos com diversas imobiliárias. Também representávamos na Suécia algumas marcas de companhias britânicas e espanholas. Trabalhei nisso por sete ou oito anos, vendi a empresa e abri outra: um pequeno negócio de comunicação para empresas em Estocolmo. Depois, finalmente, achei meu emprego dos sonhos, que foi me tornar a CEO da JA Suécia. Estou no cargo há três anos e meio e é o melhor trabalho que já tive!

Meus objetivos para a JA Suécia

Claro, há muitos desafios quando se é uma ONG, mas é um trabalho recompensador. Temos hoje na Suécia quase 28 mil estudantes participando do Programa Miniempresa e cerca de 60 mil estudantes em programas para turmas mais jovens. Por exemplo, aplicamos o Programa JA Is My Business (JA É Meu Negócio) para o ensino fundamental, e creio que foi você, Larry, quem o criou para a JA. Portanto, com 88 mil estudantes participando desses programas, somos um dos países com maior contingente da JA na Europa.

Nosso índice de penetração nas escolas de ensino médio é de 28%, já que há cerca de 100 mil estudantes em escolas secundárias em todo o país. Estamos trabalhando para ter essa mesma taxa no ensino fundamental. É nisso que estamos nos concentrando agora. Movimentamos 10 milhões de euros por ano, temos 115 funcionários e 24 escritórios regionais – ou seja, a JA é uma grande operação em toda a Suécia. Estamos todos orgulhosos daquilo que a JA Suécia tem realizado ao longo dos anos.

Uma reflexão final: Eu disse no início deste livro que a JA é uma ideia boa demais para não dar certo. Muito poucas organizações na história aperfeiçoaram o "o quê" e o "como" de seu "senso de missão" em âmbito global de maneira tão efetiva quanto a JA Worldwide. E a história de Jack Kosakowski (veja a entrevista a seguir), que cobre aproximadamente metade da duração da vida da JA, ilustra como e por que isso é verdade. Para mim e para outros observadores, Jack tornou-se o "Sr. JA". Ele participou do programa quando cursava o ensino médio em Toledo, Ohio. Ganhou uma bolsa integral da JA para a faculdade, tornando-se a primeira pessoa na família a ter uma graduação universitária. Durante a faculdade, trabalhou como gerente de programas para o escritório da JA em Toledo e depois da graduação assumiu ali um emprego em tempo integral. Nunca trabalhou em outro lugar e hoje, 43 anos depois, é o CEO da JA Estados Unidos, que tem 4,8 milhões de estudantes por ano – o que o torna responsável por quase metade de toda a atividade da JA Worldwide. Assim, esteve envolvido com a JA, como estudante e como funcionário, durante 48 anos. Seu "senso de missão" é claro, um testemunho real do poder da estratégia e da cultura da JA (seu "o quê" e seu "como"), e a história dele é um jeito maravilhoso de concluir o livro.

Obrigado por nos acompanhar até aqui. Esperamos que *Atitude empreendedora* possa de fato ajudar você a fazer algo realmente importante em sua vida.

JACK KOSAKOWSKI
CEO da JA Estados Unidos,
ex-aluno da JA Estados Unidos

A conexão que realizamos entre os voluntários na comunidade dos negócios, os professores, as escolas e os jovens a quem ensinamos – esse, sim, é nosso segredo!

Minha experiência na JA

Eu me envolvi com a JA quando estava no ensino médio em Toledo, Ohio, nos idos de 1970. Fui um desses que se envolveram pelos motivos errados. Eu estudava numa escola católica e um dia eles chamaram os estudantes para o ginásio e o sujeito da JA nos apresentou o programa. Eu era um bom aluno, mas um atleta terrível, péssimo em música, e por aí vai. De qualquer jeito, fui assistir àquela apresentação. Imediatamente notei a presença daquela loura bonita sentada à minha frente. Ela estava prestando atenção, e eu a observando, então ela se inscreveu e eu me inscrevi também, pensando, ah, esta é uma grande oportunidade!

Assim, compareci à sede da JA na primeira noite do Programa Miniempresa. Tínhamos uma equipe de mentores da DeVilbiss Company, na época uma das 500 maiores empresas listadas na revista *Fortune*. Um dos mentores era o Sr. Gimpel. Ainda me lembro dele. Jim Gimpel era um homem de vendas e, por alguma razão, ele viu algo em mim que nem meus professores nem meus treinadores tinham visto. Fiquei muito envolvido com a JA no primeiro ano e me tornei o vice-presidente de vendas. E eu era um garoto que tinha medo de falar com quem quer que fosse. Passei três anos no programa, cheguei a ser presidente da miniempresa e no meu último ano ganhei o Prêmio de Tesoureiro do Ano da JA, participando da convenção nacional.

Quando comecei, havia apenas o Programa Miniempresa na JA. Nós alternávamos entre furadeiras e serras, fazendo todos os produtos que refletissem aquela economia de produtos manufaturados. Não havia membros do sexo feminino entre o pessoal da organização quando me envolvi. A maioria deles era como meu mentor posterior, Tom Rutter, um velho professor de artes industriais que sabia como fabricar aquele tipo de produto. Naquela época era normal ficar no programa por dois ou três anos como atividade extracurricular, a cada ano numa empresa diferente, e aprendia-se muito. O programa começava em outubro e ia até maio, uma experiência de

28 semanas. Você realmente experimentava os suplícios e as tribulações de tocar uma linha de produção, vender e com frequência trocar de produto no decurso de um ano, ou seja, era uma atividade muito empreendedora.

E lembre-se, Larry, eu vim de uma realidade familiar em que minha mãe estudou até o ensino médio e meu pai abandonou o ensino médio para se juntar ao Corpo de Fuzileiros Navais durante a Segunda Guerra Mundial, de modo que na minha casa não havia um verdadeiro foco em educação. Mas ganhei uma bolsa de estudos completa para a faculdade, na Universidade de Toledo, por conta do meu envolvimento com a JA. Foi graças ao programa que fui o primeiro da minha família a se graduar na universidade. A JA fez muito por mim. Claro que me ensinou todos os aspectos fundamentais de um negócio, mas me ofereceu muito mais do que isso. Vindo de onde vim, sempre pensei que as coisas acontecessem para você, e não que você fosse *capaz de fazer* as coisas acontecerem. Por exemplo, depois que meu pai deu baixa nos Fuzileiros Navais, ele foi trabalhar numa fábrica de automóveis e detestava o que fazia. Eu pensava: "Meu Deus, será que também vou fazer isso pelo resto da minha vida?" A JA acendeu uma verdadeira centelha em mim naquela época. Por melhor que seja o que ela ensina sobre negócios, a maior lição para mim foi a parte da autoeficácia. A confiança que se tem em si mesmo para fazer coisas acontecerem, para mudar o mundo e coisas assim.

Meus objetivos para a JA Estados Unidos

Creio que é justo afirmar que somos a maior organização educacional não governamental dos Estados Unidos e do mundo inteiro, aliás. E, tendo em vista nossa atuação e nossa influência, temos que nos manter focados em nossa missão. Pense nisto. Nós operamos em 109 mercados só nos Estados Unidos. Temos 1.600 funcionários em todo o país. Contamos com 237 mil voluntários nas escolas – nenhuma outra organização educacional sequer chega perto desse número. E, claro, atualmente ensinamos cerca de 4,8 milhões de jovens por ano no país. Portanto, nada e ninguém se iguala a nosso currículo e nosso sistema de distribuição – e pelo menos uma vez por semana recebo de algum lugar a mais recente e melhor ideia de algum aluno ou ex-aluno dos programas.

Assim, precisamos nos manter concentrados no que constitui nossa competência essencial – no que é nossa *missão*. Como disse antes, nosso *o quê* – conhecimento financeiro, preparação para o trabalho e empreendedorismo para os jovens – nunca foi mais crucial em nenhum outro momento da história. E há algo muito especial em *como* fazemos isso – a conexão que realizamos entre os voluntários na comunidade dos negócios, os professores, as escolas e os jovens a quem ensinamos. Esse, sim, é o nosso segredo!

FORMULÁRIOS
MEU PLANO DE AÇÃO PARA UMA STARTUP EMPREENDEDORA

FORMULÁRIO 1

VOCÊ É UM EMPREENDEDOR! E AGORA?

Imagine que acabou de dar início a seu próprio negócio. É seu primeiro dia no novo papel de empreendedor. Você quer ser bem-sucedido e crescer. Certamente não quer entrar em falência, ainda mais tendo juntado todas as suas economias a fim de levantar o dinheiro necessário para começar. Tudo que possui está em risco, inclusive o bem-estar de seus filhos.

Você tem uma ideia de produto e mercado que o estimulam. Acha que tem potencial. Mas, com seus recursos financeiros limitados, precisa começar rapidamente. Em que vai se concentrar? Como deverá empregar seu tempo? Quais deverão ser suas prioridades como empreendedor?

Não existem respostas "certas" ou "erradas" para este primeiro formulário. A intenção é apenas fazer sua "essência empreendedora" fluir ao pensar com seriedade no que deveria realmente focar como criador de uma empresa. Quando terminar a Parte 1 deste livro, volte a esta página para ver se suas respostas iniciais batem com aquilo que acabou de ler. Você poderá se surpreender.

Minhas prioridades como empreendedor

1. _____

2. _____

3. _____

4. _____

5. _____

FORMULÁRIO 2

CRIANDO PLANOS DE NEGÓCIO EMPREENDEDORES

O que você gosta de fazer e o que faz muito bem? Que necessidades acha que não estão sendo atendidas ou não estão sendo atendidas adequadamente? Nessas perguntas você vai descobrir os negócios com mercado/produto que representam a maior chance de sucesso para você como empreendedor. É claro que começar um negócio com algo que você detesta fazer, que não faz bem e da qual o mercado não necessita é receita certa para o desastre. Preencher este formulário não garantirá seu sucesso, mas vai assegurar que você tenha feito as perguntas certas, o que é o ponto de partida para todo empreendedor bem-sucedido. Releia a seção "Criando planos de negócio empreendedores...", no Capítulo 1, para contextualizar melhor.

Preencha a primeira coluna e depois traduza suas respostas numa atividade de negócios potencial na segunda coluna. "Gosto de computadores" pode ser traduzido como "conserto de computadores", ou "Sou bom em jardinagem" pode se relacionar com "serviços de paisagismo". Alguns de seus interesses e talentos podem exigir um pensamento criativo para serem redefinidos como negócio. Alguns podem simplesmente não funcionar. Deixe estes de lado e siga em frente.

Do que realmente gosto?	**Mercados/produtos de sucesso**
_____	_____
_____	_____
O que faço realmente bem?	**Mercados/produtos de sucesso**
_____	_____
_____	_____
O que vejo como uma necessidade de mercado?	**Mercados/produtos de sucesso**
_____	_____
_____	_____

FORMULÁRIO 3

ESCOLHENDO MERCADOS/ PRODUTOS VENCEDORES

Liste os mercados/produtos vencedores (negócios potenciais) do Formulário 2. Para cada mercado/produto vencedor, classifique com uma nota a necessidade de mercado e a provável posição competitiva, usando uma escala de 1 a 10. Use suas melhores estimativas e seu bom senso. Seja o mais objetivo possível. As questões genéricas a considerar para cada classificação são:

- **Necessidade do mercado.** Qual é o tamanho do mercado em número de clientes e em volume de vendas? Está crescendo, diminuindo ou permanece estagnado? Quão fundamental é essa necessidade para o mercado? É algo realmente necessário, um luxo ou uma moda passageira?
- **Posição competitiva.** Você poderia prover esse produto/serviço com mais qualidade, melhor preço e maior velocidade em comparação com o modo como está sendo oferecido atualmente pela concorrência?

MERCADOS/ PRODUTOS VENCEDORES Do Formulário 2	NOTAS (1 BAIXA/10 ALTA)	
	Necessidade do mercado*	Posição competitiva*
1. _____	_____	_____
2. _____	_____	_____
3. _____	_____	_____
4. _____	_____	_____
5. _____	_____	_____

* Tome nota de qualquer informação relevante que você precisará verificar depois.

ESCOLHENDO MERCADOS/PRODUTOS VENCEDORES, *CONTINUAÇÃO*

Transfira as notas de seus mercados/produtos vencedores da página anterior do Formulário 3 para a matriz na Figura F.1 abaixo. Por exemplo, um "9 em necessidade do mercado" com um "9 em posição competitiva" ("9/9") estaria muito próximo do quadrante superior direito. Um "3/7" estaria perto do centro do quadrante superior esquerdo, e assim por diante. Esta matriz lhe dará uma ideia geral visual da combinação de necessidade do mercado com posição competitiva para cada uma de suas possíveis ideias de mercado/produto. A análise vai ressaltar quais seriam seus "mercados/produtos vencedores".

1. Pequena necessidade/Alta posição competitiva. Boa possibilidade de sucesso nesse negócio tipo Rolls-Royce. Trabalhe para encontrar mais mercados para esse excelente produto.

2. Grande necessidade/Alta posição competitiva. Grande possibilidade de sucesso, mas, uma vez que ele for alcançado, você provavelmente atrairá uma competição acirrada. Prepare-se para concorrentes fortes.

3. Grande necessidade/Baixa posição competitiva. Boas possibilidades de sucesso, mas terá que competir no preço nas faixas mais baratas do mercado. Trabalhe para melhorar sua posição competitiva.

4. Pequena necessidade/Baixa posição competitiva. Pouca chance de sucesso. Evite este negócio a todo custo.

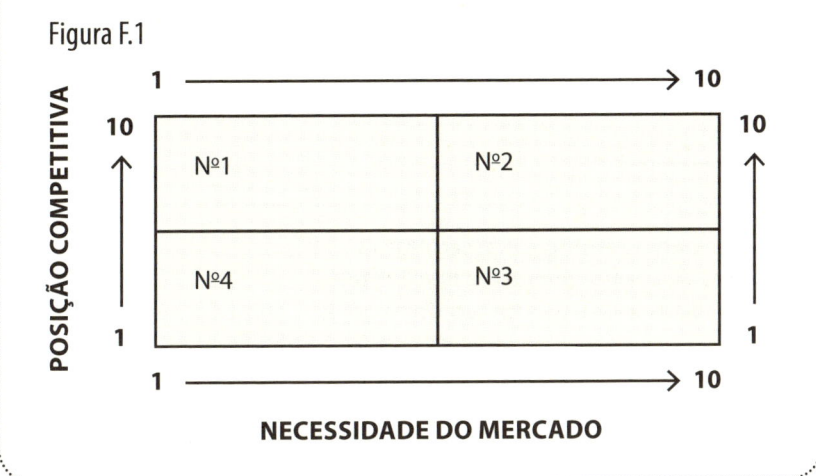

Figura F.1

FORMULÁRIO 4

CHEGOU A HORA DE COMEÇAR A STARTUP

O Formulário 3 identificou seus mercados/produtos que têm as melhores possibilidades de sucesso. Com base nisso, quais são as ações mais importantes que você deve empreender nos próximos 90 ou 180 dias, para começar? Suas ações devem se concentrar no que é fundamental para dar início a qualquer negócio.

Ações para identificar clientes/ mercados potenciais e para promover seu produto/serviço para eles   **Quando**

1._____   _____
2._____   _____
3._____   _____

Ações para projetar e produzir a primeira versão ou protótipo do produto/ serviço a ser testado por um cliente   **Quando**

1._____   _____
2._____   _____
3._____   _____

Ações para estabelecer as competências operacionais requeridas para fazer e vender os produtos e atender os clientes   **Quando**

1._____   _____
2._____   _____
3._____   _____

Ações para identificar e assegurar as fontes de capital (inclusive de clientes) para cobrir a fase de startup do negócio   **Quando**

1._____   _____
2._____   _____
3._____   _____

FORMULÁRIO 5

CRIANDO VALORES DE NEGÓCIO EMPREENDEDORES

Os valores identificam aquilo que você foca e no que se torna exímio operacionalmente. Portanto, os valores que escolher devem ser coisas que lhe darão vantagem competitiva em produtos e em mercados e que contarão com o comprometimento da maioria de seus funcionários. As outras duas colunas no quadro abaixo são pontos de verificação que reforçam a importância da vantagem competitiva e do comprometimento. Identifique quais ações específicas você pode empreender para implementar os valores de seu futuro negócio. Releia a seção "Criando valores de negócio empreendedores ao estilo Watson", no Capítulo 1, para mais informações e exemplos.

De quais valores precisamos para realizar o plano?
1. _____
2. _____
3. _____
4. _____

Qual é a vantagem competitiva?
1. _____
2. _____
3. _____
4. _____

Como vou obter o comprometimento de todos?
1. _____
2. _____
3. _____
4. _____

Quais ações posso empreender para implementar esses valores?
1. _____
2. _____
3. _____

Quando
_____
_____
_____

FORMULÁRIO 6
MANTENDO OS VALORES VIVOS

O que você pode você fazer para assegurar que vai se concentrar nos valores escolhidos e que conseguirá mantê-los? As três maiores influências para mantê-los vivos são mostradas abaixo. Para cada uma, anote uma ou duas maneiras pelas quais esse fator específico pode ter o maior impacto possível no suporte a cada valor. Depois, identifique quais ações específicas você pode empreender agora, ou no futuro, para fazer isso acontecer. Releia a seção "Mantendo os valores vivos", no Capítulo 1, para mais informações e exemplos.

Valores	Comportamento gerencial	Rituais, práticas, recompensas e penalidades para funcionários
1. _____	1. _____	1. _____
2. _____	2. _____	2. _____
3. _____	3. _____	3. _____
4. _____	4. _____	4. _____

Quais ações posso empreender para manter esses valores vivos?   **Quando**

1. _____   _____

2. _____   _____

3. _____   _____

FORMULÁRIO 7
AMAR CLIENTES E PRODUTOS

Como líder de sua empresa, criar uma paixão por clientes e produtos pode ser sua tarefa mais importante. Este formulário foi projetado para lhe dar um impulso inicial na tarefa de manter a visão de cliente/produto bem viva em sua jornada empreendedora. Ao analisar essas questões, tenha em mente as práticas fundamentais descritas nas seções "Amar o cliente" e "Amar o produto", no Capítulo 2. Para o futuro, considere a ideia de realizar sessões de brainstorming usando este formulário como formato. Esse será um jeito simples de manter a paixão por seu cliente/produto e lhe prover uma fonte constante de boas ideias.

Grandes ideias para amar o cliente   **Quando**

1. _____   _____
   _____   _____
2. _____   _____
   _____   _____
3. _____   _____
   _____   _____
4. _____   _____
   _____   _____

Grandes ideias para amar o produto   **Quando**

1. _____   _____
   _____   _____
2. _____   _____
   _____   _____
3. _____   _____
   _____   _____
4. _____   _____
   _____   _____

FORMULÁRIO 8

CRESCER À MODA ANTIGA

Este formulário pode se tornar sua melhor ferramenta de marketing para crescimento. Afinal, só existem quatro maneiras de fazer qualquer negócio crescer – e estão todas no quadro da Figura F.2. Assim, concentre-se em *quais produtos para quais mercados*, identifique as áreas mais promissoras e planeje as ações que o levarão até lá. Você pode usar este formulário repetidas vezes, sempre que quiser encontrar novas maneiras de fomentar o crescimento de seu negócio.

Figura F.2

	CLIENTES atual	CLIENTES novo
PRODUTOS novo	Produtos novos para clientes atuais	Produtos novos para clientes novos
PRODUTOS atual	Produtos atuais para clientes atuais	Produtos atuais para clientes novos

Ações   **Quando**

1. _____   _____

2. _____   _____

3. _____   _____

4. _____   _____

FORMULÁRIO 9

CRIANDO INOVAÇÃO EM ALTA VELOCIDADE

A inovação em alta velocidade é a maneira mais rápida, barata e segura de obter vantagem competitiva no mercado. Ela é a arma secreta do empreendedor. Este é o momento de pensar nas ações que você deveria empreender para transformar a inovação em alta velocidade em um grande impulso para seu novo negócio. Ao preencher este formulário, tenha em mente os exemplos específicos das seções "A necessidade de inventar" e "A liberdade para agir", no Capítulo 3. Quais são as ações mais importantes que você deveria empreender?

Para incentivar a inovação: aprimore alguma coisa, qualquer coisa, todo dia.   **Quando**

1. _____ _____
2. _____ _____
3. _____ _____
4. _____ _____

Para acelerar a ação: crie uma percepção de urgência   **Quando**

1. _____ _____
2. _____ _____
3. _____ _____
4. _____ _____

Para acabar com a burocracia: cresça mantendo-se pequeno.   **Quando**

1. _____ _____
2. _____ _____
3. _____ _____
4. _____ _____

FORMULÁRIO 10

COMPORTAMENTO AUTOMOTIVADO – PROMOVENDO COMPROMETIMENTO E DESEMPENHO

Criar e manter uma empresa de sucesso depende, em última análise, de dois ingredientes essenciais: o comprometimento e o desempenho de gestores e funcionários. Do comprometimento emana o orgulho, a dedicação à missão e o bom e velho trabalho duro. Do desempenho emanam expertise, inovação e um trabalho mais inteligente. Se você está em busca de vantagem competitiva, será difícil superar quem gosta do que faz e é bom no que faz. Você pode começar a planejar agora como vai instilar comprometimento e desempenho em si mesmo, em seus primeiros e cruciais contratados e por fim em cada funcionário da empresa. Quais são as ações mais importantes que você pode adotar agora para criar ou aumentar o comprometimento e o desempenho de seus colaboradores em seu novo empreendimento? Antes de preencher este formulário você deveria rever as práticas fundamentais nas seções "Criando comprometimento empreendedor" e "Criando desempenho empreendedor", no Capítulo 4.

Criando alto comprometimento   **Quando**
1. _____   _____
2. _____   _____
3. _____   _____
4. _____   _____
5. _____   _____

Criando alto desempenho   **Quando**
1. _____   _____
2. _____   _____
3. _____   _____
4. _____   _____
5. _____   _____

FORMULÁRIO 11
O INCRÍVEL PODER DAS CONSEQUÊNCIAS

Use o guia para resolução de problemas Sistema de Desempenho Empreendedor (SDE), na Figura F.3, para promover o comprometimento e o desempenho de seus funcionários. Antes de experimentar, reveja o Capítulo 4 para uma descrição mais completa do SDE. Ao considerar as questões a seguir, você irá descobrir quais dos componentes do SDE precisam ser ajustados para mudar o comportamento de um funcionário ou dos funcionários. E lembre-se do *poder das consequências*! É a maneira mais fácil, barata e segura de alterar um comportamento e se assegurar de que cada colaborador sinta as consequências negativas e positivas de seu desempenho. Com base em sua análise, empreenda a ação apropriada para realizar as mudanças necessárias. Você terá neste guia SDE uma valiosa e constante ferramenta de gestão de desempenho.

Figura F.3

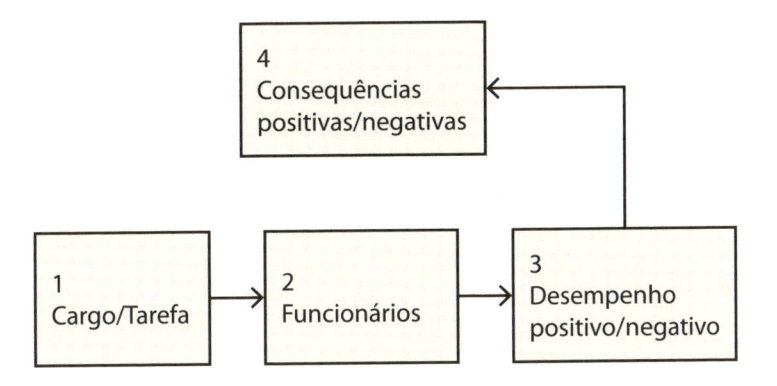

```
                    ┌─────────────────┐
                    │ 4               │
                    │ Consequências   │◄──────┐
                    │ positivas/      │       │
                    │ negativas       │       │
                    └─────────────────┘       │
                                              │
┌──────────────┐     ┌──────────────┐    ┌────┴──────────┐
│ 1            │     │ 2            │    │ 3             │
│ Cargo/Tarefa │────►│ Funcionários │───►│ Desempenho    │
│              │     │              │    │ positivo/     │
│              │     │              │    │ negativo      │
└──────────────┘     └──────────────┘    └───────────────┘
```

COMPONENTE	PERGUNTA A SER FEITA	SOLUÇÃO
1. Cargo/Tarefa	O funcionário sabe *o que* fazer?	Estabeleça padrões claros para a função.
2. Funcionários*	O funcionário sabe *como* fazer a tarefa?	Ofereça treinamento.
3. Desempenho	O funcionário dispõe dos recursos para realizar a tarefa?	Proveja ferramentas, pessoal e tempo para realizar a tarefa.
4. Consequências	Há equilíbrio entre as consequências positivas e negativas para os funcionários? O funcionário está ciente das consequências?	Reequilibre consequências positivas e negativas. Forneça um feedback preciso, oportuno e poderoso.

*Deficiência física/mental como causa de baixo desempenho é rara e não é considerada aqui.

FORMULÁRIO 12

O QUE É REALMENTE NECESSÁRIO? OS TRÊS REQUISITOS

Os três amplos – porém essenciais – requisitos para tirar seu novo empreendimento da prancheta para o mundo real são: operar no ambiente mais favorável que você conseguir, garantir o dinheiro necessário para o período de startup e se munir de um grande conhecimento do produto e do mercado. Este formulário o ajudará a pensar como poderá alcançar e exceder esses requisitos. Para cada um deles, quais são as medidas mais importantes que você pode tomar e quando irá tomá-las?

Assegurar a quantia necessária de dinheiro   **Quando**
1. _____ _____
2. _____ _____
3. _____ _____
4. _____ _____
5. _____ _____

Adquirir o conhecimento necessário   **Quando**
1. _____ _____
2. _____ _____
3. _____ _____
4. _____ _____
5. _____ _____

Garantir uma cultura empreendedora   **Quando**
1. _____ _____
2. _____ _____
3. _____ _____
4. _____ _____
5. _____ _____

FORMULÁRIO 13

MEU PLANO DE AÇÃO PARA ME TORNAR UM EMPREENDEDOR

Começamos, no Formulário 1, pedindo a você que imaginasse as coisas mais importantes que teria que fazer para começar uma nova empresa. Agora que completou a leitura do livro e todos os outros formulários, é hora de fazer a mesma pergunta novamente – agora para valer. Quais são as ações mais importantes a empreender, a partir de hoje, para *efetivamente* fazer decolar sua nova iniciativa empreendedora? E se você já deu a partida em seu negócio, como suspeito que já deve ter feito, quais são as ações mais importantes que pode empreender agora para mantê-lo num curso estável de grande crescimento? Nos espaços a seguir, escreva as ações que se propõe realizar nos próximos três ou seis meses para *realmente* começar a ter a atitude empreendedora.

Quais são as ações mais importantes a empreender?	Quando
1.	
2.	
3.	
4.	
5.	
6.	
7.	

AGRADECIMENTOS

*A*titude empreendedora é meu quinto livro dentro do espírito do empreendedorismo. Uma coisa que aprendi como autor é que escrever livros pode ser uma atividade solitária. Ao mesmo tempo, um tanto paradoxalmente, ter sucesso nesse empreendimento solitário requer uma ampla rede de ativos apoiadores e aliados.

O primeiro nível desse apoio veio de Sylvia, minha bela e solidária esposa. Ela mesma foi uma jovem empreendedora, a primeira mulher hispânica solteira no estado do Arizona a receber o empréstimo da Administração de Pequenos Negócios para expandir seu negócio já existente. Após se formar em moda, ela abriu sua primeira loja aos 24 anos – e hoje desenha e fabrica a própria linha de roupas femininas, e as vende em sua cadeia de 12 lojas Sylvia Ann's em todo o estado. De fato, Sylvia conhece a mensagem deste livro em primeira mão.

Esta obra não teria sido possível sem a maravilhosa cooperação e o apoio da JA Worldwide. Na verdade, foi escrita em homenagem à comemoração do centenário dessa incrível organização. O CEO Asheesh Advani foi o paladino número um do projeto deste livro. E graças ao pessoal da JA em todo o mundo tive a possibilidade de realizar as entrevistas e de incluir aqui as histórias de sucesso empresarial de mais de 70 ex-alunos da JA de cada canto do mundo. Atualmente a JA ensina preparação para o trabalho, conhecimento financeiro e habilidades de empreendedorismo para mais de 10 milhões de jovens por ano, mais estudantes do que os de todas as escolas de negócios do mundo somados. Estarei para sempre em dívida com esses ex-alunos por terem sido meus parceiros em *Atitude empreendedora*.

Em seguida, é claro, vêm os profissionais da editora americana, que fizeram tudo acontecer. Mais uma vez agradeço ao meu agente literário, Bob Diforio, o primeiro que me inspirou a escrever e que me apoiou durante o processo de criação de todos os meus cinco livros. Ficamos amigos quando convivemos na Harvard Business School e ele mudou literalmente minha vida profissional quando me incentivou a escrever meu primeiro livro. Devo também agradecer a Donya Dickerson, a superinteligente e superapoiadora diretora editorial da McGraw-Hill Professional na cidade de Nova York. Seu conselho e seu entusiasmo pelo livro foram tudo que um autor pode querer. Estamos todos muito agradecidos e orgulhosos por termos uma organização de primeira linha como a McGraw-Hill publicando este livro.

Finalmente, quero expressar meu reconhecimento – e agradecimento antecipado – aos futuros leitores deste livro. *Atitude empreendedora* foi escrito para vocês e desejo a todos grande sucesso na busca por realizar seus próprios sonhos empreendedores.

— LARRY C. FARRELL
Arizona e Virgínia
Janeiro de 2018

Para saber mais sobre os títulos e autores
da Editora Sextante, visite o nosso site.
Além de informações sobre os próximos lançamentos,
você terá acesso a conteúdos exclusivos
e poderá participar de promoções e sorteios.

sextante.com.br